Karl Otmar von Aretin

Christof Dipper / Jens Ivo Engels (Hrsg.)

Karl Otmar von Aretin

Historiker und Zeitgenosse

Bibliografische Information der Deutschen Nationalbibliothek
Die Deutsche Nationalbibliothek verzeichnet diese Publikation
in der Deutschen Nationalbibliografie; detaillierte bibliografische
Daten sind im Internet über http://dnb.d-nb.de abrufbar.

Umschlagabbildung:
„Karl Otmar von Aretin"
© Foto Video Sessner GmbH, Dachau

Gedruckt auf alterungsbeständigem,
säurefreiem Papier.

ISBN 978-3-631-66614-2 (Print)
E-ISBN 978-3-653-05932-8 (E-Book)
DOI 10.3726/ 978-3-653-05932-8

© Peter Lang GmbH
Internationaler Verlag der Wissenschaften
Frankfurt am Main 2015
Alle Rechte vorbehalten.
Peter Lang Edition ist ein Imprint der Peter Lang GmbH.

Peter Lang – Frankfurt am Main · Bern · Bruxelles ·
New York · Oxford · Warszawa · Wien

Das Werk einschließlich aller seiner Teile ist urheberrechtlich
geschützt. Jede Verwertung außerhalb der engen Grenzen des
Urheberrechtsgesetzes ist ohne Zustimmung des Verlages
unzulässig und strafbar. Das gilt insbesondere für
Vervielfältigungen, Übersetzungen, Mikroverfilmungen und die
Einspeicherung und Verarbeitung in elektronischen Systemen.

Diese Publikation wurde begutachtet.

www.peterlang.com

Inhalt

Jens Ivo Engels / Christof Dipper
Vorwort 7

Christof Dipper
Der Zeithistoriker Aretin oder:
Wer war Aretin bei seiner Berufung 1964? 9

Winfried Schulze
Karl Otmar von Aretins Bedeutung für die Frühneuzeitforschung 31

Heinz Duchhardt
Aretin und die Münchener Historische Kommission 45

Jens Ivo Engels / Anja Pinkowsky
Aretin als Herausgeber der NPL 59

Karl Härter
Karl Otmar von Aretin als akademischer Lehrer im Kontext
der geschichtswissenschaftlichen Lehre in der Bundesrepublik
Deutschland 1960–2000 79

Claus Scharf
Geschichtswissenschaft als gesellschaftliche und
transnationale Kommunikation. Das Institut für
Europäische Geschichte Mainz unter der Leitung
von Karl Otmar Freiherr von Aretin (1968–1994) 101

Matthias Schnettger
Karl Otmar von Aretin und die transalpine Erweiterung der
Reichsgeschichte: Die „Entdeckung" Reichsitaliens................129

Kristof Lukitsch
‚Braune Anfänge': Die Darmstädter Geschichtswissenschaft
der Nachkriegszeit..149

Lutz Raphael
Das Institut für Geschichte der TU Darmstadt 1964–2014.
Ein wissenschaftsgeschichtlicher Rückblick auf den
Spuren Karl Otmar Freiherr von Aretins 173

Andreas Göller
Von der Archivstelle zum Hochschularchiv. Karl Otmar von
Aretin als Gründer des Universitätsarchivs der TU Darmstadt 195

Abstracts der Beiträge 211

Kurzbiographien der Autoren 215

Zusammenstellung der von v. Aretin betreuten
Dissertationen und Habilitationen 217

Vorwort

Der im März 2014 verstorbene Historiker Karl Otmar Freiherr von Aretin war zweifellos das prominenteste Mitglied des Darmstädter Instituts für Geschichte; die Zahl seiner nationalen und internationalen Ehrungen, seine Doppelrolle als Professor am Institut der damaligen Technischen Hochschule Darmstadt und Direktor der Universalgeschichtlichen Abteilung des Instituts für Europäische Geschichte Mainz, seine Funktionen namentlich innerhalb der Organisationen der Geschichtswissenschaft und nicht zuletzt seine enorme Publikationsliste sind dafür ein sicheres Zeichen. Das Institut betrachtet ihn als seinen eigentlichen Gründungsvater und benannte im Jahr 2013 nach ihm seinen neu ausgelobten Preis für hervorragende Abschlussarbeiten.

Um die vielfältigen Facetten dieser außergewöhnlichen Persönlichkeit kritisch zu beleuchten und angemessen zu würdigen, veranstaltete das Institut für Geschichte der Technischen Universität Darmstadt am 27. März 2015 eine Tagung, bei der Darmstädter und Auswärtige, Kollegen und Schüler die ihnen vertrauten Seiten von Aretins Wirkens beleuchteten. Ihre Beiträge werden in diesem Band abgedruckt. Ergänzungen bieten ein Aufsatz über Hellmuth Rößler, Aretins Kollegen und Gegenspieler an der TH, und ein weiterer, der aus Anlass der Institutsfeier 2013 einen Rückblick aus übergeordneter Perspektive unternahm.

Wir danken allen Autoren für ihre Bereitschaft, an der Tagung mitzuwirken und schon bald danach ihre Texte zum Druck zu geben. Wir danken ferner dem Institut für Geschichte für die Finanzierung von Tagung und Sammelband, dem Kanzler der TU Darmstadt für dauerhaftes Interesse am Fach und Förderung dieses Vorhabens, Carolin Grimm für die sachkundige Lektorierung der Manuskripte, Giuseppina Amenta für die organisatorische Begleitung und nicht zuletzt dem Verlag Peter Lang, über die Zeitschrift *Neue Politische Literatur* Aretin und dem Darmstädter Institut seit langem verbunden, für seine entgegenkommende Kalkulation dieses Bandes.

Darmstadt, im August 2015   Christof Dipper
                                      Jens Ivo Engels

Christof Dipper

Der Zeithistoriker Aretin oder: Wer war Aretin bei seiner Berufung 1964?

Zeitgeschichte als historische Teildisziplin hat ihre Rolle für das Fach als Ganzes und erst recht für die Öffentlichkeit in den letzten Jahrzehnten von Grund auf geändert. Heute befasst sich die Mehrheit der Historiker mit Zeitgeschichte, wenn wir sie mit 1945, und erst recht, wenn wir sie mit 1917 beginnen lassen, wie es der (angebliche) Ahnherr dieser Teildisziplin, Hans Rothfels, 1953 vorgeschlagen hat. Hochangesehene Kollegen unseres Faches haben niemals eine Zeile zu einem Thema vor 1945 publiziert und große, die Zunft oder gar das gebildete Publikum erfassende Kontroversen gibt es seit dem Streit um die Wehrmachtausstellung Anfang der 1990er Jahre nicht mehr. Zeitgeschichte ist mittlerweile selbstverständlicher Bestandteil des wissenschaftlichen Alltags und alles andere als ein Reizthema.[1]

Als Karl Otmar von Aretin 1964 an die Technische Hochschule (TH) Darmstadt berufen wurde, war dies noch vollkommen anders – und erst recht, als er sich zehn Jahre früher mit der Herausgabe der Memoiren seines Vaters erstmals an die Öffentlichkeit gewagt hatte.[2] Damals erwarb man sich mit Zeitgeschichte, die ja ausschließlich mit der Weimarer Republik und dem ‚Dritten Reich' zu tun hatte, also mit Verlustgeschichten unterschiedlich katastrophalen Ausmaßes, nicht unbedingt Meriten – jedenfalls dann nicht, wenn man nicht in den Klagechor derer mit einstimmte, die vom Unfassbaren, vom Deutschland zugestoßenen Verhängnis, vom unheilvollen Ende der Nation als Folge von Kapitulation und Teilung sprachen und ihr Land als Opfer des Nationalsozialismus wahrnahmen. Wer aber nicht 1945, sondern 1933 als das Jahr der nationalen Katastrophe bezeichnete und dessen hochproblematischer Vorgeschichte nachging, sah sich gleich einer

---

1 Deswegen endet auch der mit provokativem Titel versehene Sammelband von Martin Sabrow (Hg.): Zeitgeschichte als Streitgeschichte. Große Kontroversen nach 1945, München 2003, in den frühen 1990er Jahren.
2 Aretin, Erwein von: Krone und Ketten. Erinnerungen eines bayerischen Edelmannes, hrsg. v. Karl Buchheim und Karl Otmar von Aretin, München 1955.

doppelten und entsprechend mächtigen Abwehrfront gegenüber: Sie bestand einerseits aus der älteren Historikergeneration, vertreten durch Personen wie Friedrich Meinecke, Gerhard Ritter, Theodor Schieder, Werner Conze, Peter Rassow, Siegfried A. Kaehler, Percy Ernst Schramm, Franz Schnabel, Karl Dietrich Erdmann und selbst Hans Rothfels – um nur ein paar der damals noch im Amt befindlichen wichtigsten Ordinarien zu nennen, die mit ihren Gutachten entscheidend für das Fortkommen des Nachwuchses waren. Andererseits war man konfrontiert mit jener Abwehrfront, die von der populären deutschen Erinnerungsliteratur mit ihren typischen Ausblendungen und Verdrehungen gespeist wurde; letztere war sogar „weitaus bedeutsamer".[3] Zur davon abweichenden Haltung brauchte man damals also Mut, und es ist darum wohl kein Zufall, dass Aretin mehrfach eben jenen Personen und Institutionen – etwa dem Münchener *Institut für Zeitgeschichte* – Mut attestierte, die die Revision des vorherrschenden deutschen Geschichtsbildes betrieben.[4] Ihm selbst fehlte es daran ebenfalls nicht. In seinem Gutachten über den Kandidaten für das neugeschaffene Darmstädter Ordinariat urteilte sein erster Dienstherr, der NDB-Schriftleiter Otto Graf Stolberg-Wernigerode: „Als Sohn seines Vaters ist er von Haus aus kompromißlos eingestellt".[5]

Stolberg hat mit seiner lakonischen Aussage eigentlich gleich alle beiden für Aretins zeithistorischen Interessen maßgeblichen Umstände zu Papier gebracht: den Mut und den Vater. Denn ohne letzteren, d. h. ohne dessen Verfolgung durch die Nationalsozialisten ist der Zeithistoriker Aretin nicht zu denken und schon gar nicht zu verstehen. Es ist wohl nicht übertrieben zu sagen, dass die von Erwein von Aretin in seinen Memoiren 1934/35 behandelten Personen und Themen den Kern dessen ausmachen, was später der Sohn als Zeithistoriker bearbeitet hat. Mit anderen Worten: Die vom Vater

---

3   Geyer, Martin H.: Im Schatten der NS-Zeit. Zeitgeschichte als Paradigma einer (bundes-)republikanischen Geschichtswissenschaft, in: Nützenadel, Alexander/ Schieder, Wolfgang (Hg.): Zeitgeschichte als Problem. Nationale Traditionen und Perspektiven der Forschung in Europa, Göttingen 2004, S. 25–53, hier S. 43.
4   Aretin, Karl Otmar von: Deutschlands Geschichtswissenschaft seit dem zweiten Weltkrieg, in: Deutsche Rundschau 83 (1957), S. 358–362, hier S. 359, 361.
5   Otto Graf zu Stolberg-Wernigerode: Gutachten, 12.10.1962, in: Universitätsarchiv (künftig: UA) Darmstadt 200, Nr. 375: Berufungen A-Z: Lehrstühle Neuere Geschichte, Zeitgeschichte, 1952–1963, Nr. 280.

aufgestellten Thesen und Hypothesen suchte der Sohn mit wissenschaftlicher Methode zu verifizieren und zu ergänzen. Das war *seine* Zeitgeschichte. Hinzu kam der Hang zur Zeitdiagnose, auch das in gewissem Sinne eine schon mit der Muttermilch eingesogene Neigung, denn genauso wie der Vater war der Sohn leidenschaftlicher Journalist und Kommentator der Gegenwart und hat als solcher durchaus Furore gemacht. So berichtet Karl Otmar von Aretin in seiner autobiographischen Skizze aus dem Jahr 1997 nicht nur von seiner Mitarbeit für die *Süddeutsche Zeitung*, den *Bayerischen Rundfunk* und später das *Zweite Deutsche Fernsehen*, sondern auch, dass er von 1959 bis 1965 Deutschlandkorrespondent der in Wien erscheinenden linkskatholischen Wochenzeitung *Die Furche* war und seine Artikel „bei Franz Josef Strauß einen solchen Unwillen" hervorgerufen hätten, „daß er es schließlich erreichte, daß ‚Die Furche' in andere Hände überging".[6]

Beides zusammen, die mutige, damals noch keineswegs konventionelle Art des Umgangs mit Deutschlands jüngster Vergangenheit und die Diagnosen, wie die Geschichtswissenschaft damit umzugehen pflegt und die Gegenwart zu beurteilen ist, machen jenen Teil der Persönlichkeit Aretins aus, die Gegenstand dieses Beitrags ist. Mehr als bei den meisten Altersgenossen war bei Aretin Zeitgeschichte also immer auch Zeitgenossenschaft, obwohl er bei der Machtergreifung der Nationalsozialisten erst zehn Jahre alt war. Es handelte sich daher gleichsam um eine Zeitgenossenschaft aus zweiter Hand, vermittelt vor allem über die Gespräche mit dem Vater, besonders seitdem beide seit 1945 wieder zu Hause waren, und über die Herausgeberschaft und kritische Kommentierung der väterlichen Erinnerungen. Die klaren Urteile des Vaters über das am Niedergang der Weimarer Republik beteiligte und damit schuldig gewordene politische Personal teilte der Sohn, von Heinrich Brüning abgesehen, uneingeschränkt.[7] Er trug deshalb klaglos die juristischen Folgen, die die

---

6   Aretin, Karl Otmar von: Wege und Umwege zur Geschichte, in: Lehmann, Hartmut/ Oexle, Otto Gerhard (Hg.): Erinnerungsstücke. Wege in die Vergangenheit. Rudolf Vierhaus zum 75. Geburtstag gewidmet, Wien/ Köln 1997, S. 9–20, hier S. 19. Den Unwillen dürften aller Wahrscheinlichkeit nach insbesondere seine Artikel zur „Spiegel"-Affäre Ende 1962 erregt haben.

7   Sein Kapitel über das Kabinett Papen versah Aretin mit fünf Literaturhinweisen: vier Memoiren und einem Aufsatz von Thilo Vogelsang. Eine der vier Erinnerungen ist natürlich *Krone und Ketten*, von der Aretin schreibt: „Das Kapitel über Papen gibt einen der stärksten Eindrücke über Papen, die bisher erschienen

Veröffentlichung von *Krone und Ketten*, der von ihm mit herausgegebenen Autobiographie seines Vaters, hatten. Dazu gehörten etwa die Niederlagen im Beleidigungsprozess, den Oskar von Hindenburg 1956 anstrengte, und im Ehrengerichtsverfahren vor dem *Westfälischen Verein Katholischer Edelleute*, das Franz von Papen wegen eines Leserbriefs im *Rheinischen Merkur* 1960 beantragte, in dem Aretin die Meinung seines Vaters praktisch wörtlich wiederholt hatte.[8]

Die starke Bindung an die durch den Vater vermittelte Zeitgenossenschaft hatte auch Folgen für den Umgang mit dem zeitgeschichtlichen Stoff. Man könnte sie so beschreiben: Der Sohn des von den Nationalsozialisten schon am 13. März[9] 1933 verhafteten, zeitweise in Dachau drangsalierten und erst im Mai 1934 entlassenen, aber 1938 nochmals kurzzeitig eingesperrten Vaters und der Schwiegersohn der neben Stauffenberg treibenden Kraft der Verschwörer des 20. Juli, Henning von Tresckows, sah sich nicht genötigt, bei seinen Beiträgen auf kunstvolle soziale, wirtschaftliche oder strukturelle Ursachenanalyse zurückzugreifen. Seine Arbeiten waren eine perspektivische Verlängerung der zeitgenössischen Auseinandersetzungen und dessen, was nach der Machtergreifung allenfalls noch in den eigenen vier Wänden beredet und auch nach 1945 lange Zeit nicht öffentlich verhandelt werden konnte. Folglich galten seine erkenntnisleitenden Fragen in erster Linie Dingen wie persönlichem Anstand, religiöser Bindung und Verfassungsloyalität. Das letztere Stichwort markiert zugleich die deutlich gezogene Grenze zwischen Vater und Sohn, die gelegentlich ausgesprochen wurde,[10] zumeist jedoch implizit

---

sind"; Aretin, Karl Otmar von/ Fauth, Gerhard: Die Machtergreifung. Die Entwicklung Deutschlands zur totalitären Diktatur, München [1]1959 (= Arbeitsheft 3 der Bayerischen Landeszentrale für Heimatdienst), S. 76.

8 Der ausführlich begründete Schiedsspruch vom 31.7.1962 findet sich in der Berufungsakte Aretin und kann eigentlich nur auf Betreiben Hellmuth Rößlers dort hineingekommen sein, der mit diesem und anderen Schachzügen die Berufung Aretins zu verhindern hoffte; UA Darmstadt 200, Nr. 375: Berufungen A-Z. Über beide Beleidigungsprozesse berichtet Aretin in der autobiographischen Skizze; Aretin (1997): Wege und Umwege, S. 15 u. 19.
9 In seiner autobiographischen Skizze schreibt Aretin irrtümlicherweise, sein Vater sei am 9. März verhaftet worden, dieser nennt jedoch den 13. als Tag seiner Verhaftung; Aretin, E. v. (1955): Krone, S. 167.
10 „Sie alle [Cossmann, Gerlich und v. Aretin; C. D.] hatten 1918 und in den ersten Jahren der Weimarer Republik in ihren politischen Ansichten […] nicht allzu weit

blieb. Natürlich teilte der Sohn nicht die monarchistischen Hoffnungen des Vaters und orientierte seine historische Urteilsbildung an den Normen der Weimarer Verfassung, seine zeitdiagnostische dagegen an denen der politischen Aufklärung. Den ‚Weg nach Westen' (Heinrich August Winkler) hatte Aretin, typisch für die zweite Generation der westdeutschen Zeithistoriker, hinter sich gebracht, noch bevor er den ersten Text zum Druck gab.

Dass das Ende der Weimarer Republik über viele Jahre hinweg *die* „Determinante" der zeitgeschichtlichen Forschung war, versteht sich nahezu von selbst. Andreas Wirsching, von dem diese Feststellung stammt, fügte jedoch sogleich hinzu, dass es „vermessen" wäre, „einen einzigen Faktor zu isolieren und auf ihn allein das Scheitern der Republik zurückzuführen".[11] Aretin hätte dem fraglos zugestimmt, aber forschungspraktisch verhielt er sich ganz anders. Er vollzog nicht den von seinem späteren Lehrer Herrmann Heimpel beobachteten und zur Regel erhobenen „fast gesetzlichen Dreischritt von Schuldfrage, Ursachenfrage [und] Strukturfrage", sondern begnügte sich weithin mit dem ersten, den allerdings auch Heimpel auf seinem Vortrag beim Ulmer Historikertag 1956 zunächst ganz in den Vordergrund gerückt hatte, wenn er sagte: „Solange es Geschichte gibt, muß die Geschichtswissenschaft Rechtsfragen und insbesondere Schuldfragen erörtern".[12] Von der von Werner Conze damals als erstem beschworenen „Krise des Parteienstaates"[13] ist bei Aretin ebensowenig zu lesen wie von der dramatischen Wirtschaftskrise, die allerdings auch weder im *Gebhardt* noch im *Rassow* anders als lediglich kursorisch und instrumentell angesprochen wurde, nämlich zur

---

weg von dem gestanden, was Hitler propagierte. Sie waren ihm trotzdem nicht verfallen". Aretin, Karl Otmar von: Fritz Gerlich [1984]; jetzt in: Ders.: Nation, Staat und Demokratie in Deutschland. Ausgewählte Beiträge zur Zeitgeschichte, hrsg. v. Andreas Kunz u. Martin Vogt, Mainz 1993, S. 261–274, hier S. 271. Im kurzen Artikel: Monarchistischer Widerstand in Bayern, in: Benz, Wolfgang/ Pehle, Walter H. (Hg.): Lexikon des deutschen Widerstandes, Frankfurt a. M. 1994, S. 256f., sucht man dagegen vergeblich ein wertendes Wort.
11 Wirsching, Andreas: Die Weimarer Republik. Politik und Gesellschaft, München ¹2000 (= Enzyklopädie deutscher Geschichte 58), S. 109.
12 Heimpel, Hermann: Geschichte und Geschichtswissenschaft, in: Vierteljahrshefte für Zeitgeschichte 5 (1958), S. 1–17, hier S. 8.
13 Conze, Werner: Die Krise des Parteienstaates 1929/30, in: Historische Zeitschrift 178 (1954), S. 47–84. Erdmann (folgende Anm.) machte daraus einen eigenen Paragraphen.

Erklärung des Endes der Großen Koalition, der Reparationspolitik Brünings und schließlich der Wahlerfolge der NSDAP.[14] Und so betrieb Aretin Ursachenanalyse am ehesten im Stile von Erich Eyck, des ins britische Exil vertriebenen Berliner Rechtsanwalts und Notars sowie Stadtverordneten für die DDP, der damals viel beachtete Werke zur deutschen Geschichte vorlegte, darunter auch eine zweibändige Darstellung der Weimarer Republik, in der er sich konsequent am funktionierenden parlamentarischen System orientierte.[15]

Sein Debüt als Zeithistoriker hatte Aretin, wenn man von seiner gemeinsam mit Karl Buchheim vorgenommenen Herausgabe der Erinnerungen seines Vaters absieht,[16] 1956 mit einem größeren Aufsatz über den *Eid auf Hitler*, für ihn Inbegriff des „moralischen Verfalls des Offizierskorps der Reichswehr". Das heute nahezu völlig vergessene Thema[17] spielte in den frühen 1950er Jahren eine sehr große Rolle, und zwar sowohl bei der historischen Aufarbeitung von Diktatur und Widerstand als auch im Zusammenhang mit der Wiederbewaffnung.[18] Was Aretin mit Blick auf den 20. Juli als „einen der

---

14 Erdmann, Karl Dietrich: Die Zeit der Weltkriege, Stuttgart 1959 (= Gebhardt-Handbuch der deutschen Geschichte, 8., völlig neubearb. Aufl., Bd. 4), § 37. Conze, Werner: Die Weimarer Republik, in: Rassow, Peter (Hg.): Deutsche Geschichte im Überblick, Stuttgart ¹1953, S. 616–666, hier S. 654ff. An Literatur zum Thema herrschte damals allerdings großer Mangel. Aretins Mitautor Gerhard Fauth nannte im Literaturanhang zu dem von ihm verantworteten Kapitel *Wirtschaftskrisen und die Erschütterung der sozialen Struktur* keinen genuin wirtschaftsgeschichtlichen Titel, noch nicht einmal Gustav Stolpers 1940 auf Englisch und 1950 auf Deutsch erschienene *Deutsche Wirtschaft 1870–1940*, sondern lediglich das Statistische Jahrbuch für das Deutsche Reich von 1933; Aretin/ Fauth (1959): Machtergreifung, S. 52.
15 Eyck, Erich: Geschichte der Weimarer Republik, 2 Bde., Erlenbach-Zürich/ Stuttgart 1956.
16 Welche Rolle Karl Buchheim dabei spielte, außer dass er ein Nachwort beisteuerte, bleibt unerfindlich. Der 1950 aus Leipzig als Professor für Geschichte an die TU München Berufene erwähnte den Namen Aretin in seinen Erinnerungen nicht; Buchheim, Karl: Eine sächsische Kindheit. Erinnerungen 1889–1972, bearb. v. Udo Wengst, München 1996.
17 Das 1968 ins Grundgesetz eingeführte Widerstandsrecht (Art. 20, 4 GG) machte die Diskussion um Eid und Gehorsam weitgehend obsolet.
18 Siehe dazu die zwei Bände: Vollmacht des Gewissens, hrsg. v. d. Europäischen Publikation e. V., Frankfurt a. M./ Berlin 1955 u. 1965. Die dritte Auflage des ersten Bandes (1960) besprach Aretin in der NPL 7 (1962), Sp. 330–332.

Der Zeithistoriker Aretin 15

erschreckendsten Tage in der Geschichte der Hitlerdiktatur" bezeichnete,[19] nämlich die nach dem Tod Hindenburgs sofort angesetzte Vereidigung auf Hitler, wird in neueren Darstellungen zum ‚Dritten Reich' nicht einmal mehr erwähnt.[20] Nach längeren Ausführungen zum nachlässigen Umgang mit dem Eid in der Weimarer Republik kam Aretin zur Schuldfrage. Diesmal war nicht Papen auf der Anklagebank, sondern Schleicher. Dessen fatale Politik habe schließlich dazu geführt, dass er „am Ende der betrogene Betrüger" war und dies am 30. Juni 1934 mit dem Leben bezahlte.[21] Wenn Aretin ausführlich vom moralischen Verfall des Offizierskorps sprach und trotzdem feststellte, dass „der Eid darauf berechnet [war], die Besten in einen Teufelsbund an Hitler zu ketten", ist dies wohl eine im Interesse der Würdigung des Widerstandes formulierte Paradoxie. Auch die Aussage, „vom 2. August 1934 an war es nicht mehr möglich, Hitlers verbrecherischen Befehlen Widerstand entgegenzusetzen" kollidiert mit der eingangs getroffenen apodiktischen Feststellung, der Eid auf Hitler sei „ungesetzlich", „verfassungswidrig", hochverräterisch, „unmoralisch" und „theologisch gesehen ungültig" gewesen.[22] Alle diese Verstöße seien nicht auf die Nationalsozialisten zurückgegangen, sondern fatalerweise dem Kalkül der Wehrmachtsführung in Gestalt Blombergs und Reichenaus entsprungen. Diese hätten so bei Hitler zu erreichen versucht, dass die Reichswehr nach der Ermordung Röhms und der Entmachtung der

---

19 Aretin, Karl Otmar von: Der Eid auf Hitler. Eine Studie zum moralischen Verfall des Offizierkorps der Reichswehr [1956], jetzt in: Ders. (1993): Nation, S. 175–194, beide Zitate S. 175. Den 20. Juli sprach er ganz am Ende (S. 193) an. Dieser Aufsatz wurde zweieinhalb Jahrzehnte später als „noch immer grundlegend" bezeichnet in: Meyer, Georg: Zur Situation der deutschen militärischen Führungsschicht im Vorfeld des westdeutschen Verteidigungsbeitrages 1945–1950/51, in: Militärgeschichtliches Forschungsamt (Hg.): Anfänge westdeutscher Sicherheitspolitik 1945–1956, Bd. 1: Von der Kapitulation bis zum Pleven-Plan, München/ Wien 1982, S. 577–735, hier S. 671 (Anm. 27).
20 Eines der neuesten Beispiele ist Herbert, Ulrich: Geschichte Deutschlands im 20. Jahrhundert, München 2014, wo auf S. 322f. Hindenburgs Tod und die Folgen behandelt werden. Immerhin knapp 20 Zeilen verwendete Thamer, Hans-Ulrich: Verführung und Gewalt. Deutschland 1933–1945, Berlin 1986, S. 335f., auf dieses Thema, ebenso viel Fest, Joachim: Hitler. Eine Biographie, Frankfurt a. M./ Berlin/ Wien 1973, S. 651f. Aber schon Erdmann hatte dem Thema nur einen Satz gewidmet; Erdmann (1959): Die Zeit, S. 194.
21 Aretin (1993): Eid, S. 181. Die beiden folgenden Zitate S. 193.
22 Ebd., 175.

SA die einzige Waffenträgerin des Deutschen Reiches bliebe, wie Aretin unter Hinweis auf Wheeler-Bennett schrieb.[23] Das stand im Widerspruch zur ‚herrschenden Lehre', die damals Hitler die Verantwortung zuzuschieben pflegte, weil die Wehrmacht aus den Niederungen der NS-Herrschaft herausgehalten werden sollte.[24] In diesem Widerspruch liegt der eigentliche Wert von Aretins Beitrag, der anders als vor allem die ältere Generation den Erfolg des Nationalsozialismus mit dem lange vor 1933 eingeleiteten moralischen Niedergang der deutschen Führungsschichten erklärte. Darauf wird noch zurückzukommen sein.

1956/57 erschienen mehrere Artikel Aretins in der *Süddeutschen Zeitung*, deren Verlag bereits die Erinnerungen des Vaters herausgebracht hatte. Dessen Verleger Schöningh hatte Aretin ermuntert, „historische Artikel zu schreiben";[25] mit ihrer Hilfe finanzierte er Archivreisen für seine ursprünglich geplante Habilitationsarbeit über den Rheinbund. Der bei weitem wichtigste Artikel galt dem Staatsstreich vom 20. Juli 1932, mit dessen Hilfe Papen die Macht in Preußen an sich habe reißen wollen. Papen zählte im Hause Aretin seit langem zu den ‚Lieblingsfeinden', dort wurden seine 1952 erschienenen Memoiren schlicht als verlogen betrachtet. Als sich der *Coup des Herrn von Papen* zum 25. Male jährte, ging Aretin mit ihm erstmals öffentlich ins Gericht. Seine Argumentation orientierte sich fast ganz an der väterlichen, denn schon der bayerische Erzföderalist Erwein v. Aretin hatte in diesem Staatsstreich in erster Linie einen Angriff auf die bundesstaatliche Struktur des Reiches gesehen, die von der Weimarer Verfassung fatalerweise nicht an

---

23 Wheeler-Bennett, John: Die Nemesis der Macht. Die deutsche Armee in der Politik 1918–1945, Düsseldorf 1954.
24 Erdmann vermied eine eigene Aussage und versteckte sich hinter einem ungewöhnlich langen Zitat des schon 1952 tödlich verunglückten Generalsekretärs des damals noch *Institut zur Erforschung der nationalsozialistischen Zeit* benannten *Instituts für Zeitgeschichte*, Hermann Mau (Erdmann [1959]: Die Zeit, S. 194). Der Maus Beitrag im ‚Rassow' vervollständigende Mitarbeiter Helmut Krausnick schrieb dagegen, „die Frage ist bis heute nicht zu beantworten"; Mau, Hermann (†)/ Krausnick, Helmut: Hitler und der Nationalsozialismus 1933–1945, in: Rassow, Peter (Hg.): Deutsche Geschichte im Überblick, Stuttgart ¹1953, S. 666–736, hier S. 685.
25 Aretin (1997): Wege und Umwege, S. 14.

die neuen Verhältnisse angepasst worden sei.[26] Nach einem verfassungsgeschichtlichen Exkurs beklagte der Sohn wie kurz zuvor Karl Dietrich Bracher die Distanz der SPD und namentlich des preußischen Ministerpräsidenten Otto Braun zum Föderalismus, die Papen teilte, der den Föderalismus für eine „süddeutsche Marotte" gehalten und die blockierten Verhältnisse in Preußen dazu benutzt habe, dessen Polizei in die Hände zu bekommen, um nun ungestört gegen die ‚Linke' vorgehen zu können und die SA zu schonen. Hierin offenbarte sich Papens politisches Gemüt,[27] er „konnte nur in den Kategorien eines Leutnants denken", wie übrigens auch Hindenburg, so Aretin. Die Folgen sah der Sohn klarer als der Vater in seinen schon wenig später verfassten Memoiren und so schloss er seinen Aufsatz mit den Worten: „Der 20. Juli ist für die Geschichte des Rechtsstaates Deutschland ein tragisches Datum. Mit diesem Tag begann der Weg ins Unrecht".[28] Diese Dramatisierung findet sich so damals nur bei Bracher, der vom „entscheidenden Wendepunkt im Prozeß der von der Demokratie zur Diktatur führenden Machtverschiebung" sprach,[29] während Erdmann zufolge Papen nur den auch in Preußen

---

26 Aretin, E. v. (1955): Krone, S. 111.
27 Erwein v. Aretin war am 18. Juli 1932 in Berlin und aß mit Papen zu Mittag. Über dessen Kenntnisse der Verfassung und politischen Verstand war er regelrecht entsetzt: „Ich muß gestehen, daß der Eindruck dieses Mittagessens der war, daß ein Leutnant den Reichskanzler spielte, felsenfest davon überzeugt, es sehr gut zu machen, weil der Vorgesetzte Hindenburg zufrieden schien, [...] so ähnlich, wie man als Kind ‚Erwachsener' spielt"(ebd., S. 109).
28 Aretin, Karl Otmar von: Der Coup des Herrn von Papen. Vor 25 Jahren entmachtete er die ihm nicht genehme preußische Staatsregierung, in: Süddeutsche Zeitung, 20./21.7.1957. Wiederabdr. mit gekürztem Titel und falschem Datum in: Ders. (1993): Nation, S. 119–121, hier S. 121; das Wort von der „süddeutschen Marotte" und von den Denkkategorien eines Leutnants ebd., S. 120.
29 Bracher, Karl Dietrich: Die Auflösung der Weimarer Republik. Eine Studie zum Problem des Machtverfalls in der Demokratie (^{1}1955), Villingen ^{5}1971, S. 510. Conze hat gerade 1957 in der Historischen Zeitschrift 183 (1957), S. 378–382, die erste Auflage wegen angeblicher methodischer Mängel scharf kritisiert und so womöglich Brachers Karriere bei den Historikern verhindert. Umso mutiger musste damals Aretins – unausgesprochene – Berufung auf Bracher bei Kennern wirken. Conze nahm aus Anlass der zweiten Auflage seine Kritik an Bracher bemerkenswerteweise zurück (HZ 187 [1959], S. 407f.).

die stärkste Fraktion bildenden Nationalsozialisten zuvorgekommen sei[30] und Conze darin „das erste Zugeständnis an Hitler" sah.[31]

Im Jahr darauf machte Aretin mit einem zeitdiagnostischen Beitrag auf sich aufmerksam, der Eugen Kogons Blick auf ihn lenkte und letzten Endes seine spätere Berufung nach Darmstadt, eindeutig das Werk Kogons,[32] erklärt. In den damals weithin berühmten, von Kogon und Walter Dirks herausgegebenen *Frankfurter Heften* äußerte Aretin sich unter dem Titel *Der Erfolgsdeutsche* zu einer, wie er schreibt, *beklemmenden Gegenwartsfrage*. Es handelte sich um einen Alarmruf angesichts des wachsenden Einflusses der „Ewig-Gestrigen", wie Theodor Heuss es gewohnt literarisch anspruchsvoll formulierte, während Aretin kurzerhand von „ehemaligen Mitläufern" sprach und denkbar öffentlichkeitswirksam gegen die Beschwichtigungsstrategie des damaligen Bundesinnenministers Gerhard Schröder in Sachen „Neonazismus" polemisierte.[33] Die „ehemaligen Mitläufer" hatten seit dem Ausführungsgesetz des Artikels 131 Grundgesetz im Jahre 1951 wieder Zutritt zum Staatsdienst, wurden dank ihres Wahlrechts (von Aretin unterschwellig kritisiert) von den Parteien umworben, unterwanderten besonders die CDU/CSU und tönten lautstark, dass der Erfolg der Bundesrepublik letztlich auf sie zurückgehe, „die man rufen mußte, als es nicht mehr weiterging" – kurz: Der Nationalsozialismus, der ja „nicht eine einmalige schauerliche Entgleisung" war, sondern „die Summe allen Unsinns, den der durch den deutschen Aufstieg nach 1870 verblendete deutsche Spießer [...] ersonnen hat", könne in „abgewandelter, obschon gewiß nicht mehr so furchtbarer Form wiederauftauchen".[34]

---

30 Erdmann (1959): Die Zeit, § 39. Erdmann verließ sich mit dieser Aussage ausgerechnet auf Papens Memoiren: Papen, Franz von: Der Wahrheit eine Gasse, München 1952. Eyck sprach in diesem Zusammenhang von „Papens Märchengebäude"; Eyck (1956): Geschichte, Bd. 2, S. 505. Erwein v. Aretin hielt das ganze irrigerweise für einen „vom Braunen Haus angeordnete[n] Staatsstreich"; Aretin, E. v. (1955): Krone, S. 109f.
31 Conze (1953): Weimarer Republik, S. 661.
32 Aretin (1997): Wege, S. 19. Die Berufungsakten bestätigen dies.
33 Aretin, Karl Otmar von: Der Erfolgsdeutsche. Studie zu einer beklemmenden Gegenwartsfrage [1958], jetzt in: Ders. (1993): Nation, S. 295–303, hier S. 300. Das nächste Zitat ebd.
34 Ebd., S. 302, 295, 302.

Das war eine Gegenwartsdiagnose, die selbst in den *Frankfurter Heften* überraschte, in denen Dirks bereits 1950 in einem aufsehenerregenden Beitrag den restaurativen Charakter der Zeit gegeißelt hatte.[35] Denn Aretin meinte etwas anderes. Er stellte hier in kurzen Worten, aber vernehmlicher als bisher, eine Deutung des Nationalsozialismus vor, die damals nicht opportun war: kein Betriebsunfall, auch keine vom Ausland – Versailles – verursachte Katastrophe, sondern die Folge einer vom Kaiserreich ausgehenden Fehlentwicklung. 1958, drei Jahre vor Fritz Fischers *Griff nach der Weltmacht* und ein gutes Jahrzehnt vor dem ersten Auftreten der Sonderwegstheorie, war das eine kühne, den Dingen vorauseilende und deshalb im Grunde nur vom politisch-historischen Gespür und nicht von eigener Forschung ausgehende Behauptung, die inzwischen allgemein anerkannt ist.[36] Damals war das anders. Damals gab es auf der einen Seite die grobschlächtige und grundfalsche, vor allem natürlich im Ausland populäre Vansittart-These einer geraden Linie von Luther über Bismarck zu Hitler, und auf der anderen die in Deutschland praktizierte „geistige Entnazifizierung", die „mit Hilfe einer Diabolisierung Hitlers" den Abstand zu diesem und zur deutschen Geschichte unüberbrückbar machte, wie Aretin 1962 in einer ausführlichen Buchbesprechung von Shirers *Aufstieg und Fall des Dritten Reiches* formulieren sollte.[37] In den Handbüchern fand sich dazu nichts. Erdmann umging eine Beschreibung des Nationalsozialismus vollständig, Mau und Krausnick sahen im unerwarteten Zusammenbruch der Monarchie die Ursache für den krisenhaften und schließlich in den Nationalsozialismus mündenden geschichtlichen Verlauf.[38] Aretin sah zwar ebenfalls in 1918 „die eigentliche Bruchstelle", denn zuvor

---

35 Dirks, Walter: Der restaurative Charakter der Epoche, in: Frankfurter Hefte 5 (1950), S. 942–954.
36 Bis dahin konnte man allenfalls bei dem von Aretin geschätzten Historiker Ludwig Dehio den Gedanken der Kontinuität von Kaiserreich und ‚Drittem Reich' finden. Dehio, Ludwig: Gleichgewicht oder Hegemonie, Krefeld 1948, Kap. IV.
37 Aretin, Karl Otmar von: Das Dritte Reich in angelsächsischer Sicht: Das Echo, in: Merkur 16 (1962), S. 776–781, hier S. 779.
38 Mau (†)/ Krausnick (1953): Hitler, S. 678f.

seien die spießerhaften Velleitäten an der „Integrität der Oberschicht" gescheitert, aber die total verblendete „Denk- und Empfindungsart" habe sich schon seit 1870 verbreitet.[39]

Aretin hat, wie gesagt, diesen Gedanken vier Jahre später fortgesponnen. Shirer habe ein wichtiges und weithin überzeugendes Buch geschrieben, stellte er im Unterschied zur Masse der von ihm durchgesehenen Zeitungsrezensionen fest, aber er kritisierte dessen „Unvermögen [...], sich mit der totalitären Problematik" auseinanderzusetzen. Sie habe nicht nur in Deutschland und nicht nur von 1933 bis 1945 existiert, sondern die totalitäre Gefährdung sei ein Kennzeichen des 20. Jahrhunderts.[40] Aretin meinte das weniger in Bezug auf die politischen Systeme, sondern moralisch: Aretin sah damals totalitäre Gefährdung überall wo „Lautstärke für national" gehalten und Kritik unterdrückt wird, wo unliebsame Tatsachen ignoriert und demokratische Werte missachtet werden.[41] So hat er – unversehens, meine ich, denn Aretin war zeitlebens Großtheorien gegenüber total abgeneigt – damit etwas angetreten, was Martin Geyer als frühe „Reisen in die Moderne" durch deutsche Historiker bezeichnete: Die so diskontinuierlich verlaufene deutsche Geschichte provozierte, und zwar generationsübergreifend, die Frage nach dem Gesamtcharakter der Epoche, die natürlich verschieden beantwortet wurde.[42] Dass Aretin sie mit dem Begriff ‚totalitär' umschrieb, lag in mancher Hinsicht nahe, denn Totalitarismus war eine der Leitvokabeln des Kalten Krieges, bezeichnete dann aber den gemeinsamen Nenner von Stalins und Hitlers Herrschaft, weshalb über ihn so verschiedene Politologen wie Hannah Arendt und Hans Buchheim geschrieben haben,[43] oder er war ein provokanter

---

39 Aretin (1993): Der Erfolgsdeutsche, S. 297, 295. Die Idee der „Integrität der Oberschicht" mag Aretin aus seiner Lektüre der Werke Gerhard Ritters bezogen haben; später, d. h. spätestens nachdem er Fritz Fischers Thesen zur Kenntnis genommen hatte, ist sie bei ihm nicht mehr zu lesen. Ritter ging „von der persönlichen Integrität der im Kaiserreich Handelnden aus", während „Fischer bei seinem Buch sozusagen Hitler nie aus den Augen verlor", schrieb er im Rückblick; Aretin, Karl Otmar von: Gerhard Ritter zum Gedächtnis, in: Frankfurter Hefte 22 (1967), S. 594–596, hier S. 596.
40 Aretin (1962): Das Echo, S. 780.
41 Aretin (1993): Der Erfolgsdeutsche, S. 295, 302.
42 Geyer (2004): Im Schatten, S. 48.
43 Arendt, Hannah: Elemente und Ursprünge totaler Herrschaft, Frankfurt a. M. 1955. Buchheim, Hans: Totalitäre Herrschaft. Wesen und Merkmale, München

Schlüsselbegriff linker Kulturkritik von Horkheimer und Adorno bis Jakob Talmon als Antwort auf die von modernen Diktaturen pervertierten Versprechen der Aufklärung.[44] Aber Aretin meinte weder das eine noch das andere, sah er in der totalitären Versuchung ja das Merkmal eines ganzen Zeitalters, und damit befand er sich, soviel ich sehe, allein auf weiter Flur. Zu düster war wohl diese Vorstellung und sie hätte vorausgesetzt, dass die Ursprünge zeit- und regimeübergreifend gedacht wurden, was, wie bereits gesagt, damals alles andere als mehrheitsfähig war.

Eben diese Mehrheitsmeinung hatte Aretin bereits im Vorjahr, 1957, in einer Bilanz von *Deutschlands Geschichtswissenschaft seit dem zweiten Weltkrieg* klar kritisiert. Er skizzierte dort kenntnisreich die unterschiedlichen Antworten der Historiker auf die durch den militärischen Zusammenbruch 1945 ihres Gegenstandes verlustig gegangenen, weil an der Nation ausgerichteten Geschichtsschreibung. Plötzlich stand das hergebrachte, ja sakrosankte Geschichtsbild zur Disposition und wurde folglich Revisionismus eine Tugend – jedenfalls dann, wenn die Lösungsversuche den völlig veränderten Umständen angemessen sein sollten.[45] Andere revisionistische Versuche kritisierte er dagegen scharf: die Flucht namentlich katholisch geprägter Historiker ins religiös überhöhte Abendland,[46] Alfred Webers Flucht aus der Geschichte[47]

1962. Den nahezu gleichaltrigen Sohn Karl Buchheims, Hans, der damals am Institut für Zeitgeschichte arbeitete, kannte Aretin natürlich gut.
44 Horkheimer, Max/ Adorno, Theodor W.: Dialektik der Aufklärung, Amsterdam 1947; selbst die zweite Aufl. 1955 erschien noch in Amsterdam und war in Deutschland entsprechend schwer greifbar. Talmon, Jakob: Die Ursprünge der totalitären Demokratie, Köln/ Opladen 1961 (engl. 1952). Talmons These, die Demokratie habe grundsätzlich totalitäre Tendenzen, ein Erbe Rousseaus, erregte damals große Aufmerksamkeit.
45 Als positive Beispiele nannte Aretin hier Dehio und Heimpel; Aretin (1957): Deutschlands Geschichtswissenschaft, S. 359f.
46 Aretin dachte dabei vermutlich an die seit 1946 erscheinende Zeitschrift *Neues Abendland. Zeitschrift für Politik, Kultur und Geschichte*, an die 1951 gegründete *Abendländische Aktion* und an die von ihr 1952 ins Leben gerufene *Abendländische Akademie*. Nach öffentlichen Protesten zog sich die Akademie nach Spanien zurück, wo beste Beziehungen zum *Europäischen Informations- und Dokumentations-Zentrum* Otto von Habsburgs bestanden. Ende der 1960er Jahre lösten sich diese am rechten politischen Rand angesiedelten Organisationen auf, die Zeitschrift hatte schon 1958 ihr Erscheinen eingestellt.
47 Weber, Alfred: Abschied von der bisherigen Geschichte, Hamburg 1946.

und die Fluchtversuche der 1950 von entlassenen Historikern gegründeten *Ranke-Gesellschaft* vor dem Blick in die Abgründe des ‚Dritten Reiches'.[48] Geschichtsphilosophie und Verantwortungslosigkeit waren Aretin zeitlebens ein Gräuel. 1957 lautete sein Rezept: seriöse, quellenbasierte Zeitgeschichte. Die Alliierten seien dabei, die ins Ausland verbrachten deutschen Aktenbestände zurückzugeben, so dass künftig nicht nur das „mit anerkennenswertem Mut auch die so gern verharmlosten schrecklichen Seiten des Nazismus" aufdeckende *Institut für Zeitgeschichte* ernsthafte Arbeit liefern könne, sondern jedermann.[49] Bisher sei Zeitgeschichte „vorwiegend ein Tummelplatz historisierender Laien", zusätzlich überschwemme den Buchmarkt eine „fast unübersehbare Flut von Memoiren" von „Größen der nationalsozialistischen Ära".[50] Es gelte jedoch, den Dingen ins Auge zu blicken. Dann sehe man, dass der Widerstand im ‚Dritten Reich' leider eine absolut vernachlässigenswerte Rolle gespielt habe und dass die These der sauberen Wehrmacht falsch sei: Die Quellen belegten eindeutig, „daß auch ein Manstein die Judenvernichtung deckte".[51]

Die Probe aufs Exempel seiner zeitgeschichtlichen Qualitäten kam 1959, als Aretin auf Veranlassung wohl noch von Thomas Ellwein, bis 1958 Leiter der Bayerischen Landeszentrale für Heimatdienst, zusammen mit dem seit Kriegsende in München lebenden Journalisten und Fachmann für Jugendbildung Gerhard Fauth das Büchlein *Die Machtergreifung* für Zwecke der historisch-politischen Bildung vorlegte. Das war schon deshalb ehrgeizig, weil er 1958, dem Jahr der Niederschrift, von Mainz nach Göttingen wechselte, um bei Richard Nürnberger Mitarbeiter am dortigen Max-Planck-Institut

---

48 Die Tagung über das deutsche Geschichtsbild im Herbst 1954 „bewies nicht nur die Berechtigung mancher Bedenken wegen der nationalsozialistischen Vergangenheit einiger Leiter dieser Gesellschaft, sondern es zeigten sich besonders im Eingangsreferat von G. A. Rein Bestrebungen, Zeitgeschichte aus dem Bedürfnis zu betreiben, das Verdammungsurteil über die Nazizeit zu revidieren"; Aretin (1957): Deutschlands Geschichtswissenschaft, S. 360.
49 Ebd., S. 361.
50 Ebd., S. 360.
51 Ebd., S. 362. Manstein war 1949 von den Briten verurteilt, weil er den Völkermord mitgetragen habe, 1953 aber begnadigt worden. 1960 machte ihn dann die Bundesregierung, wenn auch inoffiziell, zum Berater beim Aufbau der Bundeswehr. Natürlich hat auch er seine Erinnerungen publiziert: Manstein, Erich von: Verlorene Siege, Bonn 1955.

für Geschichte zu werden und sich mit einer Arbeit über die Spätzeit des Alten Reichs zu habilitieren. Aber auch, weil die Forschungslage natürlich viel zu wünschen ließ, denn man konnte damals eigentlich nur auf Maus und Krausnicks Beitrag im *Rassow* zurückgreifen, wo das Kapitel *Die Machtergreifung* freilich keine zehn Seiten umfasste.[52] Noch kürzer war Erdmanns Abschnitt im *Gebhardt*, der 1959 auf den Markt kam,[53] während die große Studie von Bracher, Sauer und Schulz erst 1960 erscheinen sollte.[54] 1958 war das feuilletonistisch gehaltene Buch zweier Zeitzeugen, Hans Otto Meissners, Sohn des Chefs der „Präsidialkanzlei des Führers" und nachmals Protegé von Franz Josef Strauß, und Harry Wildes, als philokommunistischer Journalist und Homosexueller von den Nazis verfolgt und ins Exil entflohen, auf den Markt gekommen.[55] Erwin Wickerts Heftchen für den Schulunterricht erschien gleichzeitig mit Aretins und Fauths schmalem Band und hätte natürlich auch keinerlei Anregung geben können.[56] In vieler Hinsicht handelte es sich also um eine Pionierstudie.[57] Sie griff zeitlich weit zurück und behandelte im ersten, von Fauth verfassten Teil *Voraussetzungen für den Aufstieg der NSDAP* das Ende des Ersten Weltkriegs und Strukturprobleme bzw. -defekte der Weimarer Republik. Aretin steuerte dafür den Schluss bei, der der Reichswehr galt. Nach einer militärgeschichtlichen Übersicht mit Schwerpunkt auf Seeckts „verfehlter" Offiziersausbildung schilderte er die beim Ulmer Reichswehrprozess von 1930 sichtbar gewordene Spaltung des Offizierskorps mit der Folge, dass etwa am 30. Januar 1933 „der junge Graf Stauffenberg mit der Hakenkreuzfahne an der Spitze des Zuges" durch Bamberg marschiert

---

52 Mau (†)/ Krausnick (1953): Hitler, S. 666–675.
53 Nationale Erhebung oder nationalsozialistische Machtergreifung?; Erdmann (1959): Die Zeit, § 41.
54 Bracher, Karl Dietrich/ Sauer, Wolfgang/ Schulz, Gerhard: Die nationalsozialistische Machtergreifung. Studien zur Errichtung des totalitären Machtsystems in Deutschland 1933/34, Köln/ Opladen 1960.
55 Meissner, Hans Otto/ Wilde, Harry: Die Machtergreifung. Ein Bericht über die Technik des nationalsozialistischen Staatsstreiches, Stuttgart 1958. Aretin kommentierte dieses Buch als „im ganzen […] nicht zuverlässig"; Aretin/ Fauth (1959): Machtergreifung, S. 88.
56 Wickert, Erwin: Die Machtergreifung. Die Vorgeschichte des 30. Januar 1933, Weinheim/Bergstr. 1959.
57 Das erklärt wohl, dass schon 1960 eine zweite Auflage nötig wurde.

sei.[58] Der anschließende Abschnitt *Reichswehr und Politik* ist eine erneute Abrechnung mit Schleicher, dessen Hauptschuld es nach Aretin war, mit der Hilfe Hindenburgs, seines Regimentskameraden, „den fähigen Brüning durch den unfähigen intriganten Papen" ersetzt zu haben[59] und damit genau das erreichte, was er habe verhindern wollen: die Machtergreifung der Nazis.

Der zweite, kürzere Teil des Buches beschreibt den *Weg in die totalitäre Diktatur* und ist überwiegend von Aretin verfasst. Anders als Fauth bevorzugte er Ereignisgeschichte, schon weil sie sich stark personalisieren und somit auf die damals naheliegende Schuldfrage zuspitzen ließ. Hier nehmen Hugenberg und Schleicher die Nebenrollen ein, Papen wiederum die Hauptrolle, brachte er es doch in nur sechs Monaten Amtszeit dahin, dass „keines der wichtigsten verfassungsmäßigen Organe mehr in Funktion war".[60] Der Machtergreifung im engeren Sinne war ein mit Fauth gemeinsam verfasster Abschnitt über die Presse im Jahre 1932 vorgeschaltet – ganz ungewöhnlich, aber bei den beiden Zeitungsleuten naheliegend –, an das sich kurze Ausführungen zum Thema *Das Bürgertum und die Machtergreifung* anschlossen. Man darf darunter keinen sozialhistorischen Beitrag unter dem Aspekt ‚Extremismus der Mitte' erwarten, denn dafür war es damals in Deutschland noch zu früh.[61] Vielmehr schilderte Aretin hier knapp die Wertordnung der „bürgerlichen Rechten, Deutschnationalen und Stahlhelm", die weithin dieselben Zielvorstellungen gehabt hätten wie Hitler und deren Anhänger nach dem 30. Januar mit ihrer „Begeisterung" leider „die Ereignisse der kommenden Monate" überhaupt erst möglich gemacht hätten.[62]

Es folgt die Aufzählung der Gesetze und Verordnungen, mit denen die nationalsozialistische Herrschaft errichtet wurde, und die *Umgestaltung Deutschlands in einen totalitären Staat*. Der Reichstagsbrand wurde von

---

58 Aretin/ Fauth (1959): Machtergreifung, S. 62f.
59 Ebd., S. 63. Aretin musste sein vom Vater übernommenes positives Urteil über Brüning nach Erscheinen von dessen *Memoiren* 1970 revidieren.
60 Ebd., S. 76.
61 Es war ein amerikanischer Soziologe, der Thesen ins Ausland vertriebener deutscher Kollegen aufnahm und erweiterte und seine Ergebnisse auf deutsch 1959 vorstellte: Lipset, Seymour M.: Der „Faschismus", die Linke, die Rechte und die Mitte, in: Kölner Zeitschrift für Soziologie und Sozialpsychologie 11 (1959), S. 401–444.
62 Aretin/ Fauth (1959): Machtergreifung, S. 87.

ihm trotz mancher noch offener Fragen den Nationalsozialisten zugeschrieben.⁶³ Er machte, wie man weiß, den Terror erst möglich und deshalb behandelte Aretin gleich im Anschluss das Thema ‚Konzentrationslager', wobei er sich erneut ausführlich der Schilderungen seines Vaters bediente. Wieso die KZs aber nach dem 30. Juni 1934 geheim gewesen und aus dem allgemeinen Bewusstsein verschwunden sein sollen, bleibt unerfindlich.⁶⁴ Es schließen sich das Ermächtigungsgesetz und die Auflösung der Parteien an, die Mordaktionen am 30. Juni, für die hier viel deutlicher als bisher und erst recht, als anderswo zu lesen, eine zuvor genau festgelegte Zusammenarbeit von Reichswehr und Nazigrößen betont wurde.⁶⁵ Den Schluss bildet der Eid auf Hitler, wo Aretin das 1956 Gesagte wiederholte und seinen Lesern die Schuld der „rechtsgerichteten nationalen Bürgerschicht" ins Gedächtnis rief, die sowohl diesen Eid als auch zwei Jahre zuvor den sogenannten Preußenschlag zu verantworten habe, „während sich Hitler nach außen streng an die Verfassung gehalten hatte". Mit anderen Worten: Zwei Staatsstreiche der nationalkonservativen Verbündeten Hitlers, Zivilisten und hohe Offiziere, rahmten die Machtergreifung ein und machten sie so überhaupt erst möglich. Dies sei „die Tragödie des deutschen Bürgertums", das damit zugleich das Heft aus der Hand gegeben habe und Hitler unterworfen blieb.⁶⁶

Diese Schlussbotschaft macht die Eigenart der Aretinschen Geschichtsschreibung (nicht nur) zum Nationalsozialismus und damit zugleich den Grund offenbar, weshalb ihn Jahre später Kogon nach Darmstadt holen wollte. Es ist bei aller Sachlichkeit ein kämpferischer Ton,⁶⁷ bisweilen auch

---

63 Aretin benutzte wenig später gerade den Reichstagsbrand bzw. die von Fritz Tobias mit Material versorgte und erhebliches Aufsehen erregende *Spiegel*-Serie 1959/60 zum neuerlichen Anlass seines Appells an die deutsche Geschichtswissenschaft, doch endlich mit seriöser, d. h. aktenbasierter Zeitgeschichte zu beginnen. Bisher lieferten lediglich die „deutschen Illustrierten" sensationshaltige Artikel über die jüngste deutsche Vergangenheit, „was die Schreibmaschinen hergeben"; Aretin, Karl Otmar von: Zeitgeschichte, Zeitgeschichte?, in: Die Furche, Nr. 8, 20.2.1960, S. 6.
64 Aretin/ Fauth (1959): Machtergreifung, S. 94.
65 Ebd., S. 97.
66 Alle Zitate ebd., S. 98.
67 Dass Aretin „ein kämpferischer Historiker" war, stellt auch Heinz Duchhardt in seinem Nachruf fest, und fügt hinzu: „Wenn es um sein Fach, die NS-Zeit oder auch kontroverse Gestalten wie den Preußenkönig Friedrich II. ging, dann konnte

ein genuin politischer Zug unüberhörbar. Im ganzen Werk ist nirgends von ‚Verhängnis' die Rede, geschweige denn von ‚Verstrickung', wie ja auch die Hauptschuld nicht bei den Nationalsozialisten liegt, denn aus eigener Kraft seien sie nicht an die Macht gekommen.

Das war selbst in Göttingen mutig, obwohl dort die Zahl „protestantisch-bußfertiger" Historiker größer war als anderswo und von dort das ominöse Wort „Vergangenheitsbewältigung" seinen Weg in die Öffentlichkeit gefunden hatte.[68] Es war deshalb aus mehreren Gründen geschickt, dass der Habilitand sich für sein Kolloquium ein Thema aus der Zeitgeschichte des Katholizismus aussuchte, denn kaum eine andere Universität besaß ein ähnlich ausgeprägtes protestantisches Selbstverständnis wie Göttingen. Einen dem Stuttgarter Schuldbekenntnis ebenbürtigen Text hatte die katholische Kirche in Deutschland bis dahin noch nicht vorgelegt. In seinem sogleich auch veröffentlichten Vortrag über *Das Ende der Zentrumspartei und der Abschluss des Reichskonkordats am 20. Juli 1933* machte er als einer der ersten Historiker kirchliche Zeitgeschichte zu einem seriösen Thema, während bisher Zeitzeugen- und Konfessionsapologetik das Feld dominiert hatten – und noch lange dominieren sollten. So kritisierte Aretin gleich zu Beginn den im Titel suggerierten Zusammenhang zwischen beiden Vorgängen als von interessierter Seite hergestellt. An der tiefen Verachtung der Kirche, zumal der Kurie, gegenüber der Demokratie im allgemeinen und der Zentrumspartei im besonderen sei jedoch nicht zu zweifeln.[69] Die These

---

es über das Florett auch einmal deutlich hinausgehen"; Duchhardt, Heinz: Karl Otmar Freiherr von Aretin (1923–2014), in: Historische Zeitschrift 299 (2014), S. 285–290, hier S. 289.

68 Geyer (2004): Im Schatten, S. 31. Theodor Schieder bezeichnete das intern als „Göttinger Wallungen"; zit. Berg, Nicolas: Der Holocaust und die westdeutschen Historiker. Erforschung und Erinnerung, Göttingen 2003, S. 268.

69 Aretin, Karl Otmar von: Das Ende der Zentrumspartei und der Abschluss des Reichskonkordats am 20. Juli 1933, in: Frankfurter Hefte 17 (1962), S. 237–243. Damals lebten immerhin noch Brüning, Papen und Pater Leiber, von 1924 bis 1958 persönlicher Sekretär Eugenio Pacellis, nur Kaas war bereits tot. Mit Beleidigungsklagen musste Aretin also durchaus erneut rechnen, allerdings nicht von Brüning, der hier als Opfer Kaas' und Papens erscheint und dessen *Memoiren* in der Fassung von 1955 Aretin hatte lesen können – wie er überhaupt dank verwandtschaftlicher Kontakte an sonst damals unzugängliches Material

von der Demokratiefeindlichkeit war damals nicht mehr ganz neu,[70] aber natürlich immer noch höchst aktuell, denn das Zweite Vatikanische Konzil mit seiner Anerkennung von Demokratie und Menschenrechten sollte ja erst im Oktober jenes Jahres beginnen.

In gewisser Weise lieferte Aretin mit diesem Aufsatz eine Vorwegnahme der 1977 das Licht der Welt erblickenden und dann erheblich Furore machenden Scholder-These. Auch er sprach vom engen, ja kausalen Zusammenhang zwischen der Zustimmung des Zentrums zum Ermächtigungsgesetz und der Konkordatsofferte, ins Werk gesetzt von Kaas und Papen aus sehr unterschiedlichen Gründen: Kaas sei mit seinem demokratischen Latein am Ende gewesen. Er habe sich Rettung durch eine „Neuorientierung nach der religiösen Seite hin" erhofft,[71] zog sich tatsächlich Anfang April 1933 aus der Politik zurück und übersiedelte nach Rom. Papen dagegen habe in der Offerte eine große Chance erblickt, „sein schwer angeschlagenes Ansehen zu erhöhen". Seine später gegebene öffentliche Begründung, mit dem Konkordat habe er das Christentum zur Grundlage des neuen Staates machen wollen, werde schon dadurch widerlegt, dass er am 14. Juli 1933 im Kabinett sowohl dem Konkordat als auch dem Sterilisierungsgesetz[72] zustimmte.

Dem Artikel widersprach seinerzeit lediglich Josef Becker, auf den wiederum Aretin in den *Vierteljahrsheften für Zeitgeschichte* replizierte,[73] während Scholder sich Jahre später massiven, bis in die Gegenwart anhaltenden

---

herangekommen war, was aber so richtig erst den Belegen in dem 1966 zum selben Thema erschienenen Aufsatz zu entnehmen ist (vgl. Anm. 73).

70 Bahnbrechend Böckenförde, Ernst Wolfgang: Der deutsche Katholizismus im Jahre 1933. Eine kritische Betrachtung, in: Hochland 53 (1960/61), S. 215–239.
71 Aretin (1962): Das Ende, S. 241. Das nächste Zitat ebd., S. 240.
72 Nach dem *Gesetz zur Verhütung erbkranken Nachwuchses* vom 14. Juli 1933 wurden zwischen 1934 und 1945 etwa 400.000 Menschen, die sich im Zugriff des Deutschen Reichs befanden, auf Anordnung der dafür errichteten Erbgesundheitsgerichte auch ohne ihre Einwilligung unfruchtbar gemacht. Der Vatikan nahm dieses Gesetz hin, weil das Konkordat noch nicht ratifiziert war.
73 Becker, Josef: Das Ende der Zentrumspartei und die Problematik des politischen Katholizismus in Deutschland, in: Welt als Geschichte 23 (1963), S. 149–172. Ihm wies Aretin in seiner Replik zahlreiche Fehler und Widersprüche nach; Aretin, Karl Otmar von: Prälat Kaas, Franz von Papen und das Reichskonkordat von 1933, in: Vierteljahrshefte für Zeitgeschichte 14 (1966), S. 252–279; Wiederabdruck in: Ders. (1993): Nation, S. 141–168.

Widerspruch zuzog, der allerdings nur von sich als katholisch verstehenden Historikern kam – mit der weitgehend einzigen Ausnahme eben Aretins.[74] Dieser Zusammenhang erklärt auch dessen Versuch, Scholder 1969 als Nachfolger Rößlers nach Darmstadt zu holen.[75] Das zerschlug sich, aber die große Freundschaft zwischen Scholder und Aretin, zwischen dem ordinierten Pfarrer und dem Linkskatholiken, blieb bis zum Tode des ersteren.

Brechen wir an dieser Stelle ab, denn 1962, im Jahr von Aretins Habilitation, begann in Darmstadt die *Kultur- und Staatswissenschaftliche Fakultät* mit der Suche nach Kandidaten für das Anfang des Jahres genehmigte Ordinariat Zeitgeschichte, aus der nach heftigen Kämpfen im Juli 1963 eine Liste mit Aretin an erster Stelle herauskam. Der Listensieger hatte nicht eine einzige allein verfasste Monographie zur Zeitgeschichte veröffentlicht und nicht einen einzigen Aufsatz zu ihr in einer wissenschaftlichen Zeitschrift vorzuweisen. In dem von Rößler, dem bis dahin einzigen Historiker an der TH Darmstadt, bei Karl Dietrich Erdmann angeforderten Gutachten hieß es denn auch, Aretins zeitgeschichtliche Arbeiten besäßen „weder ihrer Methode noch ihrem Ergebnis nach wissenschaftliches Gewicht".[76] Immerhin Bedenken hatte auch Gerhard Ritter: „Ob er jetzt schon für ein Ordinariat für Zeitgeschichte reif ist, wage ich nicht mit Sicherheit zu beurteilen".[77] Für ihn traten nicht nur seine Göttinger Professoren Schramm und Heimpel sowie sein ehemaliger

---

74 Die Kontroverse Scholder-Repgen fasste Aretin im Abstand von eineinhalb Jahrzehnten bündig und mit klarer Sympathie für Scholder zusammen, allerdings mit dem Hinweis, dass keiner der beiden einen „aktenmäßigen Nachweis" für seine These habe beibringen können. Aretin, Karl Otmar von: Nachwort, in: Scholder, Klaus: Die Kirchen zwischen Republik und Gewaltherrschaft. Gesammelte Aufsätze, hrsg. v. Karl Otmar von Aretin u. Gerhard Besier, Frankfurt a. M., zweite Auflage 1991, S. 259–265, hier S. 260, sowie: Einleitende Vorbemerkungen zur Kontroverse Scholder-Repgen, ebd., S. 171–173.
75 Ebd., S. 262, mit allerdings falschen Angaben im Detail. Beide kannten sich seit gemeinsamen Tagen im *Institut für Europäische Geschichte Mainz* und teilten dieselbe Leidenschaft für einen Horizont, der sich vom 17. Jahrhundert bis zur Gegenwart erstreckte.
76 UA Darmstadt 200, Nr. 375: Berufungen A-Z: Lehrstühle Neuere Geschichte, Zeitgeschichte, 1952–1963, Nr. 280: Vergleichendes Gutachten vom 3.7.1963.
77 Ebd., Gutachten vom 9.10.1962. Aretin hatte 1967, als Ritter starb, seine Berufungsakte mit Sicherheit nicht gekannt. Er widmete ihm einen bei aller Kritik insgesamt anerkennenden Nachruf, der damit schloss, dass Ritter hinsichtlich seiner Wahrheitsliebe und Unbestechlichkeit ein „Vorbild" abgegeben habe, „das

Mainzer Direktor Göhring und Graf Stolberg-Wernigerode von der Münchener *NDB*-Redaktion ein, sondern mit Bracher und Fischer wegen ihrer kritischen Sicht auf die Vergangenheit zwei in der mehrheitlich konservativen Disziplin umstrittene, aber international umso renommiertere Professoren mit Blick für das Politische. Das zählte bei der Kommissionsmehrheit, vor allem natürlich bei Kogon. Der schrieb denn auch in den Berufungsbericht: „‚Als schon vom Vater her gesinnungsmäßig völlig integer' wird von ihm erwartet, daß er ‚für die zeitgeschichtliche und somit politische Bildung der jungen Generation einen unschätzbaren Dienst wird leisten können'". Und schloss dann mit der Ableitung: „Das entspricht ganz der Aufgabe, die dem Lehrstuhlinhaber für Zeitgeschichte an der TH Darmstadt gestellt ist".[78]

Das war ohne Zweifel eine richtige Prognose, die der damals in Aussicht Genommene allerdings nicht unbedingt teilte – wegen seiner Befangenheit als Betroffener; ein in der deutschen Universitätsgeschichte eher seltener Fall. Es war der hessische Kultusminister Schütte, der ihm im Laufe einer „mehr als zweistündige[n] Unterredung" seine Bedenken ausredete,[79] so dass Aretin den Ruf annahm und zum 1. April 1964 ernannt wurde. Im Rückblick lesen sich viele seiner Beiträge zur Machtergreifung aus politischer und kirchlicher Perspektive wie Vorboten späterer Diskurse, während seine klaren und mutigen Urteile therapeutischen Ambitionen entsprangen. Denn Aretin wusste schon früh, dass es keine Wissenschaft gibt, die so vom Glauben an die reinigende Kraft der Daten und an die heilende Wirkung des Aussprechens getragen ist wie die Zeitgeschichte.

---

gerade für uns jüngere Historiker verpflichtend ist"; Aretin (1967): Gerhard Ritter, S. 596.
78 Wie Anm. 77, Berufungsbericht vom 12.7.1963, S. 4.
79 Aretin (1997): Wege, S. 19.

Winfried Schulze
Karl Otmar von Aretins Bedeutung für die Frühneuzeitforschung

Bei allem, was wir als Historiker tun, stehen wir unter dem doppelten Eindruck von Gegenwart und Vergangenheit. Auf der einen Seite versuchen wir, vergangene Situationen, Strukturen und Personen wieder zum Leben zu erwecken, und wir tun das mit der objektivierenden Akribie, die uns die kritische Methode gelehrt hat. Auf der anderen Seite ist uns bewusst, dass wir unweigerlich unter dem subjektivierenden Eindruck dessen stehen, was wir täglich sehen, was uns bedrängt und erfreut. Ja, es ist gerade der Widerspruch zwischen diesen beiden Perspektiven, der den besonderen Reiz unseres Berufs ausmacht.

Das alles ist schon unter normalen Umständen schwierig genug, aber noch größer ist die Herausforderung, wenn man das Werk eines verstorbenen Kollegen würdigen möchte, den man viele Jahre gekannt hat, mit dem man an verschiedenen Stellen zusammengearbeitet und den man in besonderer Weise geschätzt hat.[1] In dieser Situation befinde ich mich, wenn ich versuche, Karl Otmar von Aretins Bedeutung für die Frühneuzeitforschung zu würdigen, der im Jahr 2014 im Alter von 91 Jahren verstorben ist.

Anknüpfen möchte ich an den Beitrag von Christof Dipper, und zwar bei der Frage, ob von Aretin eher als Zeithistoriker oder als Frühneuzeithistoriker zu gelten hat. An Letzterem besteht für mich angesichts der Gewichtung seines Werks kein Zweifel. Daher war ich überrascht, als ich bei den Vorbereitungen zu meinem Buch über die deutsche Geschichtswissenschaft nach 1945 auf frühe Aufsätze von Aretins stieß,[2] die nichts mit der Frühen Neuzeit zu tun hatten. Immer wieder beeindruckte mich sein ausgeprägtes Interesse

---

1 Ich habe diesen Gedanken schon bei meiner Gedenkrede auf Eberhard Weis im März 2014 geäußert. Vgl. Schulze, Winfried: Eberhard Weis als Wissenschaftler und akademischer Lehrer, (Jahresbericht der Historischen Kommission bei der Bayerischen Akademie der Wissenschaften), München 2014.
2 Schulze, Winfried: Deutsche Geschichtswissenschaft nach 1945, München 1989.

an zeithistorischen und nicht zuletzt auch historiographischen Fragestellungen, und dies gewiss nicht nur, weil er in Darmstadt einen zeithistorischen Lehrstuhl innehatte. Viel überraschender war für mich, dass sein Einstieg in das berufliche historische Arbeiten stark von zeithistorischen Interessen geprägt war. Es ist dies wohl ein nicht untypisches Merkmal jener älteren Generation von Historikern, die das ‚Dritte Reich' und den Krieg bewusst miterlebt hatten und die auf die eine oder andere Weise aus dieser Erfahrung Konsequenzen ziehen wollten. Jemand, der glaubte, dass nach 1945 alle deutsche Geschichtsschreibung „unmöglich" schien, musste z. B. mit dem offenen Missbrauch des „Objektivitätskonzepts" durch die Autoren im Umfeld des Historisch-Politischen Buchs und der Ranke-Gesellschaft (also Wilhelm Schüssler, Adolf Rein, Günther Franz u. a.) anders, d. h. kritischer umgehen. Kollegen wie Karl Otmar von Aretin, Heinrich Lutz, Rudolf Vierhaus und mein Doktorvater Gerald Stourzh, die diese Orientierung vertraten, waren für mich immer Vorbilder in ihrem Blick auf die ganze Geschichte der Neuzeit, eine Perspektive, die in der heutigen Fächerdifferenzierung und Spezialisierung leider immer seltener wird.

Aretin als Schnabel-Schüler

Als Karl Otmar von Aretin nach der Rückkehr aus dem Kriege 1946 sein Studium der Geschichtswissenschaft und der Kunstgeschichte an der Ludwig-Maximilians-Universität in München aufnahm, war er zunächst auf die Vorlesungen von Geheimrat Walter Goetz angewiesen, erst im Sommersemester 1947 konnte er bei dem zunächst noch als Gastprofessor lehrenden Franz Schnabel eine vierstündige Vorlesung „Europa in der Neuzeit" belegen. Damit begann eine engere, wenn auch nicht immer erfreuliche Verbindung zu diesem für die Münchener Geschichtswissenschaft so wichtigen Lehrer und zugleich eine durchaus glückliche Verbindung zu einer kleinen Gruppe von Mitstudenten, die sich bald als die bedeutendsten Schnabel-Schüler etablieren sollten: Friedrich Hermann Schubert,[3] Erich

---

3 Schindling, Anton: Schubert, Friedrich Hermann, in: Neue Deutsche Biographie 23 (2007), S. 615–616. Wichtig zu Schubert jetzt der umfangreiche biographische Beitrag Gerhard Menks über ihn in der Neuauflage von Schubert, Friedrich Hermann: Ludwig Camerarius (1573–1651) – eine Biographie. Die pfälzische

Angermann,[4] Heinrich Lutz,[5] Eberhard Weis und eben Karl Otmar von Aretin. Besonders bemerkenswert ist, dass diese jungen Männer ausgerechnet über Franz Schnabel – ganz überwiegend (Erich Angermann bildet die Ausnahme) – zu frühneuzeitlichen Themen kamen, obwohl Schnabel sich in den Münchner Jahren keineswegs besonders stark mit dieser Epoche beschäftigte, die man damals noch nicht, aber später einmal Frühe Neuzeit nennen sollte.

Ich habe noch keine Lösung für die Hinwendung dieser Gruppe zur Frühen Neuzeit gefunden, möglicherweise erkannten sie zusammen mit ihrem Lehrer, dass die unmittelbar vergangene Geschichte noch zu sehr auf der Haut brannte, um akademisch verarbeitet zu werden. Vielleicht spielte auch die mangelnde Verfügbarkeit der Quellen zur Zeitgeschichte eine wichtige Rolle. Mein schon älterer Befund von der ganz allgemein festzustellenden Häufung historischer Dissertationen zur Frühen Neuzeit und in der Landesgeschichte in den Nachkriegsjahren ging in die gleiche Richtung.[6]

So las Schnabel im Wintersemester 1947/48 „Deutsche Geschichte in der Neuzeit 1500–1800", im folgenden Sommersemester die „Geistesgeschichte Europas in der Neuzeit", im Sommersemester 1949 das „Zeitalter Bismarcks" und im folgenden Wintersemester das „Zeitalter des Imperialismus". Die Liste der Vorlesungen zeigt die durchaus beeindruckende Weite der Themen, die Schnabel behandelte, die aber keinen Schwerpunkt erkennen lassen, der eindeutig in die Frühe Neuzeit hätte führen müssen. Auch die damals anlässlich seines 50. Todestags aufkommende Debatte um die Bewertung der Rolle Bismarcks bei der deutschen Einigung weist eher in das 19. Jahrhundert, als dessen vorzüglicher Kenner Schnabel bekanntlich gilt.[7]

Exilregierung im Dreißigjährigen Krieg – ein Beitrag zur Geschichte des politischen Protestantismus, hrsg. von Anton Schindling, Münster 2013.
4 Vgl. den Nachruf von Hermann Wellenreuther, in: Historische Zeitschrift 258 (1994), S. 279–285.
5 Vgl. Weis, Eberhard: Lutz, Heinrich, in: Neue Deutsche Biographie 15 (1987), S. 567f.
6 Ähnlich auch zur Landesgeschichte Eichhorn, Jaana: Geschichtswissenschaft zwischen Tradition und Innovation: Diskurse, Institutionen und Machtstrukturen der bundesdeutschen Frühneuzeitforschung. Göttingen 2006, S. 319ff.
7 Ich verweise hier nur auf den Nachruf von Friedrich Hermann Schubert: Franz Schnabel und die Geschichtswissenschaft des 20. Jahrhunderts, in: HZ 205 (1967), S. 323–357.

Man braucht gewiss nicht auf die besondere Rolle von Schnabel als wirkmächtiger und populärer akademischer Lehrer in seinem Münchner Umfeld hinzuweisen. In unserem Kontext scheint mir wichtig, dass sich um Schnabel herum eine Gruppe hoffnungsvoller Schüler entwickelte, mit denen von Aretin in engem Austausch stand, ein Austausch, der ihn zweifellos weiter gefördert und der ein Leben lang angedauert hat. Ich hatte im Jahre 2003 die besondere Freude, als Dekan der Fakultät für Geschichts- und Kunstwissenschaften Karl Otmar von Aretin und Eberhard Weis als den noch lebenden Mitgliedern dieser Gruppe die erneuerten Doktorurkunden zum 50. Doktorjubiläum zu überreichen und damit noch einmal an das damalige produktive Arbeitsklima der alten Freunde erinnern zu können.

Betrachtet man die weitere akademische Karriere dieser Gruppe, dann fällt sofort auf, dass alle Freunde eben nicht den klassischen Weg über eine Assistentenstelle und eine Privatdozententätigkeit auf die späteren Lehrstühle genommen haben. Dies war aber nicht erstaunlich, denn in diesen frühen Münchner Jahren standen Assistentenstellen praktisch nicht zur Verfügung, Schnabel wollte trotz wiederholter Angebote des zuständigen Ministeriums weder neue Kollegen im Bereich der Neuzeit noch Assistenten. Auch die Altersgenossen Eberhard Weis, Heinrich Lutz und Friedrich Hermann Schubert, die ungefähr zeitgleich mit von Aretin promoviert wurden, fanden nicht über Assistentenstellen in die Wissenschaft, sondern über andere Tätigkeiten vom Schuldienst über den Archivdienst bis zur Tätigkeit für die Neue Deutsche Biographie (NDB) in der Historischen Kommission, für die neben Weis, Schubert und Angermann auch von Aretin mehrere Jahre gearbeitet hat. Man kann die Redaktion der NDB, damals unter der Leitung von Otto Graf zu Stolberg-Wernigerode, mit Fug und Recht als eine willkommene ‚Auffangstation' für die Schüler Schnabels bezeichnen.

Bedenkt man weiter, dass der junge von Aretin keineswegs das Wohlwollen Schnabels genoss, ja sich sogar vehement gegen dessen negative Empfehlungen durchsetzen musste,[8] erstaunt es umso mehr, dass er letztlich nicht dem eigentlich gebotenen und vom Vater vorgegebenen Ausweg in

---

8 So berichtet von Aretin selbst in Ders.: Wege und Umwege zur Geschichte, in: Lehmann, Hartmut/ Oexle, Otto-Gerhard (Hg.): Erinnerungsstücke. Wege in die Vergangenheit. Rudolf Vierhaus zum 75. Geburtstag gewidmet, Köln/ Weimar 1997, S. 14–16.

den politischen Journalismus folgte, sondern dann über einen Vorfahren, den bayerischen Bundestagsgesandten Johann Adam von Aretin auf sein Dissertationsthema kam, nämlich die bayerische Politik auf dem Wiener Kongress und in den ersten Jahren des Deutschen Bundes.[9] 1953 widmete er dem Ahnen auch einen Artikel in der NDB.[10] Man kann nur vermuten, dass damit die ersten Interessenfäden zu seinem späteren Lebensthema, dem Alten Reich, gesponnen wurden. Der Deutsche Bund baute ja in mancher Hinsicht auf den Prinzipien, aber auch dem Personal des Alten Reiches auf. Johann Adam hatte noch in Ingolstadt das Reichs- und Lehensrecht studiert.

Wir wissen, dass sich damals die Frühe Neuzeit erfolgreich als neue Teilepoche etablierte. Dies hing gewiss mit der neuen und wachsenden Bedeutung der Zeitgeschichte zusammen, die immer mehr die Aufmerksamkeit der Neuzeithistoriker erforderte. Sie fühlten sich zunehmend überfordert, für die Geschichte von der Reformation bis zur Weimarer Republik und dem ‚Dritten Reich' verantwortlich zu sein. Der klassische Beleg dafür ist jener Brief Fritz Fischers aus dem Jahre 1959 an Hans Rothfels, den damaligen Vorsitzenden des Historikerverbandes, in dem er aus Gründen der Überlastung die Schaffung von eigenen Frühneuzeitprofessuren forderte.[11] Darüber hinaus wird man auf den allgemeinen Trend der Geschichtsforschung auch in Frankreich und Großbritannien verweisen müssen, die sich dort ebenfalls intensiver der „early modern history" zuwandte.

Als im Nachhinein beeindruckend muss man konstatieren, dass die Schüler Franz Schnabels insgesamt auf eine von diesem vermutlich gar nicht geplante Strategie verfielen, das Grundanliegen ihres Lehrers in der Deutung der deutschen Nationalgeschichte weiterzuverfolgen.[12] In der damaligen Auseinandersetzung mit der herrschenden Lehre der deutschen Historiker – an ihrer

---

9 Aretin, Karl Otmar von: Die deutsche Politik Bayerns zur Zeit der staatlichen Entwicklung des Deutschen Bundes 1815–20, ungedr. Phil. Diss. München 1953.
10 Aretin, Karl Otmar Freiherr von: Aretin, Johann Adam Freiherr von, in: Neue Deutsche Biographie 1(1953), S. 347f.
11 Schulze (1989): Geschichtswissenschaft, S. 308.
12 Dazu v. a. das Schnabel-Kapitel bei Eichhorn: Geschichtswissenschaft zwischen Tradition und Innovation, S. 352ff. Die Verfasserin erkennt zu Recht die Differenz zwischen Schnabels Reichsferne und den Arbeiten seiner Schüler und verweist stattdessen auf Schnabels Eintreten für den Föderalismus als notwendige Vorbedingung der Arbeiten seiner Schüler.

Spitze der in Freiburg lehrende Protestant Gerhard Ritter – von der Alternativlosigkeit der Bismarck'schen Variante der deutschen Einigung, hatte Franz Schnabel immer auf den friedlichen, demokratisch legitimierten Optionen der süddeutschen Variante einer deutschen Einigung bestanden.[13] Er war damit zum Sprachrohr der preußenkritischen Tendenzen in der deutschen Historikerschaft und zum Liebling der katholischen Publizistik geworden, ohne damit freilich die Mehrheit im Fach gewinnen zu können.[14] Daher ist es besonders interessant zu sehen, dass seine Schüler durch ihr neues Interesse am Alten Reich und an den rheinbündischen Reformen Themen forcierten, die geradezu programmatisch den Blick von Preußen abwandten und sich auf das Alte Reich und das in ihm starke „Dritte Deutschland" konzentrierten, dessen Distanz zum preußischen Machtstaatsgedanken sie erkannten. In gewisser Weise ist damit die Schülergruppe um Schnabel herum zum Wegbereiter einer neuen historischen Fundierung der Bundesrepublik Deutschland geworden. Ihre nach Westen orientierte Geschichtspolitik vernachlässigte Preußen und orientierte sich stärker am Alten Reich und den Traditionen des „Dritten Deutschland".[15] Zugleich sorgten Schnabels liberales und am französischen Vorbild ausgerichtetes Demokratieverständnis für eine gewisse Distanz zum katholischen Abendland- und Reichsdenken, das in konservativen Kreisen durchaus verbreitet war. Insofern wird man kaum umhin können, das Aufblühen der Reichsforschung seit dem Ende der 1960er Jahre eher diesen Ideen zuzuordnen als dem vordergründigen Legitimationsbedürfnis der neuen Bundesrepublik.

Hatte man nach 1945 die scharfe Forderung nach einer „Entpreußung" der deutschen Geschichte erhoben, so geschah dies jetzt auf eine vom Material

---

13 Vgl. dazu Gall, Lothar (Hg.): Das Bismarck-Problem in der Geschichtsschreibung nach 1945, Köln 1971.
14 Dazu ausführlicher Schulze (1989): Geschichtswissenschaft, S. 212f. und passim. Schnabel hatte seine Auffassung zum „Bismarck-Problem" in einem Beitrag der katholischen Zeitschrift Hochland 42 (1949), S. 1–27 dargelegt.
15 Von Aretins Friedrich-Biographie von 1985 ändert daran nichts, zumal er ein außerordentlich kritisches Bild des Monarchen zeichnete und in ihm den Beginn einer machiavellistischen Tradition deutscher Politik sah. Vgl. Aretin, Karl Otmar von: Friedrich der Große. Größe und Grenzen des Preussenkönigs. Bilder und Gegenbilder, Freiburg im Breisgau 1985. Dazu auch die kritische Rezension von Peter Baumgart in: Aufklärung 2/1 (1987), S. 151–154.

her überzeugende Weise ohne jenen bilderstürmerischen Habitus der unmittelbaren Nachkriegszeit, als dieser Begriff vor allen Dingen von katholisch-föderalistischen Publizisten und Historikern gegen den damals tonangebenden Gerhard Ritter gefordert wurde.[16] Franz Schnabels Schüler leiteten eine der folgenreichsten Korrekturen unseres Gesamtbildes der deutschen Geschichte ein, die eine ganz neue Bewertung der Reformpolitik des frühen 19. Jahrhunderts zeichnete, die bislang immer stark auf die preußischen Reformen fokussiert war. Hier lässt sich ein später Sieg Franz Schnabels über Ritter erkennen. Wie eine Art symbolische Handlung kann man es deshalb verstehen, wenn die Historische Kommission schließlich unter der Federführung von Eberhard Weis und Karl Otmar von Aretin das Editionsunternehmen der „Quellen zu den Reformen in den Rheinbundstaaten" aus der Taufe hob und damit in gewisser Weise einen quellenfundierten Schlussstrich unter diese Debatte setzte.

Ich muss gestehen, dass ich diesen Wirkungszusammenhang noch nicht quellenmäßig präzise untermauern kann, aber als ich nach der Würdigung von Eberhard Weis jetzt noch einmal das Werk Karl Otmar von Aretins prüfte, wurde mir bewusst, welche strategische Bedeutung dieser Gruppe von jungen Historikern zukommt, die eine auf den ersten Blick nicht erkennbare starke Wirkung auf die deutsche Geschichtswissenschaft nach der Gründung der Bundesrepublik ausgeübt hat.

Die Hauptwerke

Im Mittelpunkt der Analyse des Wirkens von Aretins sollen drei Komplexe stehen: Dazu gehören seine zweibändige Göttinger Habilitationsschrift von 1962 über die Endphase des Alten Reiches (Heiliges Römisches Reich 1776–1806. Reichsverfassung und Staatssouveränität[17]) und seine dreibändige Gesamtdarstellung des Alten Reichs zwischen dem Westfälischen

---

16 Dazu Cornelißen, Christoph: Gerhard Ritter. Geschichtswissenschaft und Politik im 20. Jahrhundert, Düsseldorf 2001.
17 Aretin, Karl Otmar von: Heiliges Römisches Reich 1776–1806. Reichsverfassung und Staatssouveränität, 2 Bde., Mainz 1967.

Frieden von 1648 und dem Ende des Reiches 1806.[18] Drittens werde ich die strukturgeschichtlichen Arbeiten von Aretins zum Alten Reich beleuchten. Bevor ich darauf näher eingehe, möchte ich kurz einen weiteren Aspekt hervorheben, nämlich die Beteiligung von Aretins an einem größeren Forschungsprojekt zur „Deutschen Sozial- und Verfassungsgeschichte des späten Mittelalters und der frühen Neuzeit", das auf Anregung von Aretins mit Peter Moraw, Volker Press und Hermann Weber ins Leben gerufen wurde und ab 1975 in den Genuss einer Förderung durch die Deutsche Forschungsgemeinschaft (DFG) kam.[19] Es stellte einen wichtigen methodischen Impuls für eine differenzierte und später auch kulturgeschichtlich anschlussfähige Reichsforschung dar. In diesem Zusammenhang sind nicht die einzelnen Ergebnisse dieser Arbeiten zur Frühen Neuzeit vorzustellen, sie sind hinreichend bekannt und vielfach gewürdigt worden. Von Aretins Arbeiten auf dem Felde der Frühneuzeitforschung fallen in drei Hauptgruppen.

Eine eigene ‚Gruppe' bildet die nach langer Vorbereitung schließlich 1962 abgeschlossene und in Göttingen unter der Betreuung von Richard Nürnberger entstandene Habilitationsschrift über das Heilige Römische Reich in seinen letzten 30 Jahren. Sie ist hier vor allem als innovative Forschungsleistung zu würdigen, die sowohl aus wahren Literaturbergen als auch aus einer Fülle von Archivmaterialien aus Wien, München, Merseburg, Stuttgart, Wiesbaden, Karlsruhe, Darmstadt und Marburg erarbeitet wurde. Diese Arbeit zeichnete ein ganz neues Bild des Heiligen Römischen Reiches in seiner schwierigen Endphase und sparte dabei nicht mit Schuldzuweisungen auch an die Kaiser aus dem österreichischen Hause. Insgesamt entstand durch diese Arbeit eine neue Interpretation des Reiches als systemischer Wirkungszusammenhang, dessen Institutionen eine beachtliche Lebenskraft bewiesen. Der entscheidende Punkt dabei war, dass das Reich hier zum ersten Mal als bedeutendes politisches System verstanden wurde und nicht nur als historischer Ballast im Vergleich zu den großen Territorialstaaten, die in

---

18 Ders.: Das Alte Reich 1648–1806, 3 Bde., Stuttgart 1993–2000, hier 1. Registerband.
19 Moraw, Peter/ Press, Volker: Probleme der Sozial- und Verfassungsgeschichte des Heiligen Römischen Reiches im späten Mittelalter und in der frühen Neuzeit. Zu einem Forschungsschwerpunkt, in: Zeitschrift für Historische Forschung 2 (1975), S. 95–108.

dieser Zeit immer mehr zu europäischen Mächten aufgestiegen waren und das schwache Reich an den Rand drängten. Diese neue Wahrnehmung des Reiches wurde noch unterstrichen durch die im zweiten Band abgedruckte Sammlung wichtiger Quellenstücke der Reichspolitik dieser Jahre.

Von Aretin gab vor, die Arbeit an diesem großen Projekt aus einem eher naiven Interesse an dem, was war, angegangen zu sein. Er konnte damit allerdings nicht überdecken, dass die entscheidende Aussage der erste Satz des Vorwortes war, der lautete: „Die Geschichte des Heiligen Römischen Reiches in der Neuzeit ist bis heute nicht geschrieben" – und er meinte richtig geschrieben.[20] Damit war über das historistische Grundinteresse ein stärkeres historiographisches Interesse angedeutet. Tatsächlich besteht die Leistung nicht nur in der – in der Tat notwendigen – Aufhellung der Reichsgeschichte jener 30 Jahre, sondern vor allem darin, damit den Startschuss für eine breite Erforschung jenes faszinierenden politischen Systems gegeben zu haben, das wir heute als das Alte Reich bezeichnen. Als ich selbst um 1970 eine Habilitationsschrift über die Reichsgeschichte im späten 16. Jahrhundert begann,[21] einer Geschichte „ganz in grau", wie der französische Historiker Henri Lapeyre formuliert hatte, ermutigte mich von Aretins Buch durchaus,[22] und diese Wirkung dürfte bei vielen meiner Altersgenossen ähnlich gewesen sein.

Inzwischen ist bekanntlich dieser Aspekt der frühneuzeitlichen Geschichte von einer materialreichen Dissertation aus der Schule von Wolfgang Reinhard aufgearbeitet worden, die ich methodisch nicht so überzeugend finde, wie es wünschbar gewesen wäre.[23] Unter der Überschrift „Der Mythos vom Alten Reich" wird die seit den späten 1960er Jahren aufblühende Reichsforschung dem Interesse untergeordnet, einem spezifischen Legitimationsbedürfnis der jungen Bundesrepublik entgegengekommen zu sein. Immerhin kommt auch diese Arbeit nicht daran vorbei festzustellen, dass sich die wesentlich von Aretin inaugurierte neue Reichsgeschichte von allen ideologischen Irrungen freihielt, die die Reichsgeschichte der 1920er und 1930 Jahre belastet hatten.

---

20 Aretin (1967): Heiliges Römisches Reich, S V (Vorwort).
21 Schulze, Winfried: Reich und Türkengefahr. Studien zu den politischen und gesellschaftlichen Auswirkungen einer äußeren Bedrohung, München 1978, S. 2.
22 Ebd., S. 8.
23 Eichhorn (2006): Geschichtswissenschaft zwischen Tradition und Innovation, S. 313ff.

Sie blieb aber auch frei von den christlich-abendländischen Hoffnungen, die eine katholische Publizistik in den späten 1940er und frühen 1950er um den Abendlandbegriff aufbaute.[24] Hier scheint mir ein wesentliches Verdienst Franz Schnabels zu liegen, der solchen Ambitionen mit Distanz begegnete.[25]

Nun zur zweiten Gruppe von Aretinscher Frühneuzeitforschung. Es lag wohl in der Logik des wissenschaftlichen Marktes, dass im Herbst 1987 im Büro von Aretins Dr. Hubert Arbogast vom Klett-Cotta-Verlag auftauchte, und ihm ein Projekt einer mehrbändigen Geschichte des Alten Reiches vorschlug.[26] Der zunächst zögernde von Aretin konnte dafür schließlich gewonnen werden, obwohl er eigentlich an der Geschichte Reichsitaliens interessiert war und noch zu große Lücken in der bisherigen Reichsforschung, v. a. in der Biographie einzelner Kaiser erkannte. Es gelang ihm trotz dieses immer noch unbefriedigenden Forschungsstands in drei Bänden eine zusammenhängende Geschichte des Reichs zwischen dem Westfälischen Frieden und dem Reichsende 1806 zu schreiben. Ohne Zweifel ist dieses Projekt nicht ohne die gesellschaftlich-politischen Rahmenbedingungen zu denken, die von Aretin sehr knapp, aber bewusst wahrnahm: „Eine Zeit, die unter der Teilung Deutschlands zu leiden hatte," so schrieb er in der Einleitung, „wird die Einheit stiftenden Einrichtungen mit anderen Augen betrachten als die von Großmachtdenken bestimmte Generation des deutschen Kaiserreiches."[27]

In meiner Beurteilung buche ich dieses Projekt als beeindruckende Gesamtleistung ab, das nicht nur das Droysen'sche Diktum ad absurdum führte, dass es das Reich nach 1648 gar nicht mehr gegeben habe, sondern das auch eine Fülle von neuen Bewertungen einzelner Kaiser vorlegte, die bislang nicht beachtet, ja missachtet worden waren. Zu erinnern ist an die im ersten Band herausgestellte neue Bedeutung des Leopoldinischen Kaisertums nach dem 30-jährigen Krieg, das ich damals in meiner Rezension besonders hervorgehoben habe. Von Aretin unternahm es in dieser Zeit auch, das neue große Thema der Reichsgeschichte international bekannter zu machen. Unvergesslich

---

24 Dazu Pöpping, Dagmar: Abendland. Christliche Akademiker und die Utopie der Antimoderne 1919–1945, Berlin 2002; v. a. Schildt, Axel: Zwischen Abendland und Amerika: Studien zur westdeutschen Ideenlandschaft der 50er Jahre, München 1999, S. 21ff.
25 Dafür einige Belege in Schulze (1989): Geschichtswissenschaft.
26 So berichtet von Aretin im Vorwort des dritten Bandes, S. 11.
27 Aretin (1993–2000): Das Alte Reich, Bd. 3, S. 13.

bleibt mir eine von ihm organisierte Tagung in Chicago über Probleme der Erforschung des Heiligen Römischen Reiches im April 1984, deren Beiträge dann in einem Sonderheft des Journal of Modern History publiziert wurden.[28] Diese Tagung belegt zugleich das erhebliche Interesse, das die Erforschung des Alten Reiches in der US-amerikanischen Geschichtsforschung schon früh fand und relativiert die Vermutung, dass dieser Forschungszweig vorrangig Legitimationsbedürfnisse der Bundesrepublik erfüllte.[29]

Dieser Blick auf eine überwiegend politische Reichsgeschichte bliebe aber unvollständig, wenn hier nicht auch ein Forschungsprojekt genannt würde, das als dritte Gruppe zu erwähnen ist. Es ist dies das Projekt einer Verfassungs- und Sozialgeschichte des Heiligen Römischen Reiches, das von Aretin und die schon erwähnten Kollegen Peter Moraw, Volker Press und Hermann Weber ins Leben gerufen haben. Man muss noch einmal in Erinnerung rufen, dass seit den 1970er Jahren die neue Sozialgeschichte in der Bundesrepublik Deutschland zu einem historiographisch dominierenden Konzept geworden war.[30] Zudem war auch die Konzeption der Aretin'schen Reichsgeschichte durchaus kritisiert worden, vor allen Dingen war unüberhörbar geworden, dass das große Werk bei aller Würdigung doch wesentliche Aspekte der Wirtschafts- und Sozialgeschichte vernachlässigte.[31] Insofern wurde eine theoretisch-methodische Differenz zwischen dem sozialgeschichtlichen Mainstream und der bis dahin betriebenen Reichsgeschichte sichtbar – inhaltlich durchaus innovativ, methodisch aber eher traditionell. Deshalb lag es nahe, dass Aretin und seine Kollegen diese Ansätze in moderat veränderter Form aufnahmen und damit das Reich zum Gegenstand von teilweise sozial- bzw.

---

28 Journal of Modern History. Politics and Society in the Holy Roman Empire, 1500–1806, 58 (1986). K.O. von Aretin beteiligte sich mit einem Beitrag über Russland als Garantiemacht des Reiches unter Katharina II. an der Konferenz.
29 Dazu v. a. der Beitrag von James A. Vann: New directions for the study of the Old Reich, ebd. S. 3–23 und Vann, James A./ Rowan, Steven W. (Hg.): The Old Reich. Essays on German Political Institutions 1495–1806, Bern/ Frankfurt a. M., 1982 (zuerst Brüssel 1974).
30 Vgl. etwa Kocka, Jürgen: Sozialgeschichte. Begriff, Entwicklung, Probleme, Göttingen 1977.
31 So etwa in der Rezension von Heinrich Scheel in: Zeitschrift für Geschichtswissenschaft 18 (1970), S. 431–434, Kritik klingt aber auch in den Rezensionen von Eberhard Weis (Archivalische Zeitschrift 65 (1969), S. 217f.) und Grete Klingenstein (MIÖG 79 (1971), S. 243f.) an.

strukturgeschichtlichen Fragestellungen machen wollten. Methodisch orientierte man sich dabei an der von Theodor Schieder entlehnten Differenzierung der Prozesskategorie; man wollte sich vor allem auf mittel- und längerfristig wirksame Prozesse wie etwa Institutionenbildung und Entstehung von Personenverbänden und „relativ stabil erscheinenden Faktoren" wie etwa Bürokratisierung, Verwissenschaftlichung oder Urbanisierung konzentrieren.

Man wird darin kein völliges Umsteuern erkennen können, aber doch die Integration bislang nicht beachteter Forschungsansätze in die klassische politische Reichsgeschichte. Gleichwohl blieb eine Differenz zwischen einer politisch verstandenen Sozialgeschichte Conze'scher Prägung und den gemeinsamen Unternehmen der Kollegen zum Thema der Reichsgeschichte, die sich eher an Theodor Schieders Strukturbegriff als „Elemente relativer Stabilität" orientierten.[32] Immerhin entstanden daraus wichtige Projekte. Ich erwähne nur das von Peter Moraw angestoßene große Projekt der spätmittelalterlichen Universitätsbesucher, das jetzt online abrufbar ist.[33]

Damit ergaben sich auch im klassischen Themenfeld der frühneuzeitlichen Geschichte wichtige Einfallstore für neue Fragestellungen, die das Reich sehr bald zum Objekt einer Fülle von neuen kulturgeschichtlichen Ansätzen machten, ja man wird sogar eine besondere methodische Offenheit der Frühneuzeitforschung insgesamt konstatieren können: Kulturgeschichtliche Fragestellungen wurden hier mit größerer Leichtigkeit integriert.

Aretin weiterdenken

Beenden möchte ich diesen Beitrag mit der Frage, wie wir von Aretins Grundlagenarbeit weiterdenken wollen und müssen. Das ist natürlich zunächst eine Trivialität, denn wir Historiker forschen und schreiben ja bekanntlich – wie es Hans-Ulrich Wehler gesagt hat – um von unseren Nachfolgern überholt zu werden. Vier Punkte möchte ich festhalten:

---

32 Nach Schieder, Theodor: Geschichte als Wissenschaft. Eine Einführung, München/Wien ²1968.
33 Gemeint ist das Repertorium Academicum Germanicum. Die graduierten Gelehrten des Alten Reiches zwischen 1250 und 1550 (rag-online.org).

1. Von Aretins Werk hat uns mit dem Reich die gesamte Breite unserer deutschen Geschichte geöffnet: Reichs- und Landesgeschichte, Konfessions- und Kirchengeschichte, die Geschichte des deutschen Dualismus und die Geschichte des „Dritten Deutschland". Damit ist ein Geschichtsbild möglich geworden, das sich nicht an partikularen Einheiten oder Teilaspekten orientiert, sondern prinzipiell die gesamte deutsche Geschichte in den Blick nimmt.
2. Enthielt und enthält die Reichsgeschichte eine Option auf eine europäische Friedensordnung, die mir ohne zwanghaft nach Aktualisierung zu suchen für ein Weiterdenken dieser Ordnung wichtig erscheint. Auch hier hat uns das Reich heute noch etwas zu sagen.
3. Weiterdenken erscheint mir dort angebracht, wo es um die vormoderne Gesellschaft und ihre politischen Ordnungsstrukturen insgesamt geht. Diese Gesellschaft stand noch nicht unter dem beherrschenden Eindruck des modernen Wachstumsparadigmas. Die Frühe Neuzeit bietet eine erstaunliche Fülle von sich überlagernden innovativen und retardierenden Elementen zur gleichen Zeit, die sich in dieser Phase in bemerkenswerter Klarheit als im Konflikt miteinander liegend zu erkennen geben. Aus dieser Konfliktlage und den dort entwickelten partiellen Lösungsmöglichkeiten können auch moderne Gesellschaften noch etwas lernen. Hierin liegt eine nicht zu unterschätzende Relevanz dieser historischen Epoche, die uns Karl Otmar von Aretin näher gebracht hat.
4. Weiterdenken ist schließlich dort angebracht, wo es um den unauflösbaren Zusammenhang von wissenschaftlicher Geschichtsforschung mit der unauslöschbaren Subjektivität geht, mit der der Historiker seinem Gegenstand gegenübertritt. Mir scheint es wenig förderlich zu sein, eine Analyse vergangener Geschichtsschreibung auf das Konzept einer theoretischen Interesselosigkeit des Historikers zu gründen. Wir schreiben Geschichte in der Zeit, in der wir leben, davon profitiert die Geschichtsschreibung, jedenfalls solange wir uns dieses Faktors kontrollierend bewusst sind.

Heinz Duchhardt
Aretin und die Münchener Historische Kommission[1]

Zu den im öffentlichen Bewusstsein wenig bekannten Facetten des Historikers und Wissenschaftsmanagers Karl Otmar von Aretin zählte seine Mitgliedschaft in der Historischen Kommission bei der Bayerischen Akademie der Wissenschaften – also jener durch Leopold von Ranke 1858 ins Leben gerufenen Gelehrtenvereinigung, die sich zum primären Ziel gesetzt hatte (und bis heute setzt), der Geschichtswissenschaft saubere, historisch-kritische Quelleneditionen zur Verfügung zu stellen. Angesichts der begrenzten Zahl von Mitgliedern und eines strengen Aufnahmequorums eignet der Historischen Kommission bis heute – und vielleicht mehr denn je – etwas Elitäres. Ihr anzugehören scheint inzwischen längst nicht mehr ein Ziel zu sein, das jeder Historiker, der etwas auf sich hält, fest und dauerhaft im Blick hat.[2]

Für Aretin war die Historische Kommission dagegen ein fester Bezugspunkt in seinem Wissenschaftlerleben, und die Durchsicht der Protokolle der Plenarversammlungen, die seit geraumer Zeit jährlich im frühen Frühjahr in München stattfinden, ergab denn auch kaum überraschend, dass er seit seiner Zuwahl mit großer Regelmäßigkeit an den Sitzungen teilgenommen hat. Sieht man von den allerletzten beiden Sitzungen vor seinem Tod einmal ab, hat er zwischen 1981 und 2012 lediglich drei Sitzungen

---

1 Die Studie stützt sich auf das Quellenmaterial der Historischen Kommission. Ich danke dem Geschäftsführer der Kommission, Herrn Dr. Karl-Ulrich Gelberg, sehr herzlich für die Benutzungsgenehmigung. Zitierweise: AHiKoM mit Bandzahl.
2 Zur Geschichte der Historischen Kommission sind die verschiedenen Festschriften heranzuziehen, die aus Anlass der ‚runden' Jahrestage herausgegeben wurden, insbesondere: Die Historische Kommission bei der Bayerischen Akademie der Wissenschaften 1858–1958, Göttingen 1958 (im Folgenden: Festschrift 1958), sowie: Gall, Lothar (Hg.): „... für deutsche Geschichts- und Quellenforschung". 150 Jahre Historische Kommission bei der Bayerischen Akademie der Wissenschaften, München 2008 (im Folgenden: Festschrift 2008).

nicht besucht.³ Und es kommt hinzu, dass er sich auch der Übernahme von Pflichten nicht entzogen hat, ganz im Gegenteil. Diese Beziehung war freilich anfangs nicht völlig frei von Enttäuschungen, und so ging es im Verlauf seiner Zugehörigkeit zu diesem Kreis nicht ganz ohne Verletzungen ab. Aretin hatte sein Studium 1952 mit der Promotion aufgrund einer von Franz Schnabel betreuten Dissertation über Bayerns Politik auf dem Wiener Kongress und in der Anfangsphase des Deutschen Bundes abgeschlossen[4] und wohl von Anfang an eine akademische Karriere im Blick – in seiner Familie etwas ganz Ungewöhnliches, wie er in einem autobiographischen Rückblick auf jene Jahre einmal bekannte.[5] Da die Stellensituation an den deutschen Universitäten in den frühen 1950er Jahren höchst angespannt war (und sein Doktorvater die Einstellung von Assistenten zudem eher scheute denn offensiv betrieb), mussten Nachwuchswissenschaftler in aller Regel zunächst einmal ‚zwischengeparkt' werden, und hierfür bot sich in München ein gerade neu gestartetes Vorhaben der alten Kommission an: die Neubearbeitung der Allgemeinen Deutschen Biographie in Gestalt der Neuen Deutschen Biographie (NDB).[6] Aber eine reine Redaktionstätigkeit war natürlich nichts, auf das sich eine akademische Karriere aufbauen ließ, so dass Aretin wohl sehr froh war, bereits 1953 als einer der ersten Stipendiaten an das noch ganz junge Institut für Europäische Geschichte in Mainz wechseln zu können, wo er – heute undenkbar – ganze fünf Jahre blieb.[7] Das war die Ära des ersten Abteilungsdirektors Martin Göhring,[8] der mit seinem

---

3 AHiKoM 57 und 58.
4 Sie blieb ungedruckt, fand aber zum Teil Eingang in Aretins Buch: Bayerns Weg zum souveränen Staat. Landstände und konstitutionelle Monarchie 1714–1818, München 1976.
5 Aretin, Karl Otmar von: Wege und Umwege zur Geschichte, in: Erinnerungsstücke. Wege in die Vergangenheit. Rudolf Vierhaus zum 75. Geburtstag gewidmet, hrsg. von Hartmut Lehmann und Otto Gerhard Oexle, Wien/ Köln/ Weimar 1997, S. 9–20, hier S. 9.
6 Vgl. Festschrift 1958 (Anm. 2), S. 221.
7 Vgl. den Eintrag in der Dokumentation: Institut für Europäische Geschichte Mainz 1950–2000, Mainz 2000, S. 87.
8 Zu ihm vorläufig der Sammelband Duchhardt, Heinz (Hg.): Martin Göhring (1903–1968). Stationen eines Historikerlebens, Mainz 2005. Göhring war Nachfolger des Gründungsdirektors Fritz Kern, der schon vor der förmlichen Eröffnung des Instituts verstorben war. Vgl. dazu und zur Gründungsgeschichte des Mainzer

dezidierten Frankreichschwerpunkt Aretin aber nicht nachhaltig beeinflusst haben kann. Sein Thema wurde vielmehr das Alte Reich, um dessen Neubewertung sich seit den mittleren 1950er Jahren eine ganze Kohorte von jüngeren Historikern bemühte, die sich zu einem guten Teil vom gemeinsamen Studium in München her kannten und zu denen neben Heinrich Lutz und Eberhard Weis auch noch Friedrich Hermann Schubert zählte, dem Aretin später einen warmherzigen Nachruf widmen sollte.[9] Mit dieser Perspektive unternahm er – mit stillschweigender Billigung Göhrings – ausgedehnte Archivrecherchen im Wiener Haus-, Hof- und Staatsarchiv, ohne zunächst ganz präzise zu wissen, worauf das hinauslaufen würde. Aber das Reich und seine lebendigen Institutionen hatten es ihm angetan, und da kam der Vorschlag Schuberts wie gerufen, sich um eine Stelle in dem großen Reichstagsprojekt der Historischen Kommission zu bemühen, ihrem zentralen, schon seit Rankes Zeiten betriebenen Langzeitvorhaben. Er wurde sich mit dem Abteilungsleiter der sog. Mittleren Reihe, Willy Andreas,[10] auch rasch einig. Aber dann machte ein Veto des Kommissionspräsidenten Schnabel, also seines eigenen Doktorvaters, ihm doch einen ganz dicken Strich durch die Rechnung. Das war die große Enttäuschung, die eingangs angedeutet wurde. Zugleich wurde damit auch das Verhältnis zu Schnabel endgültig und unwiderruflich zerstört, der schon zuvor mehrfach mit seinen Ratschlägen und der kühlen Distanz seiner Referenzschreiben den latenten Unwillen des jungen Aretin auf sich gezogen hatte.

Aretin ging nach Ablauf seines Mainzer Stipendiums stattdessen als Mitarbeiter ans junge Göttinger Max-Planck-Institut für Geschichte, dort gewann sein Habilitationsvorhaben dann seine endgültigen Konturen, für das er in Mainz den dortigen Frühneuzeit-Ordinarius Leo Just vergeblich

---

Instituts insgesamt Schulze, Winfried: „Das Mainzer Paradoxon". Die deutsche Geschichtswissenschaft der Nachkriegszeit und die Gründung des Instituts für Europäische Geschichte, in: Schulze, Winfried/ Defrance, Corine: Die Gründung des Instituts für Europäische Geschichte, Mainz 1992, S. 7–53, hier S. 32.
9 Aretin, Karl Otmar von: Friedrich Hermann Schubert 1925–1973, Wiesbaden 1974.
10 Vgl. Andreas, Willy: Deutsche Reichstagsakten, Mittlere Reihe, in: Festschrift 1958 (Anm. 2), S. 118–131. Aretin wird dort (selbstredend) nicht erwähnt.

zu interessieren gesucht hatte.[11] Die formal von dem Frühneuzeithistoriker Richard Nürnberger betreute Habilitation auf der Grundlage seines gewaltigen *opus* „Heiliges Römisches Reich 1776–1806"[12] erfolgte 1962. Schon zwei Jahre später übernahm Aretin trotz eigener Bedenken den Darmstädter Lehrstuhl für Zeitgeschichte, obwohl er sich mit dieser allenfalls publizistisch beschäftigt hatte, häufig auch mit einem familiären Hintergrund. Das war eine schwierige Position, traf Aretin als Frühneuzeitler der Neigung nach dort doch in Gestalt von Hellmuth Rößler auf einen Kollegen, der durch die NS-Zeit stark belastet war und sich zu allem Überfluss ebenfalls mit derselben „Sattelzeit" beschäftigte, der Aretins besonderes Interesse galt.[13] Sei ihm wie ihm wolle: Als Inhaber eines Lehrstuhls, auch wenn dieser nicht in Bayern angesiedelt war, wurde Aretin zu einem Kandidaten für die Historische Kommission, umso mehr als er nach Göhrings Tod 1968 auch noch (nebenamtlich) die Leitung der universalgeschichtlichen Abteilung des Instituts für Europäische Geschichte in Mainz übernahm.

Zwar war Schnabels Amtszeit als Präsident der Historischen Kommission 1959 zu Ende gegangen, dennoch blieb er bis zu seinem Ableben 1966 ihr ordentliches Mitglied, und solange war an eine Nominierung Aretins kaum zu denken. Schnabels Arm reichte nach wie vor weit. Nach der relativ kurzen Präsidentschaft Hermann Aubins (1959–1964) übernahm 1964 der Kölner Ordinarius Theodor Schieder ihre Leitung, und damit konnten die Karten neu gemischt werden. Die Zuwahlen von Frühneuzeithistorikern häuften sich nun – als solchen verstand sich Aretin nach wie vor. Günstig für ihn wirkten sich wohl vor allem die Zuwahlen zweier guter Freunde und Weggenossen aus, Friedrich Hermann Schuberts, der schon 1965 zugewählt wurde, und

---

11 Vgl. Aretin (1997): Wege und Umwege (wie Anm. 5), S. 17. Zu Just vgl. jetzt im Übrigen (mit der früheren Literatur) Duchhardt, Heinz: „Römer" in Mainz. Ein Doppelporträt aus der Frühgeschichte der „neuen" Mainzer Universität, in: Quellen und Forschungen aus italienischen Archiven und Bibliotheken 94 (2014), S. 292–310.

12 Erschienen als Bd. 38 der Schriftenreihe des Mainzer Instituts Wiesbaden 1967.

13 Zu Rössler vgl. knapp den Nekrolog von Franz Fischer in: Historische Zeitschrift 209 (1969), S. 254ff. Vor allem mit seinem höchst problematischen Buch „Österreichs Kampf um Deutschlands Befreiung" (1940) und seiner Biographie des Grafen Johann Philipp von Stadion (1966) ragte Rössler direkt in Aretins Arbeitsgebiet hinein.

Eberhard Weis', der 1974 Mitglied der Historischen Kommission wurde. Ob sein Name seit den mittleren 1970er Jahren schon einmal offen, verdeckt oder gesprächsweise ‚gehandelt' wurde, spiegeln die Protokolle nicht wider, und angesichts des damals doch recht konservativen Zuschnitts der Kommission war seine Nominierung auch sicher kein Selbstläufer. Aretin galt als Linkskatholik und als jemand, der auch mit den etablierten Zeithistorikern hin und wieder gern die Klingen kreuzte und mit seinen pointierenden Äußerungen zur Provokation neigte. Auf der anderen Seite führte irgendwann an ihm einfach kein Weg mehr vorbei, schließlich war er seit 1972 Schriftführer des Verbandes der Historiker Deutschlands und setzte in dieser Position ganz bemerkenswerte Akzente, etwa in Richtung Russland (über die eine eigene wissenschaftliche Untersuchung lohnen würde!). Wie auch immer: 1980 wurde Aretin zum ordentlichen Mitglied gewählt – nicht einstimmig, was ohnehin selten genug vorkam (und vorkommt), mit fünf Nein-Stimmen, aber doch deutlich innerhalb des Quorums. Den Wahlvorschlag hatten neben Weis und Heinrich Lutz[14] zudem noch Erich Angermann, Heinz Gollwitzer und Gerhard A. Ritter unterzeichnet[15] – ausnahmslos Kollegen, mit denen ihn menschlich und wissenschaftlich vieles verband. Aretin wird das, so ist zu vermuten, durchaus mit einem Glas Champagner begossen haben. Die Versöhnung mit der Historischen Kommission war vollzogen.

Präsident Schieder hatte in jenen frühen 1980er Jahren verschiedentlich neue Projekte angemahnt, die vor allem in das bisher stark vernachlässigte frühe 19. Jahrhundert hinein führen sollten. Aretin war auch deswegen für die Kommission interessant gewesen, weil man damals neben anderen Projekten eine Edition zum Reichsdeputationshauptschluss in Erwägung gezogen hatte, für die Aretin vor dem Hintergrund seiner magistralen Habilitationsschrift natürlich ein ‚geborener' Verantwortlicher gewesen wäre. Aber schon bei seiner ersten Teilnahme an einer Jahressitzung winkte Aretin ab,[16] und zwar aus sachlichen Gründen: Die deutschen Akten seien unergiebig, man

---

14 Die engen Beziehungen Aretins zu Lutz spiegeln sich u. a. darin, dass er sein Buch „Das Reich" von 1986 dem Andenken des viel zu früh verstorbenen Wiener Historikers widmete, der 1985/86 als Nachfolger Schieders auch Präsident der Historischen Kommission gewesen war.
15 Protokoll 1980: AHiKoM 57.
16 Protokoll 1981: AHiKoM 57.

müsse ein solches Vorhaben zwingend auf die französischen und russischen Akten stützen – und gerade letzteres erschien in den frühen 1980er Jahren vor dem Hintergrund der politischen Großwetterlage noch kaum machbar. Aber trotz dieser Wortmeldung, die dann auch prompt zur Absetzung des Projekts führte, blieb die Akklimatisierungsphase kurz. Schon 1982 begründete er mit seinem wohl engsten Freund Eberhard Weis – einem der wenigen Kollegen und Freunde, die er auch duzte – die „Abteilung", wie das in der Sprache der Kommission heißt, der Akten zu den Reformen in den Rheinbundstaaten – ursprünglich hatte man noch allgemein von den Reformen in den deutschen Mittelstaaten gesprochen,[17] dann aber das Projekt doch rasch auf die Rheinbundstaaten zugespitzt. Die Rheinbundreformen waren durch die Arbeit u. a. von Elisabeth Fehrenbach[18] und Helmut Berding[19], beides Schieder-Schüler, zu einem markanten Forschungsschwerpunkt der damaligen Jahre geworden, und so lag es unter Schieders Präsidentschaft nahe, dem auch im Programm der Historischen Kommission Gewicht zu verleihen – zum ersten Mal, dass sich die Historische Kommission mit einem Editionsvorhaben in die „Sattelzeit" hinein bewegte. Beide, Weis und Aretin, brachten für die Betreuung dieses ursprünglich nur auf zwei,[20] dann auf sechs und schließlich auf acht Bände[21] veranschlagten Projekts alle Voraussetzungen mit – Weis aufgrund seiner beeindruckenden Montgelas-Biographie[22], Aretin als bester Kenner der Reichsgeschichte der Übergangszeit. Nachdem 1983 eine auf drei Jahre befristete Förderung der Deutschen Forschungsgemeinschaft (DFG) – die später projektbezogen noch mehrmals (1985, 1987) verlängert werden sollte[23] – gesichert war, konnten die Mitarbeiter mit den Archivarbeiten beginnen, bei denen es freilich aus verschiedenen Gründen

---

17 Protokoll 1982: AHiKoM 57.
18 Fehrenbach, Elisabeth: Traditionale Gesellschaft und revolutionäres Recht. Die Einführung des Code Napoléon in den Rheinbundstaaten, Göttingen 1976.
19 Berding, Helmut: Napoleonische Herrschafts- und Gesellschaftspolitik im Königreich Westfalen 1907–1813, Göttingen 1973.
20 Protokoll 1982: AHiKoM 57.
21 Im Einzelnen aufgelistet in: Festschrift 2008, S. 351f.
22 Weis, Eberhard: Montgelas 1759–1799. Zwischen Revolution und Reform, München 1971. Der zweite abschließende Band sollte dann 2005 erscheinen.
23 AHiKoM 387: Verlängerung für den Band Hessen-Darmstadt/Nassau (Dr. Germann).

rasch etliche Veränderungen gab.²⁴ Unbeschadet aller Verzögerungen,²⁵ die zum Teil bis in das zweite Jahrzehnt des 21. Jahrhunderts hineinragten, konnte das Vorhaben noch zu Lebzeiten der beiden Abteilungsleiter abgeschlossen werden. Ein weiterer Band²⁶ ist in diesem Jahr (2015) erschienen, über den Aretin aber noch zu Lebzeiten nicht sonderlich glücklich war, weil er in den Reformen in Sachsen-Weimar viel mehr preußische denn napoleonische Faktoren und Elemente zu erkennen glaubte.²⁷ Er wurde schon nicht mehr von den beiden Initiatoren verantwortet, sondern von dem Jenaer Kommissionsmitglied Hans Werner Hahn. Das einmal angedachte Vorhaben, dem weiteren Fortgang der Reformen in den süddeutschen Mittelstaaten bis 1849 nachzugehen,²⁸ gelangte nie über Anfangsüberlegungen hinaus.

Die Konzipierung der Bände, die Auswahl der Bearbeiter, die Entscheidungen über Aufnahme oder Nichtberücksichtigung von Dokumenten stellten an den Wissenschaftsorganisator Aretin, der im Unterschied zu Weis noch über wenig Editionserfahrung verfügte, selbstredend besondere Ansprüche. Das hätte eigentlich bereits genügt, um einen Lehrstuhlinhaber, den Direktor einer außeruniversitären Forschungseinrichtung und einen nach wie vor höchst produktiven und produktiv sein wollenden Gelehrten mehr als genug auszufüllen. Aber kaum nachdem das Rheinbundreformen-Projekt einigermaßen in die Gänge gekommen war, trat Aretin schon mit einem neuen Vorschlag an die Historische Kommission heran, der ihm mindestens ebenso auf den Leib geschneidert war. Es ging darum, das seit den Anfängen

---

24 Die ursprünglich ins Auge gefassten Mitarbeiter Rainer A. Müller und Peter Burg standen von Anfang an nicht zur Verfügung, weil sie zur selben Zeit andere Aufgaben mit einer längeren Perspektive übernahmen. Von Anfang an im Team waren Ina Ulrike Paul, Ulrich Cartarius und Viktoria Strohbach, dann stieß der (besonders produktive) Dalberg-Biograph Klaus Rob dazu, später dann noch Maria Schimke und Uta Ziegler (Germann). Akten: AHiKoM 386. Vgl. im Übrigen auch meine Bemerkungen zu den ‚Nachkarrieren' der Bearbeiter in: Festschrift 2008, S. 168.
25 Thema aller Protokolle seit 1984! AHiKoM 57 und 58.
26 Quellen zu den Reformen in den Rheinbundstaaten, Bd. 9: Thüringische Staaten Sachsen –Weimar-Eisenach 1806–1813, bearb. von Gerhard Müller, Berlin/ München/ Boston 2015.
27 Hinzu kam, dass Aretin das ursprüngliche Manuskript bei weitem zu ausladend war (AHiKoM, Akten Rheinbund ab 2010, noch ohne Nummer).
28 Akten: AHiKoM 386.

der Kommission betriebene Vorhaben der Edition der deutschen Reichstagsakten gewissermaßen bis in die Zeit des sog. Immerwährenden Reichstags zu verlängern, also eine wie auch immer geartete Edition wenn nicht der gesamten Akten eines bestimmten Zeitraums, dann vielleicht wenigstens der sog. Reichsschlüsse auf den Weg zu bringen.[29] Eine Art Probelauf sollte zunächst für die Regierungszeit Kaiser Franz' I. erfolgen. Das auf die ins Auge gefasste Bearbeiterin zurückgehende Antragspapier[30] ließ bereits einen hohen Grad an Konkretion erkennen, und mit der aus dem (legendären) Tübinger Sonderforschungsbereich hervorgegangenen Ingrid Bátori hätte auch eine qualifizierte Bearbeiterin bereitgestanden. Aber die Entscheidung wurde in der Kommission zunächst vertagt, allem Anschein nach auch wegen Bedenken der für die ‚alten' Reichstagsreihen zuständigen Abteilungsleiter, die wohl einen Abzug an Ressourcen für dieses finanziell in der Luft hängende Unternehmen befürchteten, aber auch weil sehr kontrovers über die aktenmäßige Grundlage des Projekts diskutiert wurde und über seinen Charakter als bloßes Stückeverzeichnis oder wirkliche Edition auf der Grundlage einer bestimmten Überlieferung. Das Vorhaben sollte dann in das von der DFG aufgelegte Schwerpunktprogramm zur Verfassungs- und Sozialgeschichte des Alten Reiches integriert werden, was sich aber nicht realisieren ließ. 1987 gewährte die Stiftung Volkswagenwerk eine dreijährige Anschubfinanzierung mit einem Volumen von immerhin 1,2 Millionen D-Mark, verband dies allerdings später bei dem Folgeantrag (1988)[31] mit der Auflage, dass dafür eine eigene Abteilung der Kommission eingerichtet werde.[32] Damit tat sich die Kommission allerdings immens schwer, obwohl Ingrid Bátori mit der Auswertung eines wichtigen Reichstagsdiariums, desjenigen des kursächsischen Legationsrats Christian Gottfried Oertel, bereits weit vorgedrungen war. Freilich zeichnete sich immer mehr ab, dass angesichts der Masse des Materials an eine herkömmliche Edition nicht zu denken war, so dass ab 1990 die Tendenz deutlicher wurde, das Projekt zunächst nicht

---

29 Zum Folgenden vgl. auch Duchhardt, Heinz: Eine vernachlässigte Epoche? Die wissenschaftlichen Aktivitäten der Historischen Kommission zum „langen" 18. Jahrhundert, in: Festschrift 2008, S. 151–170.
30 Februar 1985. Akten: AHiKoM 348.
31 Akten: AHiKoM 348.
32 Protokoll 1990: AHiKoM 58.

weiterzuverfolgen, umso mehr als Bátori sich einer neuen beruflichen Herausforderung zuwandte.

Ein anderes Konzept sollte der Aretin-Schüler Karl Härter erarbeiten, der durch seine Dissertation[33] mit dem Phänomen des Reichstags aufs Beste vertraut war. Aber dieses Konzept fand weder die Zustimmung der eingerichteten Unterkommission[34] noch die des Plenums und erledigte sich in dem Augenblick vollends, als Härter eine Stelle am Frankfurter Max-Planck-Institut für Europäische Rechtsgeschichte angeboten wurde – just in dem Moment übrigens, als die VW-Stiftung von ihrer Forderung nach Einrichtung einer eigenen Abteilung abrückte. Damit war 1992 das Vorhaben bis auf weiteres gestorben,[35] zumal die Kommission sich nach wie vor nicht dazu bewegen konnte, die zeitweise zur *conditio sine qua non* erhobene eigene Abteilung zu begründen. Gleichwohl tauchte das Vorhaben in den mittleren 1990er Jahren noch gelegentlich in den Protokollen auf. Die ‚alten' Reichstagler hatten die konzeptionellen Schwächen des Vorhabens ausgenutzt, um es ganz zu Fall zu bringen – Aretin konnte darüber nicht glücklich sein. Erst unter den neuen Voraussetzungen des digitalen Zeitalters scheinen nun die Karten neu gemischt zu werden, ohne dass schon Abschließendes über den Zuschnitt des geplanten Vorhabens gesagt werden könnte.[36] Das gesammelte Material eines knappen Jahrzehnts Vorüberlegungen und Planungen liegt im Archiv der Historischen Kommission bereit, um wiederverwendet zu werden.

Der erfolgreiche Start des Rheinbundreformen-Projekts und die Anregungen zum Immerwährenden Reichstag machten Aretin in kurzer Zeit zu einem der aktivsten Mitglieder der Kommission, vor allem wenn man noch mitbedenkt, dass er eine Zeit lang mit dem Vorhaben umging, die Korrespondenz des russischen Diplomaten Romanzoff aus der Fürstenbundzeit, mit dem er

---

33 Härter, Karl: Reichstag und Revolution 1789–1806, Göttingen 1997.
34 Insbesondere Heinz Angermeier hielt das Projektparier für unrealistisch. Akten: AHiKoM 348. Der Kommission gehörten folgende Mitglieder an: Dieter Albrecht, Heinz Angermeier, Erich Meuthen und Konrad Repgen. Zu den hier skizzierten Vorgängen auch schon Duchhardt (2008): Eine vernachlässigte Epoche? (wie Anm. 29), S. 156f.
35 Protokoll 1992: AHiKoM 58.
36 Durch die schwere Erkrankung des Kommissionsmitglieds Maximilian Lanzinner hat sich hier ohnehin eine neue Situation ergeben.

sich in diesen Jahren verschiedentlich beschäftigte,[37] zu einem Vorhaben der Historischen Kommission zu machen,[38] und dass er sich mit dem (an sich uralten) Vorschlag Schieders beschäftigte, der eine Edition der Reichsgesetzgebung am Ende des Ancien Régime in Vorschlag gebracht hatte.[39] Aber damit noch nicht genug: Fünf Jahre nach der Übernahme der Verantwortung für das Rheinbundreformen-Projekt ließ sich Aretin ein weiteres Mal in die Pflicht nehmen. 1987 schied der langjährige Hauptschriftleiter der NDB, Fritz Wagner, aus dieser Funktion. Aretin, der, wie erwähnt, am Beginn seiner Karriere in dieses säkulare Unternehmen schon einmal hineingeschnuppert hatte, rückte auf Wagners Vorschlag in diese Position nach – eine der schwierigsten Funktionen innerhalb der Historischen Kommission, weil die NDB lange um ihr Profil und auch ihr Selbstverständnis hatte ringen müssen. Das betraf etwa die Aufnahme der NS-Funktionsträger, von Rabbinern und Judaisten. In der Situation des Jahres 1987 bereiteten zudem die langsame Erscheinungsweise und das ausufernde Volumen des Unternehmens Kopfzerbrechen. Aretin fiel die Übernahme dieser Verantwortung vielleicht deswegen leichter, weil er mit Hans Körner, den er noch von seiner Promotionsphase her kannte und schätzte,[40] dort einen zuverlässigen Hauptredakteur vorfand, der ihn mit den inzwischen nicht einfacher gewordenen Aufgaben vertraut machte. Die NDB war – und ist – das am meisten in den öffentlichen Raum hineinwirkende Unternehmen der Historischen Kommission, und mit seiner Leitung handelte man sich regelmäßig viel Ärger und Kritik ein. Die Schriftleitung der NDB war das mit Abstand undankbarste Geschäft innerhalb der Kommission,[41] gerade weil gravierende technische Veränderungen in Gestalt der noch nicht erprobten Datenerfassungssysteme anstanden, die selbstbewusste Redaktion

---

37 Beispielsweise: Die Mission des Grafen Romanzoff im Reich 1782–1797, in: Deutsche Fragen und europäisches Gleichgewicht. Festschrift für Andreas Hillgruber, hrsg. von Klaus Hildebrand/ Reiner Pommerin, Köln 1985, S. 18–29; wieder abgedruckt in seinem Buch: Das Reich. Friedensordnung und europäisches Gleichgewicht 1648–1806, Stuttgart 1986, S. 337–352.
38 Protokoll 1983: AHiKoM 57. Aretin erklärte damals das Projekt als nicht durchführbar.
39 Protokoll 1984: AHiKoM 57. Das Projekt, auch von Aretin eher kritisch betrachtet, scheiterte letztlich am negativen Votum von Heinz Angermeier.
40 Aretin (1997): Wege und Umwege (wie Anm. 5), S. 13.
41 Vgl. den Beitrag von Hans Günter Hockerts, dem bis vor kurzem amtierenden Hauptschriftleiter der NDB, in Festschrift 2008 (wie Anm. 2), S. 229–269.

und die Druckerei Probleme bereiteten, Raumfragen gelöst werden mussten,[42] die Erkrankung des Hauptredakteurs Hans Jäger Umstrukturierungen notwendig machte und die lange Bearbeitungsdauer eines Bandes, die auch mit der Länge der biographischen Artikel zusammenhing, in der Kommission mehr und mehr auf Kritik stieß.

Aretin nahm diese Aufgabe bis 1998 wahr, nach bestem Wissen und Gewissen, und hat in diesem Zeitraum die Bände 16 bis 19 frei- und zum Druck gegeben, die die Lemmata von „Maly" bis „Pagel" enthielten. Das war keine schlechte Bilanz, trotzdem griff in der Historischen Kommission der Gedanke um sich, noch stärker straffen und die Arbeit konzentrieren zu müssen, was dann mit seinem Ausscheiden 1996 umzusetzen versucht wurde.[43]

Nicht unerwähnt bleiben soll zudem, dass er sozusagen *spiritus rector* eines Unternehmens war, welches vor wenigen Monaten abgeschlossen wurde. Vor etwa fünf Jahren kam er auf mich zu mit dem Vorschlag, doch endlich die deutschen Wahlkapitulationen der Frühen Neuzeit in einer historisch-kritischen Edition vorzulegen. Das sind bekanntlich Dokumente von außerordentlicher Bedeutung, nicht nur in verfassungsrechtlicher, sondern auch in sozial-, kirchen- und wirtschaftsgeschichtlicher Hinsicht, deren Edition seit Generationen angemahnt worden war. Gemeinsam mit Barbara Stollberg-Rilinger haben wir die entsprechenden Papiere für die Plenarversammlung der Historischen Kommission vorbereitet und dann den Antrag bei der DFG formuliert, die das Unternehmen tatsächlich in ihr Förderprogramm aufgenommen hat. Die Edition wurde von dem Münchener Privatdozenten Wolfgang Burgdorf bearbeitet, der durch seine beiden Qualifikationsschriften[44] ein exzellenter Kenner der Reichsverfassungsgeschichte geworden war. Das

---

42 AHiKoM 404.
43 Aretin kündigte (Protokoll 1996: AHiKoM 58) auf der Jahresversammlung 1996 seinen Rückzug an. Vorher hatte sich eine Unterkommission sehr eingehend mit der künftigen Struktur der NDB auseinandergesetzt. Nachfolger Aretins wurde der Münchener Zeithistoriker Hans Günter Hockerts.
44 Reichskonstitution und Nation. Verfassungsreformprojekte für das Heilige Römische Reich Deutscher Nation im politischen Schrifttum von 1648 bis 1806, Mainz 1998; Ein Weltbild verliert seine Welt. Der Untergang des Alten Reiches und die Generation 1806, München 2006.

Vorhaben wurde in gut drei Jahren abgeschlossen und wird in einer herkömmlichen Print- und einer online-Fassung erscheinen. Es versteht sich von selbst, dass sie dem Andenken des *spiritus rector* gewidmet werden wird. Aretin ist über mehr als drei Jahrzehnte eins der aktivsten, auch vor keiner Verantwortung zurückschreckenden Mitglieder der Historischen Kommission gewesen und hat sich sogar der stets undankbaren Aufgabe der Leitung der Neuen Deutschen Biographie gestellt. Seine wissenschaftlichen Projekte, die er anregte bzw. mit anregte, sind teils bemerkenswerte Erfolgsgeschichten geworden (Rheinbundreformen, Wahlkapitulationen), teils wurden sie angesichts der schwierigen Quellensituation zunächst einmal vertagt (Immerwährender Reichstag), erleben jetzt unter anderen Zeitumständen aber eine höchst erfreuliche Wiederbelebung. Für Aretin war die Historische Kommission ein integraler Teil seines Wissenschaftlerlebens – die Regelmäßigkeit, mit der er die Jahressitzungen besuchte (und immer am selben Platz an der Fensterseite des offenen U zu sitzen pflegte), beweisen das mehr als alles andere. Noch im Januar 2014 hat er mit mir darüber gesprochen, dass er leider dieses Jahr wohl nicht an der Sitzung werde teilnehmen können. Die Historische Kommission, so bin ich überzeugt, wird diesem engagierten Mitglied ein besonders ehrendes Gedächtnis bewahren.[45]

Aretin, um damit zu schließen, verkörperte geradezu idealtypisch den klassischen Typus des Geschichtsforschers, der die Archive – in diesem Fall vornehmlich Deutschlands, Österreichs und Italiens – durchforstete und dessen wesentliches Anliegen es war, aus seinen Forschungen quellengesättigte empirische Arbeiten erwachsen und die Wissenschaft an dieser Freude des Entdeckens und des Erhebens von Quellen teilhaben zu lassen. Für diese These spricht schon der zweite Band seiner Habilitationsschrift, der zahlreiche Quellen wiedergibt, spricht seine Bereitschaft, in Mitherausgeberschaft das gewaltige Werk Pachner von Eggenstorffs der Wissenschaft wieder zugänglicher gemacht zu haben,[46] und sprechen alle seine Bemühungen in

---

45 An Nachrufen liegen bisher vor: Christof Dipper, in: Frankfurter Allgemeine Nr. 77 vom 1. April 2014 („Die alte Freiheit"); Heinz Duchhardt, in: Historische Zeitschrift 299 (2014), S. 285–290; Christof Dipper, in: Neue Politische Literatur 59 (2014), S. 5–8.

46 Pachner von Eggenstorff, Johann Joseph: Vollständige Sammlung aller von Anfang des noch fürwährenden Teutschen Reichs-Tags de Anno 1663 biß anhero abgefaßten Reichs-Schlüsse […], 4 Teile und Registerband (Repertorium), Regensburg

der Historischen Kommission, Quellen namentlich zur „Sattelzeit", aber auch darüber hinaus in verlässlichen Editionen vorzulegt zu haben: zu den Reformen in den Rheinbundstaaten, zum Immerwährenden Reichstag, zu den Wahlkapitulationen. Auch sein Plan, die Romanzoff-Korrespondenz zu edieren, soll hier nicht vergessen werden. Aretin war ein leidenschaftlicher Sammler von historischen Materialien, kein Historiker, der sich in den luftigen Höhen theoretischer Diskussionen wohl oder von ihnen angezogen fühlte, sondern ein Empiriker: Insofern war ihm die Quellenarbeit, die er unter dem Dach der Historischen Kommission initiieren konnte, geradezu auf den Leib geschneidert.

1740, hrsg. von Karl Otmar von Aretin und Johannes Burkhardt, ND Hildesheim/ Zürich/ New York 1996.

Jens Ivo Engels / Anja Pinkowsky
Aretin als Herausgeber der NPL

In einer noch zu schreibenden Aretin-Biographie ist dessen Tätigkeit als Herausgeber der Rezensionszeitschrift *Neue politische Literatur* (NPL) sicher kein Großkapitel zu widmen. Allerdings gilt umgekehrt, dass Aretins Engagement für die Zeitschrift einen wichtigen, bewegten und entscheidenden Abschnitt ihrer Geschichte darstellt. Karl Otmar von Aretin war von 1965 bis zu seinem Tode 2014 Mitherausgeber der Zeitschrift. Als geschäftsführender Herausgeber amtierte er kürzer, nämlich von 1978 bis 1991. Dieses Amt legte er kurz nach der Emeritierung nieder, als sein Nachfolger auf der Darmstädter Professur, Christof Dipper, auch die Verantwortung für die NPL übernahm. Freilich führt das Datum 1978 in die Irre. Schon lange vor seiner offiziellen Wahl zum Geschäftsführer füllte er diese Position faktisch aus, im Grunde schon seit seinem Wechsel nach Darmstadt Mitte der 1960er Jahre.

Aretin steht für wesentliche Entwicklungsschritte der NPL: Unter seiner Ägide konsolidierte sich die erst kurz vor seinem Amtsantritt vollzogene Anbindung der Redaktion an die TH / TU Darmstadt. Damit ging auch die organisatorische wie inhaltliche Fokussierung der Zeitschrift auf die Geschichtswissenschaft einher – nicht zuletzt durch Aretins Personalpolitik in der Redaktion.

Zur (Vor-)Geschichte der NPL

Als Aretin 1964 nach Darmstadt kam, wechselte fast zeitgleich die Redaktion der Zeitschrift *Neue politische Literatur* von Frankfurt nach Darmstadt. Triebkraft hinter diesem Wechsel war der Darmstädter Politikwissenschaftler Eugen Kogon, der sich nach Aretins eigener Darstellung[1] massiv für die finanziell notleidende Zeitschrift verwendet hatte. Kogon vermittelte einen neuen Verlagsvertrag (mit der gewerkschaftsnahen Europäischen Verlagsanstalt) und stellte vor allem die Redaktionsarbeit auf sichere organisatorische Beine. Er erreichte 1965 die Einrichtung einer Assistentenstelle an

---

1 Aretin, Karl Otmar v.: Nachruf auf Eugen Kogon; in: NPL 33 (1988), S. 5–6.

der TH Darmstadt, die mit dem Historiker Erwin Viefhaus besetzt wurde, der bereits zwei Jahre für die NPL tätig gewesen war. Obwohl Kogon und Aretin nur einfache Mitherausgeber waren, übten beide in den folgenden Jahren bestimmenden Einfluss auf die Zeitschrift aus.

Was war die NPL 1965? Es handelte sich um eine Besprechungszeitschrift, die einen recht bunten Strauß aus historischen, soziologischen, politikwissenschaftlichen, rechtswissenschaftlichen und zeitdiagnostischen Beiträgen anbot. Nach einer Inkubationsphase unter dem Titel *Politische Literatur* ab 1952 firmierte die Zeitschrift seit 1956 unter dem noch heute bestehenden Titel. Die Frühgeschichte der NPL war eine Geschichte sehr unsicherer Entwicklung, bestimmt von einer stets prekären finanziellen Situation, vielen Verlagswechseln und drohender Einstellung des Titels. In dieser Zeit hatte die Hoffnung auf den Aufbau eines kommerziell tragfähigen Unternehmens bestanden, doch waren von Beginn an größere Spenden und Subventionen nötig gewesen. Spätestens mit dem Wechsel der Redaktion nach Darmstadt war die NPL eine akademische Zeitschrift, die finanziell vom Universitätssystem abhängig war.

Inhaltlich waren die ersten Jahrgänge der NPL ganz der Zeitdiagnose gewidmet, verbunden mit dem Ziel, die demokratische und liberale Entwicklung der Bundesrepublik zu begleiten und zu fördern. Insbesondere gehörte der kritische Umgang mit den Verbrechen des Nationalsozialismus zum Markenkern – und dies interessierte natürlich sowohl Kogon wie auch Aretin.[2]

Die organisatorische Verfasstheit der NPL wich von den offensichtlichen Verantwortlichkeiten und Machtverhältnissen allerdings ab. Die Zeitschrift wurde (und wird) getragen von einem eingetragenen Verein mit dem Namen *Gesellschaft zur wissenschaftlichen Förderung politischer Literatur*. Der Herausgeberkreis war identisch mit den Vereinsmitgliedern und bestand aus Wissenschaftlern der oben genannten Disziplinen. Zu erwähnen sind vor allem die Gründungsherausgeber und Juristen Erwin Stein, Helmut Ridder und Georg Strickrodt (letzterer Professor an der TH Darmstadt). In der ersten Satzung des Vereins von 1957 wurde der dreiköpfige Vorstand

---

2   Zur Frühgeschichte Pinkowsky, Anja: Die (Neue) Politische Literatur. Zeit- und Wissenschaftsgeschichte im Spiegel einer Zeitschrift, Master-Thesis TU Darmstadt 2014.

ermächtigt, alle Publikationsangelegenheiten zu regeln (§ 6, Abs. 4) und Verträge zu schließen. Das ist wichtig zu wissen, um die Auseinandersetzungen der 1970er Jahre zu verstehen. Die bereits erwähnten Gründungsherausgeber Stein, Ridder und Strickrodt bildeten bis 1977 diesen Vorstand – und zumindest zwei von ihnen versuchten, die Geschicke der Zeitschrift weiter zu bestimmen. Die herausgehobene Stellung des Vorstands spiegelte sich in der Titulatur der Zeitschrift: Die Vorstandsmitglieder fungierten als Hauptherausgeber auf dem Cover, während die anderen Vereinsmitglieder mit der Einschränkung „in Verbindung mit" genannt wurden.

Gabe und Gegengabe: Finanzierung und Anbindung der Redaktion an die TH Darmstadt

Es scheint so, als habe Kogon Aretin relativ bald die NPL als Betätigungsfeld überlassen – allerdings sind die Dokumente aus der Zeit zwischen 1965 und 1970 sehr rar. Spätestens 1970 war Aretin jedenfalls der wichtigste Akteur. Wir vermuten, dass diese Position auf zwei Grundlagen beruhte: Zum ersten kümmerte sich Aretin offenbar sehr intensiv um die Redaktion (wobei unklar ist, wie viel vom Tagesgeschäft er wirklich beeinflusste), wohl auch weil Schriftleiter Viefhaus als Historiker eine fachliche Nähe zu Aretin besaß. Viefhaus hatte die Zusage nach Darmstadt gelockt, sich auf der Assistentenstelle zu habilitieren[3] – wofür nach Lage der Dinge Aretin Sorge tragen sollte. Zum anderen war mit der Wahl des TH-Historikers Helmut Böhme zum Präsidenten der Hochschule ein wichtiger hochschulpolitischer Mitspieler in das Umfeld der NPL getreten, der Aretins Position stärkte und der ‚Übernahme' der NPL durch die Historikerzunft mit den Weg bereitete. Böhme kam 1969 auf Aretins Betreiben nach Darmstadt und wurde schon 1971 Hochschulpräsident, 1972 dann auch NPL-Mitherausgeber.

In der Person Aretins war der Vorstand mit einem Kollegen konfrontiert, der sich bereitwillig und erfolgreich für die organisatorisch-finanzielle Konsolidierung der Zeitschrift einsetzte und sich dabei freilich die Zügel nicht mehr aus der Hand nehmen lassen wollte. Im Verlauf der 1970er Jahre

---

3 Karl Otmar v. Aretin an Europäische Verlagsanstalt, 12.12.1967, Technische Universität Darmstadt, Redaktion der NPL (künftig: TUD-RED), Leitz-Ordner „Neue Politische Literatur, Korrespondenz, Dokumente, 1954–1971".

(zwischen ca. 1971 und 1978) setzte sich Aretin in äußerst konfliktträchtigen Auseinandersetzungen schließlich durch.

Den Auftakt bildete eine Doppelkrise 1971: Zum einen wollte die Europäische Verlagsanstalt die Zusammenarbeit einstellen, zum anderen mangelte es an einer Konkretisierung der von Kogon geschaffenen Anbindung der NPL an die TH. Erwin Viefhaus wurde infolge einer allgemeinen Dienstrechtsänderung in Hessen zum Professor ernannt, was ihm zwar einen höheren akademischen Status verschaffte, zugleich aber eine gestiegene Lehrbelastung von 8 bis 10 Semesterwochenstunden bedeutete. Diese Zusatzaufgaben waren mit den NPL-Pflichten zeitlich nicht zu vereinbaren. In dieser Situation bot Präsident Böhme seine Hilfe an: Er regte an, eine unbesetzt gebliebene Stelle aus seiner Berufungszusage in eine zweite NPL-Redaktionsstelle umzuwandeln. Dies musste sehr schnell geschehen, da die Zusage nur bis August 1971 gültig war. Tatsächlich kümmerte sich Aretin um diese Personalie und stellte offenbar weitgehend selbstständig Günter Hollenberg ein, den er als Stipendiaten des Instituts für Europäische Geschichte (IEG) in Mainz einige Jahre zuvor kennengelernt hatte.[4] Hollenberg und Viefhaus teilten sich die Redaktionsarbeit bis 1978, als letzterer aus der Redaktion ausschied.

Freilich knüpfte Böhme an seine Gabe eine Bedingung hinsichtlich der Zukunft der NPL. Es gab zwar schon weit gediehene Verhandlungen mit dem Franz Steiner-Verlag über einen Wechsel der Zeitschrift, doch Böhme favorisierte massiv eine Zusammenarbeit mit dem Droste-Verlag. Offenbar ging es ihm darum, die NPL als eine Art Unterbau für ein eigenes publizistisches Projekt zu nutzen. Denn im Droste-Verlag, so belegt es ein Schreiben Aretins an Mitherausgeber Theodor Schieder vom September 1971, sollte auf Initiative von Hans-Ulrich Wehler und Wolfgang J. Mommsen eine noch zu gründende Zeitschrift verlegt werden. Der Arbeitstitel: *Neue historische Zeitschrift* (NHZ), wohl als sozialgeschichtliche Alternative zur *Historischen Zeitschrift* gedacht. Böhme war zusammen mit Andreas Hillgruber und anderen als Mitherausgeber vorgesehen. Der Droste-Verlag schlug nun die Übernahme der NPL bei gleichzeitiger Fusion mit der neuen Zeitschrift vor. Das Kalkül lautete wohl so, dass die NPL mit ihrer funktionierenden Redaktion und einem beachtlichen Kundenstamm von gut 1100 Abonnenten eine Art

---

4 Karl Otmar v. Aretin an Helmut Ridder, 10.09.1971, TUD-RED/ Neue Politische Literatur, Korrespondenz, Dokumente, 1954–1971.

betriebswirtschaftliche Absicherung für die neue Zeitschrift darstellen sollte, so dass die NHZ „aus der NPL entwickelt" worden wäre.[5]

Aretin unterstützte nach Lage der spärlichen Dokumente diese Initiative und wäre offenbar bereit gewesen, die Eigenständigkeit der NPL aufzugeben. Jedoch kam es weder zur Gründung der NHZ (vermutlich entstand an ihrer Stelle 1975 *Geschichte und Gesellschaft*), noch mochte Droste die NPL allein übernehmen. So kam dann doch der Steiner-Verlag zum Zuge, in dem die NPL von 1972 bis 1989 erschien.

Der Fusionsgedanke war im Übrigen nicht gänzlich neu. Aus politikwissenschaftlicher Richtung hatte es in den frühen 1960er Jahren Bestrebungen gegeben, die NPL und die *Politische Vierteljahresschrift* zu fusionieren, zumal das Frankfurter Institut für Dokumentationswesen, damals ein wichtiger Geldgeber der NPL, dies unter Androhung der Einstellung seiner Zuwendungen gefordert hatte.[6]

Doch zurück ins Jahr 1971: Vermutlich gab es noch eine weitere Bedingung für Böhmes Unterstützung, über die man bei der Quellenlage aber nur spekulieren kann: die Mitherausgeberschaft. Tatsache ist, dass Böhme ein Jahr später, 1972, in den Herausgeberkreis aufgenommen wurde. Aus Aretins Sicht war die Kooptation von Böhme sicherlich ein großer Vorteil, weil er sich damit die dauerhafte Unterstützung der TH-Leitung sicherte und weil das Gewicht der Altherausgeber deutlich sank. Böhme erwies sich tatsächlich in der bald folgenden Auseinandersetzung zwischen alter und neuer Generation als wertvolle Hilfe für Aretin.

Die Zeiten waren unruhig. Noch im selben Jahr, 1972, berichtete Aretin Helmut Böhme über ein verlockendes Angebot des Friedrich-Meinecke-Instituts an der FU Berlin: Es stehe zur Debatte, die NPL nach Berlin zu

---

5 Karl Otmar v. Aretin an Theodor Schieder, 10.9.1971, TUD-RED/ Neue Politische Literatur, Korrespondenz, Dokumente [A-Z], 1971–1979; vgl. auch Droste-Verlag an Karl Otmar v. Aretin, 01.09.1970, Hessisches Staatsarchiv Darmstadt, Abt. O61, Nachlass Erwin Viefhaus (künftig: HSTAD)/ Nr. 12, Mappe 3 (o. T.), nicht paginiert.

6 Erwin Stein an Helmut Ridder, 11.12.1962, TUD-RED/ Neue Politische Literatur, Korrespondenz, Dokumente, 1954–1971, S. 2. Friedrich A. Krummacher an Erwin Stein, 14.11.1964, TUD-RED/ Neue Politische Literatur, Korrespondenz, Dokumente, 1954–1971, S. 1. Friedrich A. Krummacher an Cremer, 21.08.1964, HSTAD/ Abt. O61 Nr. 12, Mappe 8 (NPL), nicht paginiert.

ziehen, dem Redakteur Erwin Viefhaus eine Professorenstelle einzurichten und die Redaktion darüber hinaus mit 10.000 DM jährlich auszustatten. Hiervon hielt Aretin gar nichts, nutzte den Vorgang aber, um Böhme gegenüber eine halbe Sekretariats-Stelle für die NPL und die Begleichung aufgelaufener Schulden zu fordern.[7]

Machtkampf im ‚Registerstreit'

Zum ersten Showdown zwischen juristischen Altherausgebern und den eigentlichen Platzhirschen Aretin und Böhme kam es dann in einem nachgerade grotesken Streit in den Jahren 1976 bis 1978, an dessen Ende der Wachwechsel endgültig vollzogen war. Man könnte diese Auseinandersetzung als ‚Registerstreit' bezeichnen, denn Gegenstand der Konflikte war die Gestaltung eines Zehnjahresregisters. Tatsächlich aber ging es um die Macht im Verein, um den Zugriff auf die Redaktionsmitarbeiter und mittelbar um die Verjüngung des Kreises der Herausgeber, die Aretin gebetsmühlenartig forderte: „So gebe ich dringend zu bedenken, ob nicht an eine Verjüngung des Herausgebergremiums gedacht werden sollte."[8]

Der sichtbarste Gegenspieler Aretins war Georg Strickrodt (1902–1989). Das CDU-Mitglied Strickrodt war in der unmittelbaren Nachkriegszeit Finanzminister von Niedersachsen und bekleidete später zahlreiche Positionen in Wirtschaft und Organisationen. Von 1965 bis 1971 war er Inhaber des Lehrstuhls für Finanz- und Steuerrecht an der THD und seit ihrer Gründung 1956 geschäftsführendes Vorstandsmitglied der *Gesellschaft zur wissenschaftlichen Förderung politischer Literatur*.[9]

Schon seit dem Ende der 1950er Jahre hatte man ein mehrere Jahrgänge übergreifendes Register ins Auge gefasst. Über viele Jahre hinweg war es

---

7 Karl Otmar v. Aretin an Helmut Böhme, 18.05.1972, TUD-RED/ Neue Politische Literatur, Korrespondenz, Dokumente [A-Z], 1971–1979.
8 Karl Otmar v. Aretin an Erwin Stein, 09.04.1975, Hessisches Hauptstaatsarchiv Wiesbaden, Abt. 1178, Nachlass Erwin Stein (künftig: HHSTAW) Nr. 348, nicht paginiert. Vgl. auch Aretin an Stein, 10.01.1977, HHSTAW/ Abt. 1178 Nr. 349, nicht paginiert.
9 Strickrodt, Georg, in: Killy, Walther/ Vierhaus, Rudolf (Hg.): Deutsche Biographische Enzyklopädie (Band 9), S. 587. Vgl. auch Helmut Ridder an Franz Steiner-Verlag, 08.11.1978, HSTAD/ Abt. 061 Nr. 28, Mappe 2 (Neue Politische Literatur), nicht paginiert.

vor allem ein Anliegen Strickrodts, vielleicht weil er hierin eine Art Krönung seines Lebenswerks bei der NPL sah.[10] Ihm hatte der Vorstand, also das Gremium, dem weder Aretin noch Böhme angehörten, aber er selbst, schließlich den vertraglich festgehaltenen und finanziell vergüteten Auftrag zur Konzeption des besagten Registers erteilt. Die Finanzierung des Vorhabens übernahm (von Erwin Stein vermittelt) zu einem Großteil das *Institut für Dokumentationswesen*.[11] Neben Strickrodt arbeiteten außerdem zwei Hilfskräfte an dem Projekt. Strickrodt entschied sich (offenbar gegen den Rat Aretins) dafür, das Register nicht alphabetisch anzulegen, sondern in zehn Sachgebiete aufzuteilen.

Den faktischen geschäftsführenden Herausgeber Aretin enervierten das seiner Ansicht nach völlig untaugliche Konzept Strickrodts, dessen selbstherrliches Vorgehen und zunehmend die weitreichenden Befugnisse des Vorstands. In einem Schreiben an den Mitherausgeber Karl Dietrich Bracher wurde Aretin sehr deutlich: Das Konzept sei „schwachsinnig", folge „unsinnigen Ordnungsvorstellungen" und darin würde „kein Mensch auch nur irgendwas finden". Aretin fürchtete um den guten Ruf der NPL: „Es ist aber ausgeschlossen, daß wir uns mit einem Register blamieren und das in den letzten Jahren gestiegene Ansehen aufs Spiel setzen". Aretin bat Bracher um seine Schützenhilfe bei der nächsten Vereinssitzung: „Wir befinden uns in der unangenehmen Situation, Herrn Strickrodt und dem Vorstand sehr

---

10 Vgl. Protokoll Mitgliederversammlung der *Gesellschaft* am 14.02.1969, HHSTAW/ Abt. 1178 Nr. 347, unregelmäßig paginiert. Vgl. außerdem ein undatiertes Schreiben Georg Strickrodts, dessen Kopie sich im Nachlass Erwin Stein im HHSTAW/ Abt. 1178 Nr. 348 findet. Hier schreibt Strickrodt unter Bezugnahme auf die Systematisierungsarbeiten: „Jedenfalls wird sich eines Tages wenigstens in meinem Nachlaß dazu sowohl Prinzipielles als auch Gegenständliches finden. Hinsichtlich der Sicherstellung dieses Nachlasses habe ich jedenfalls Vorkehrungen getroffen, die eine archivmäßige Sicherstellung und Aufarbeitung gewährleisten". Zu früheren Anläufen für ein Register Friedrich A. Krummacher an Erwin Stein, 04.08.1958, HHSTAW/ Abt. 1178 Nr. 250, nicht paginiert.
11 Alfred Milatz an Karl Otmar v. Aretin, 29.10.1976, TUD-RED/ Neue Politische Literatur, Korrespondenz, Dokumente [A-Z], 1971–1979, nicht paginiert. Stein an Mitherausgeber, 10.12.1977, TUD-RED/ Neue Politische Literatur, Korrespondenz, Dokumente [A-Z], 1971–1979, nicht paginiert.

deutlich klar machen zu müssen, daß sie hier ihre Kompetenzen überschritten haben".[12]

Georg Strickrodt, entschieden an seinem Konzept festhaltend, suchte und fand Solidarität bei seinem langjährigen Weggefährten Erwin Stein und betonte hierbei die Bedeutung ihrer „Kameradschaft"[13]. Helmut Ridder hingegen versuchte offenbar eine neutrale Position einzunehmen.

Ähnlich deutliche Worte wie Aretin fand Alfred Milatz, ehemaliger Redakteur und seit 1967 Mitherausgeber der NPL, in einem Schreiben an Aretin.[14] Er beschwerte sich außerdem über „diktatorische" Terminfestsetzungen für Herausgeber- und Redaktionssitzungen durch Erwin Stein und stellte damit ebenfalls die Machtfrage. Auch Eugen Kogon, Friedrich A. Krummacher (Redakteur der ersten Stunde und Herausgeber) und Helmut Böhme standen auf der Seite Aretins.[15] Dieser nahm darüber hinaus Kontakt zu Mitherausgeber Werner Conze auf, um ihn über die Registerproblematik aufzuklären und ihn gegen Strickrodt zu mobilisieren.[16]

Streitpunkt war ferner die Frage, in welchem Maße Strickrodt auf die Redaktionsmitarbeiter zugreifen konnte. Die Redaktion, inklusive der für die Arbeiten am Register eingestellten Hilfskräfte, stand offenbar loyal zu Aretin. Strickrodt beklagte sich über hinhaltenden Widerstand. Erwin Stein beanstandete Terminversäumnisse und übte massive Kritik an den Hilfskräften. Strickrodt und Stein kritisierten darüber hinaus das ihrer Meinung nach eigenmächtige Vorgehen von Günter Hollenberg und Erwin Viefhaus in Sachen Register. Zuvor hatten die beiden Redakteure Viefhaus

---

12 Karl Otmar v. Aretin an Karl Dietrich Bracher, 27.10.1976, TUD-RED/ Neue Politische Literatur, Korrespondenz, Dokumente [A-Z], 1971–1979.
13 Georg Strickrodt an Erwin Stein, 15.09.1976, HHSTAW/ Abt. 1178 Nr. 348, nicht paginiert. Vgl. auch Georg Strickrodt an Erwin Viefhaus, 02.10.1976, TUD-RED/ Neue Politische Literatur, Korrespondenz, Dokumente [A-Z], 1971–1979, nicht paginiert.
14 Milatz an Aretin, 29.10.1976, TUD-RED/ Neue Politische Literatur, Korrespondenz, Dokumente [A-Z], 1971–1979, nicht paginiert.
15 Das behauptete zumindest Aretin selbst. Aretin an Bracher, 27.10.1976, TUD-RED/ Neue Politische Literatur, Korrespondenz, Dokumente [A-Z], 1971–1979, S. 2.
16 Karl Otmar v. Aretin an Werner Conze, 11.11.1976, TUD-RED/ Neue Politische Literatur, Korrespondenz, Dokumente [A-Z], 1971–1979, nicht paginiert. Eine Reaktion Conzes ist in den vorliegenden Korrespondenzen nicht dokumentiert.

und Hollenberg offenbar die Hilfskräfte angewiesen, bei ihrer Arbeit von der Strickrodtschen Systematik abzuweichen.[17] In einer Herausgebersitzung am 22. November 1976 beschloss die Mehrheit der Anwesenden jedoch gegen diesen Widerstand ein alphabetisch geordnetes Register.

Die Niederlage des alten Vorstands auf ganzer Linie war auch das Ergebnis einer klaren Ansage Aretins. Der nämlich kündigte für den Fall anderslautender Beschlüsse seinen Rückzug als Herausgeber an und diese Drohung verfehlte ihre Wirkung nicht.[18] Wieder mischte sich Präsident Helmut Böhme ein, offenbar von Aretin mit einem Geschäft auf Gegenseitigkeit geködert. Jedenfalls beschlossen die Herausgeber nicht nur das alphabetische Register, sondern auch eine Zusammenarbeit mit dem Rechenzentrum der TH Darmstadt: Das Register sollte jetzt mit Hilfe eines Computers erstellt werden.

Damit war eine in der Sache zielführende Entscheidung (alphabetische Gliederung) mit einer eher hinderlichen gekoppelt worden. Denn es stellte sich bald heraus, dass die Computertechnik den Anforderungen nicht gewachsen war, erhebliche Verzögerungen traten ein. Und so lag Strickrodt offenbar nicht ganz falsch mit seiner Behauptung, Böhme habe diese Zusammenarbeit mit dem Rechenzentrum aus politischen Gründen forciert, da er für seine Wiederwahl als Präsident Unterstützer suchte.[19] Jedenfalls stellte Böhme weitere (präsidiale?) Mittel zur Verfügung, um die Arbeiten am computergestützten Register fertigzustellen, die sich jedoch über viele Monate hinzogen. Als das Register im Dezember 1977 immer noch nicht fertig war, trat Erwin Stein vom Vorsitz des Vereins zurück.[20]

Im Sommer 1978 konnte das Register-Projekt endlich „schlecht und recht erledigt" werden, wie Helmut Ridder gegenüber seinen Herausgeberkollegen

---

17 NPL-Redaktion (Günter Hollenberg und Erwin Viefhaus) an Erwin Stein, 08.12.1976; sowie Georg Strickrodt an Erwin Stein, 11.12.1976; beide in HHSTAW/ Abt. 1178 Nr. 348.
18 Karl Otmar v. Aretin an Erwin Stein, 25.10.1976, TUD-RED/ Neue Politische Literatur, Korrespondenz, Dokumente [A-Z], 1971–1979, S. 1.
19 Georg Strickrodt an Erwin Stein, 15.09.1976, HHSTAW/ Abt. 1178 Nr. 348.
20 Erwin Stein an Mitherausgeber, 10.12.1977, sowie Karl Otmar v. Aretin an Erwin Stein, 15.12.1977, beide in TUD-RED/ Neue Politische Literatur, Korrespondenz, Dokumente [A-Z], 1971–1979, nicht paginiert.

bemerkte.[21] Das gedruckte Register umfasste die Jahrgänge 1966 bis 1975 und war alphabetisch geordnet.[22]

Wachablösung

Der letzte Akt des Generationenwechsels erfolgte bald darauf, im Herbst 1978. Auf Betreiben Aretins wurde mit einer Satzungsänderung des Vereins die von ihm beklagte Zweiklassengesellschaft unter den Herausgebern beendet.

Zuvor hatten allerdings die Gründungsherausgeber, allen voran Strickrodt, in einem letzten Anlauf versucht, das Ruder zu ihren Gunsten herumzureißen. Strickrodt stellte die Behauptung auf, die *Gesellschaft* existiere aufgrund ausgebliebener Vorstandswahlen rechtlich nicht mehr und eine Neugründung sei nötig. Darüber hinaus besäßen die Gründungsherausgeber die alleinigen Urheberrechte an der NPL.[23] Unter Bezugnahme auf seine eigenen „Verantwortungs- und Verfügungsqualitäten"[24] als Gründungsmitglied schlug er die Einrichtung einer Stiftung bürgerlichen Rechtes vor, mit dem erklärten Ziel, die NPL vor Änderungen ihrer Redaktionspolitik zu schützen.[25]

Aretin sah durch die nicht enden wollenden Auseinandersetzungen die Zeitschrift gefährdet und stellte wieder ein Ultimatum:

> Herrn Strickrodts Eskapaden gefährden [...die] Existenz [der NPL] und dagegen müssen wir uns mit allen Mitteln verwahren. „Ich glaube, wir sind an einem Punkt angelangt, wo man den beiden alten Herren Stein und Strickrodt nicht

---

21 Helmut Ridder an Herausgeber, 27.09.1978, HSTAD/ Abt. O61 Nr. 28, Mappe 2 (Neue Politische Literatur), nicht paginiert.
22 Stein, Erwin/ Ridder, Helmut/ Strickrodt, Georg u. a. (Hg.): Neue Politische Literatur. Register der Jahrgänge XI (1966)–XX (1975), Wiesbaden 1978.
23 Alfred Milatz an Helmut Ridder, 20.09.1978, Karl Otmar v. Aretin an Helmut Ridder, 29.08.1978, beide in TUD-RED/ Neue Politische Literatur, Korrespondenz, Dokumente [A-Z], 1971–1979.
24 Georg Strickrodt an Erwin Stein, 12.12.1976, HHSTAW/ Abt. 1178 Nr. 348, nicht paginiert.
25 Milatz an Ridder, 20.09.1978, TUD-RED/ Neue Politische Literatur, Korrespondenz, Dokumente [A-Z], 1971–1979, S. 3 [doppelt paginiert]; Helmut Ridder an *Studien- und Forschungsstelle für Stiftungswesen Darmstadt*, 29.12.1978, TUD-RED/ Neue Politische Literatur, Korrespondenz, Dokumente, 1974–1987, Besonderheiten: Sitzungsprotokolle, Heftplanungen, S. 1.

mehr nachgeben kann." Ich darf für meine Person erklären, daß ich aus dem Herausgebergremium austrete, wenn Herr Stein oder Herr Strickrodt diesem weiter angehören.[26]

Aretin war erzürnt über die geringe Anerkennung seiner Arbeit bei den Altherausgebern. Er betonte immer wieder seine Verdienste, etwa im Zuge der Anstellung Hollenbergs und des Wechsels zum Steiner-Verlag. Seine Leistungen sah er von den Gründern der Zeitschrift nicht ausreichend gewürdigt: „Ich kann nur sagen, daß ich jetzt mit einiger Verärgerung feststellen mußte, daß ich bei Herrn Strickrodt nur unter ‚ferner liefen' auftrat."[27]

Auch die Spannungen zwischen der Redaktion und Stein/ Strickrodt nahmen zu.[28] Günter Hollenberg unterstützte Aretin: „Die Herren Strickrodt und Stein spielen nun vollends verrückt!"[29] Alfred Milatz erhob die Forderung nach einer aktiveren Einbindung der Herausgeber in den Redaktionsalltag. Er sprach sich zudem für einen Herausgeberkreis aus gleichberechtigten Mitgliedern aus, in welchem diese ihren jeweiligen Fachgebieten entsprechende Verantwortungsbereiche übernehmen sollten. Darüber hinaus plädierte er dafür, dass die *Gesellschaft* einen Kreis von beratenden Mitgliedern aufnehmen sollte.[30]

Helmut Ridder, Mitglied des alten Vorstands, versuchte gleichwohl einen Ausgleich mit der jüngeren Generation. Auch er drohte mit Rücktritt, appellierte aber zugleich an alle Mitarbeiter und Herausgeber der Zeitschrift:

> Ich bitte Sie [...] alle im Interesse der Zeitschrift, die mit unendlich viel Arbeit, Geduld und gutem Willen aus hoffnungslos erscheinenden Anfängen und über

---

26 Zitate entnommen aus zwei Briefen Karl Otmar v. Aretins an Helmut Ridder vom 18.09.1978 und vom 29.08.1978, beide in TUD-RED/ Neue Politische Literatur, Korrespondenz, Dokumente [A-Z], 1971–1979.
27 Aretin an Ridder, 29.08.1978; vgl. auch Karl Otmar v. Aretin an Erwin Stein, 25.10.1976; beide in TUD-RED/ Neue Politische Literatur, Korrespondenz, Dokumente [A-Z], 1971–1979.
28 Erwin Viefhaus an Helmut Ridder, 06.11.1978, HSTAD/ Abt. O61 Nr. 28, Mappe 2 (Neue Politische Literatur), nicht paginiert.
29 Günter Hollenberg an Karl Otmar v. Aretin, 25.09.1978 [handschriftliche Ergänzung eines Rundschreibens], TUD-RED/ Neue Politische Literatur, Korrespondenz, Dokumente [A-Z], 1971–1979, nicht paginiert.
30 Milatz an Ridder, 20.09.1978, TUD-RED/ Neue Politische Literatur, Korrespondenz, Dokumente [A-Z], 1971–1979, S. 4 [doppelt paginiert].

manche Rückschläge hinweg auf einen ansehnlichen Stand gebracht worden ist, um Ihre Kooperation auch in dieser schwierigen Phase.[31]

Schließlich stellte ein weiterer Herausgeber ein Ultimatum und dies dürfte das entscheidende gewesen sein. Helmut Böhme konnte an den entscheidenden Herausgebersitzungen nicht teilnehmen, machte aber (offenbar zuvor mündlich und anschließend gegenüber Ridder schriftlich) eine unzweideutige Ansage. Böhme formulierte sehr offen und drohte mit dem Ende jeglicher Unterstützung für die NPL – wohl wissend, dass die Zeitschrift dies nicht verkraften konnte. Er verwies darauf, dass die bisherige Finanzierung der Redaktion auf keiner belastbaren Grundlage stehe, ja am Rande der Legalität organisiert worden sei. Kein einziges Gremium der TH sei bis zu diesem Zeitpunkt mit der Frage der Unterstützung der Zeitschrift befasst gewesen. Um diesen Zustand zu beenden, forderte er ultimativ sowohl die Satzungsänderung als auch eine engere Bindung an den Fachbereich der TH. Ohne Aretin mit Namen zu nennen, ließ er sehr deutlich durchblicken, dass diejenigen, die die Arbeit für die NPL machten, auch in der Leitung des Vereins vertreten sein sollten.[32]

Wie Böhme (und hinter ihm vermutlich Aretin) gewünscht hatte, so geschah es. In der Sitzung wurde beschlossen, dass künftig alle Herausgeber immer zugleich Mitglieder der *Gesellschaft* sein, in Vertragsfragen verhandlungsberechtigt und gleichberechtigt in alphabetischer Reihenfolge im Impressum der Zeitschrift genannt werden sollten. Die Herausgeber erklärten sich zudem bereit, sich in Zukunft stärker in der Redaktionsarbeit zu engagieren. Ridder wurde zum Vorsitzenden, Aretin zum geschäftsführenden Vorsitzenden gewählt.[33]

---

31 Helmut Ridder an Mitherausgeber, 27.09.1978, HSTAD/ Abt. O61 Nr. 28, Mappe 2 (Neue Politische Literatur), nicht paginiert.
32 Helmut Böhme an Helmut Ridder 26.10.1978, TUD-RED/ Neue Politische Literatur, Korrespondenz, Dokumente [A-Z], 1971–1979, S. 1f.
33 Protokoll Mitgliederversammlung der *Gesellschaft* am 23.10.1979, TUD-RED/ Neue Politische Literatur, 1978–1995, Besonderheiten: Sitzungsprotokolle, Verlagswechsel, Heftplanung, S. 3 [doppelt paginiert]. Vgl. auch Helmut Ridder an Karl Dietrich Bracher, 01.12.1978, und Helmut Ridder an Werner Conze, 01.12.1978, beide in TUD-RED/ Neue Politische Literatur, Korrespondenz, Dokumente, 1974–1987, Besonderheiten: Sitzungsprotokolle, Heftplanungen.

Seither sind die Positionen des geschäftsführenden Herausgebers und die des Lehrstuhlinhabers für Zeitgeschichte bzw. Neuere und Neueste Geschichte an der THD/ TUD in Personalunion miteinander verbunden. Die vereinsrechtliche Struktur und die wahren Arbeitserfordernisse sowie die Personalverantwortung für die Redaktion befinden sich seitdem in Übereinstimmung.

Stein und Strickrodt enthielten sich bei der Wahl ihrer Stimme. Sie brachten ihre Besorgnis zum Ausdruck, dass sich in Zukunft Charakter und Inhalt der Zeitschrift ändern würden – insbesondere Böhme hielten sie für zu links. Eine Eingabe Steins, seinen Namen und die Namen Ridders und Strickrodts im Impressum mit dem Hinweis zu versehen, dass sie die Begründer der NPL waren, wurde abgelehnt.[34] Die Frage nach den Urheberrechten blieb weiter ungeklärt.[35] Aber Stein und Strickrodt konnten in der Folgezeit keinen Einfluss mehr nehmen. Helmut Ridder hatte sich den neuen Machtverhältnissen geschmeidig angepasst, ohne einen offenen Bruch mit seinen Gründungskollegen herbeizuführen. Erst jetzt war die Bindung der NPL an die TH Darmstadt organisatorisch und personell endgültig abgeschlossen.

Verlagsverhandlungen und redaktionelle Inhalte: Aretin und das Tagesgeschäft

Faktisch hatte Aretin schon kurz nach dem Wechsel der NPL-Redaktion nach Darmstadt die Verantwortung für die alltägliche Arbeit übernommen. Das geht beispielsweise aus der Korrespondenz mit der Europäischen Verlagsanstalt in den späten 1960er Jahren hervor, in der Aretin Ansprechpartner des Verlags war. Die Verlagsverhandlungen 1971/72 führte er dagegen zusammen mit Eugen Kogon.

---

34 Protokoll Mitgliederversammlung der *Gesellschaft* am 23.10.1979, TUD-RED/ Neue Politische Literatur, 1978–1995, Besonderheiten: Sitzungsprotokolle, Verlagswechsel, Heftplanung, S. 2; vgl. auch Helmut Ridder an Erwin Viefhaus, 08.11.1978, HSTAD/ Abt. O61 Nr. 28, Mappe 2 (Neue Politische Literatur), nicht paginiert.

35 Helmut Ridder an Erwin Stein, 07.03.1979, TUD-RED/ Neue Politische Literatur, Korrespondenz, Dokumente, 1974–1987, Besonderheiten: Sitzungsprotokolle, Heftplanungen, S. 1f.

Die Finanzierung der NPL beruhte Ende der 1960er Jahre auf einer Mischkalkulation, an der der Verlag und das Umsatzergebnis der Zeitschrift einen erheblichen Anteil hatten. Ende 1967 bezifferte Aretin beispielsweise die Kosten einer Sekretärin und die Vergütung Viefhaus', zusätzlich zu dessen Bezügen als Assistent an der TH Darmstadt, auf 450 DM monatlich, für Milatz und Krummacher zusammen fielen 600 DM an, schließlich benötigte die Redaktion monatlich rund 250 DM für Bürokosten. Diese Gelder sollten vom Verlag zur Verfügung gestellt werden. Zugleich verlangte der Verlag einen Druckkostenzuschuss von 6.700 DM pro Heft seitens des *Vereins*. Zahlen sollten ihn laut Kalkulation aus dem Jahr 1965 die *Bank für Gemeinwirtschaft* und die *Vereinigung von Freunden der Technischen Hochschule Darmstadt*, denen gegenüber der *Verein* regelmäßig als Bittsteller auftrat. Allerdings war man während der Vertragsverhandlungen zwei Jahre zuvor von einem deutlich niedrigeren Zuschussbedarf von ca. 2.500 DM pro Heft ausgegangen. Offenbar war die Zahlungsmoral des Verlags schlecht. Diese komplizierte Konstruktion war wohl ein wichtiger Grund für den später vollzogenen Verlagswechsel. Da die Verlagszahlungen an die Redaktion vom Verkaufserfolg der NPL abhängig waren, konnten auch die Redakteure vermutlich nicht mit einem regelmäßigen (Zusatz-)Einkommen rechnen.[36] Zudem berichten die Korrespondenzen der frühen 1970er Jahre von erheblichen finanziellen Defiziten, die bei der *Gesellschaft* aufgelaufen waren und gelegentlich von Böhme ausgeglichen wurden.

Der von Aretin ausgehandelte Vertrag mit dem Franz Steiner-Verlag von 1972 enthielt deutlich weniger finanzielle Risiken für den Verein. Er übernahm lediglich eine auf zwei Jahre befristete Ausfallbürgschaft für den Fall eines Einbruchs bei den Abonnementszahlen, im Gegenzug entfielen die Zahlungen für die Redaktionsarbeit. Damit waren die finanziellen Transaktionen auf ein Minimum reduziert und die Redaktion nunmehr völlig abhängig von der institutionellen Förderung durch die TH Darmstadt.[37]

---

36 Verlagsvertrag zwischen *Gesellschaft* und EVA mit Kalkulation, 8.3.1965; sowie Aretin an Europäische Verlagsanstalt, 12.12.1967, TUD-RED/ Neue Politische Literatur, Korrespondenz, Dokumente, 1954–1971.
37 Verlagsvertrag zwischen *Gesellschaft* und Franz Steiner-Verlag, Mai 1972. Ergänzend Friedrich A. Krummacher an Erwin Stein, 25.03.1972, TUD-RED/ Neue Politische Literatur, Korrespondenz, Dokumente, 1954–1971.

Steiner erwog ab 1981/82 eine Trennung von der NPL, als die Abonnentenzahlen sich rückläufig entwickelten und die Marke von gut 1100 unterschritten – was zeigt, dass der Verlag offenbar auf eine erhebliche Steigerung gehofft hatte (das beste Jahr war wohl 1977 mit 1194 Abonnements).[38] Allerdings waren auch die Herstellungskosten gestiegen und Steiner finanzierte seit 1980 anteilig die Kosten für eine Sekretariatskraft an der TH Darmstadt.[39] Zur endgültigen Kündigung des Vertrags kam es allerdings erst 1989/90 beim Stand von rund 880 Abonnements.[40]

Ein letztes Mal übernahm Aretin die Aufgabe, einen neuen Verlag zu suchen. Schon 1985/86 hatte er an Übernahmeverhandlungen mit Berg-Publishers Limited aus Großbritannien teilgenommen, die aus bisher unbekannten Gründen scheiterten.[41] Ende des Jahrzehnts sondierte er dann bei mehreren Häusern, darunter dem in München ansässigen Oldenbourg-Verlag, in dem auch die *Historische Zeitschrift* erschien. Zu einem Vertragsabschluss kam es schließlich mit dem Verlag Peter Lang mit Sitz in Frankfurt, in dem die Zeitschrift bis heute erscheint.

Unklar muss im Augenblick noch bleiben, wie groß der Anteil Eugen Kogons am Alltagsgeschäft war. Möglicherweise hält sein Nachlass, der noch nicht zugänglich ist, aufschlussreiche Dokumente bereit. Die Bestände aus Darmstadt vermitteln bislang ein Bild, in dem Aretin die bestimmende Rolle spielte. Gleichwohl unterstützte Kogon die NPL materiell – durch seine Vermittlung bezogen offenbar zeitweilig Gymnasien in erheblichem Umfang die NPL (im Jahr 1967 nicht weniger als 900!), finanziert von einem Bildungsfonds, den Kogon verwaltete.[42]

---

38 Steiner-Verlag an Helmut Ridder, 7.10.1981, Kopie in TUD-RED/ Neue Politische Literatur.
39 Protokoll Mitgliederversammlung der *Gesellschaft* am 24.04.1981, TUD-RED/ Neue Politische Literatur, 1978–1995, Besonderheiten: Sitzungsprotokolle, Verlagswechsel, Heftplanung.
40 Protokoll Mitgliederversammlung der *Gesellschaft* am 24.07.1989, ebd.
41 Karl Otmar v. Aretin an M. Berghahn, 10.01.1981, TUD-RED/ Neue Politische Literatur, 1978–1995, Besonderheiten: Sitzungsprotokolle, Verlagswechsel, Heftplanung, nicht paginiert.
42 Aretin an Europäische Verlagsanstalt, 12.12.1967, TUD-RED/ Neue Politische Literatur, Korrespondenz, Dokumente, 1954–1971.

Zu den Besonderheiten der NPL gehörte und gehört es, dass die *Gesellschaft* Eigentümerin des Titels ist – ein Umstand, der in den Verlagsverträgen immer fixiert wurde. Daneben finden sich in den frühen Vertragswerken Hinweise auf die Politik der Autonomie der Redaktion. Dies bestätigt ein Blick auf das Alltagsgeschäft. Es scheint ganz so, als hätten die Herausgeber sich zumindest seit der Ära Aretin weitgehend aus dem Alltagsgeschäft (Auswahl von Autoren und Besprechungsthemen) zurückgezogen.

Hinweise zu Aretins Einflussnahme auf die Inhalte der NPL finden sich in den Quellen nur vereinzelt. So schlug er beispielsweise 1979 die Veröffentlichung eines Aufsatzes eines nicht namentlich genannten sowjetischen Autors über die Historiographie in der BRD vor – Ausweis seiner wissenschaftsdiplomatischen Aktivitäten im damaligen Ostblock.[43] Zu Beginn der 1980er Jahre plädierte er dafür, den epochalen Zuschnitt der Zeitschrift zu fixieren und Themen aus der Zeit vor der Französischen Revolution nicht mehr zu behandeln.[44] Ein konkreter Einfluss der Tätigkeit Aretins am Institut für Europäische Geschichte auf die Inhalte der NPL ist nicht direkt nachweisbar, wenngleich am Institut in Mainz von Zeit zu Zeit Sitzungen stattfanden und, wie erwähnt, die Auswahl Hollenbergs auf dessen Stipendiatenzeit im IEG zurückgeht.[45]

Das spiegelt sich ebenfalls in der publizistischen Tätigkeit Aretins in der NPL wider. Als Autor trat er nur sehr selten auf und veröffentlichte lediglich acht Beiträge – sechs Rezensionen und zwei Nachrufe. Die Rezensionen erschienen ausnehmend früh, nur zwei davon nach seiner Berufung nach Darmstadt, im Zeitraum von 1962 bis 1969. In drei Besprechungen widmete sich Aretin der Geschichte der Weimarer Republik – 1963 etwa über das rasch berühmt werdende, 1992 zum letzten Mal aufgelegte Buch Kurt Sontheimers

---

43 Protokoll Mitgliederversammlung der *Gesellschaft* am 23.10.1979, TUD-RED/ Neue Politische Literatur, 1978–1995, Besonderheiten: Sitzungsprotokolle, Verlagswechsel, Heftplanung, S. 3. Es kam aber zu keiner einschlägigen Veröffentlichung in den folgenden Jahrgängen.

44 Protokoll Mitgliederversammlung der *Gesellschaft* am 30.06.1982, TUD-RED/ Neue Politische Literatur, 1978–1995, Besonderheiten: Sitzungsprotokolle, Verlagswechsel, Heftplanung, S. 3.

45 Protokoll Mitgliederversammlung der *Gesellschaft* am 18.04.1980, TUD-RED/ Neue Politische Literatur, Korrespondenz, Dokumente, 1976–2008, Besonderheiten: Sitzungsprotokolle, Satzungen der Gesellschaft, Verträge, Finanzen, S. 1ff.

über die antidemokratischen Ideen dieser Zeit.[46] Aretin lobte Sontheimers Bemühen, die Ideenwelt der Zwischenkriegszeit umfassend darzustellen und damit deutlich zu machen, dass die Vorstellungen Hitlers durchaus nicht isoliert standen: „Hitler war wirklich nur einer von vielen. Und die Stärke des Buches von S. liegt im Aufzeigen der geistigen Verbindungslinien". Zugleich kritisierte er den „unglückliche[n] Hang des Autors zum Theoretisieren" und bezeichnete genau dies als Schwäche der Politikwissenschaft im Gegensatz zur Zeitgeschichte. In einer weiteren Rezension zum gleichen Themenkomplex beschäftigte sich Aretin mit Rudolf Morseys Arbeit über die Geschichte der Zentrumspartei. Hier machte er entgegengesetzte Probleme aus und warf dem Autor vor, zu eng an den Handlungen einzelner Personen zu argumentieren und größere Zusammenhänge nicht genügend zu beleuchten (1967).[47]

Weitere Besprechungen behandelten den Themenkreis Katholizismus. In einer diskutierte Aretin zwei Werke über die Rolle deutscher Katholiken im Ersten Weltkrieg und über das Verhältnis zwischen katholischer Kirche und dem nationalsozialistischen Regime (1964).[48] In einer anderen besprach er die zweite Auflage des Lexikon für Theologie und Kirche (1969). Darin bemerkte er einen Aufbruch in der Theologie, nicht zuletzt bedingt durch das Zweite Vaticanum, jedoch einen bedenklichen Stillstand in der Kirchengeschichte, der „bis zur Beschönigung geht."[49] Nur in einer einzigen Rezension

---

46 Aretin, K. O. Frhr. v.: Antidemokratischer Geist 1918–1933, Rezension zu: Sontheimer, Kurt: Antidemokratisches Denken in der Weimarer Republik. Die politischen Ideen des deutschen Nationalismus zwischen 1918 und 1933, München 1962, in: Neue Politische Literatur 8 (1963), Sp. 329ff.
47 Aretin, K. O. Frhr. v.: Das Zentrum und die Weimarer Republik, Rezension zu: Morsey, Rudolf: Die deutsche Zentrumspartei 1917–1923, Düsseldorf 1966, in: Neue Politische Literatur 12 (1967), S. 382ff.
48 Aretin, K. O. Frhr. v.: Der deutsche Katholizismus und die Politik 1914–1935, Rezension zu: Lutz, Heinrich: Demokratie im Zwielicht. Der Weg der deutschen Katholiken aus dem Kaiserreich in die Republik 1914–1925, München 1963; Rezension zu: Müller, Hans: Katholische Kirche und Nationalsozialismus. Dokumente 1930–1935, München 1963, in: Neue Politische Literatur 9 (1964), Sp. 41ff.
49 Aretin, K. O. Frhr. v.: Ein Lexikon und der moderne Katholizismus, Rezension zu: Höfer, Josef u. a. (Hg.): Lexikon für Theologie und Kirche, Freiburg i. Br. 1957–1968, in: Neue Politische Literatur 14 (1969), S. 422ff.

widmete sich Aretin Publikationen über den (militärischen) Widerstand zur Zeit des Nationalsozialismus (1962).[50] Ganz anderer Natur sind die Jahre später veröffentlichten zwei letzten Beiträge. In einem Nachruf auf Eugen Kogon betonte er 1988 dessen Bedeutung für die Entwicklung der Politikwissenschaft nach 1945 und sein Engagement für die NPL. Darüber hinaus zeigt der Text, dass Kogon ihm persönlich wohl sehr nahe stand, zumindest versucht er sich ansatzweise in Charakterskizzen über den streitbaren, aber stets verbindlichen, optimistischen, gläubigen Christen Kogon, der von seiner Zeit im KZ zwar geprägt war, aber nicht gebrochen.[51] Auch nach dem Tode von Mitherausgeber Hans Gerd Schumann übernahm Aretin die Abfassung eines Nachrufs.[52]

Das Prinzip der autonomen Redaktion kam indirekt in Aretins Reaktionen auf Beschwerden gegenüber der Redaktionspolitik zum Ausdruck. Fünf derartige Fälle haben sich in den Unterlagen erhalten, vermutlich gab es derer mehr, die fernmündlich behandelt wurden. In allen Fällen stellte sich Aretin hinter die Redaktion bzw. die kritisierten Beiträge.

Im Frühjahr 1981 wandte sich der Zeithistoriker und USA-Spezialist Rolf Steininger, damals frisch berufener Professor in Hannover, an die Redaktion. Er brachte seinen Unmut über die Besprechung seines Buches *Deutschland und die sozialistische Internationale nach dem Zweiten Weltkrieg*[53] durch Wilfried Loth zum Ausdruck. Er forderte ultimativ den Abdruck einer länglichen Gegendarstellung und drohte mit rechtlichen Schritten, falls man ihm

---

50 Aretin, K. O. Frhr. v.: Der Widerstand im Dritten Reich, Rezension zu: Europäische Publikation e. V. (Hg.): Vollmacht des Gewissens. Probleme des militärischen Widerstandes gegen Hitler, Frankfurt a. M./ Berlin 1960; Rezension zu: Gisevius, Hans Bernd: Bis zum bitteren Ende. Vom Reichstagsbrand bis zum 20. Juli 1944, Hamburg 1960, in: Neue Politische Literatur 7 (1962), Sp. 330ff.
51 Aretin, K. O. Frhr. v.: Eugen Kogon 1903–1987 (Nachruf), in: Neue Politische Literatur 33 (1988), S. 5f.
52 Aretin, K. O. Frhr. v.: Hans Gerd Schumann (Nachruf), in: Neue Politische Literatur 37 (1992), S. 5f.
53 Loth, Wilfried: Sozialistische Internationale, Rezension zu: Steininger, Rolf: Deutschland und die sozialistische Internationale nach dem Zweiten Weltkrieg. Die deutsche Frage, die Internationale und das Problem der Wiederaufnahme der SPD auf den internationalen sozialistischen Konferenzen bis 1951, unter besonderer Berücksichtigung der Labour Party, Bonn 1979, in: Neue Politische Literatur 25 (1980), S. 533–537.

dies verweigern wollte. Aretin brachte den Fall in der Herausgebersitzung vor und übernahm die Aufgabe, Kontakt mit Steininger aufzunehmen. Er teilte Steininger anschließend – recht deutlich – mit, dass man seiner Forderung nicht nachkommen könne.[54]

Nur kurze Zeit später ereignete sich ein ähnlicher Fall. Im zweiten Heft des Jahrgangs 1981 hatte Gerhard Schreiber Josef Schröders Buch *Italien im Zweiten Weltkrieg*, eine Bibliographie zur Thematik, negativ besprochen.[55] Der Rezensent hatte in seinem Beitrag formale Fehler und inhaltliche Mängel des Werkes von Schröder kritisiert. Schröder behauptete nun gegenüber der Redaktion, Schreibers Besprechung sei ein Racheakt für eine kritische Rezension seinerseits.[56] Trotz Interventionen Dritter sprach sich Aretin, im Einvernehmen mit den meisten anderen Herausgebern, gegen den Abdruck einer Erwiderung aus.[57]

Im Herbst 1986 wandte sich Karl Dietrich Erdmann an die Redaktion, um den Aufsatz *Kriegsschuld 1914* von Ulrich Heinemann über die deutsche Kriegsschuldfrage 1914 im dritten Beiheft der NPL zu beanstanden.[58] Als

---

54 Protokoll Mitgliederversammlung der *Gesellschaft* am 24.04.1981, TUD-RED/ Neue Politische Literatur, Korrespondenz, Dokumente, 1976–2008, Besonderheiten: Sitzungsprotokolle, Satzungen der Gesellschaft, Verträge, Finanzen, S. 3. Karl Otmar v. Aretin an Rolf Steininger, 12.05.1981, TUD-RED/ Neue Politische Literatur, Korrespondenz [S-Z], 1977–1983, nicht paginiert.
55 Schreiber, Gerhard: Hinweis zu: Schröder, Josef: Italien im Zweiten Weltkrieg. Eine Bibliographie, München 1978, in: Neue Politische Literatur 26 (1981), S. 275–277. Vgl. Lill an Karl Otmar v. Aretin, 11.09.1981, TUD-RED/ Neue Politische Literatur, 1978–1995, Besonderheiten: Sitzungsprotokolle, Verlagswechsel, Heftplanung, nicht einheitlich paginiert.
56 Gerhard Schreiber an Wolfgang Michalka, 16.10.1981, TUD-RED/ Neue Politische Literatur, Korrespondenz [S-Z], 1977–1983, nicht paginiert.
57 Bracher war für die Veröffentlichung einer Gegendarstellung; Friedrich A. Krummacher an Karl Dietrich Bracher, 27.11.1981; Karl Dietrich Bracher an Wolfgang Michalka, 09.10.1981, TUD-RED/ Neue Politische Literatur, Korrespondenz, Dokumente, 1974–1987, Besonderheiten: Sitzungsprotokolle, Heftplanungen. Karl Otmar v. Aretin an Lill, 12.10.1981 sowie 23.11.1981, TUD-RED/ Neue Politische Literatur, 1978–1995, Besonderheiten: Sitzungsprotokolle, Verlagswechsel, Heftplanung, nicht paginiert.
58 Heinemann, Ulrich: Kriegsschuld 1914. Nach wie vor ein publizistischer Dauerbrenner. Neue Literatur zur Kriegsschulddiskussion, in: Michalka, Wolfgang (Hg.): Die Deutsche Frage in der Weltpolitik (Neue Politische Literatur Beihefte/ 3), S. 127–133; Wolfgang Michalka an Ulrich Heinemann, 03.11.1986,

ehemals an der Fischer-Kontroverse Beteiligter warf Erdmann Heinemann fehlendes Wissen um die Forschungsliteratur vor. Zudem sah Erdmann sich und seine Position in der Kriegsschuldfrage in Heinemanns Beitrag falsch dargestellt. Der weitere Verlauf dieses Beschwerdefalles ist nicht dokumentiert. Ungewöhnlich bleibt, dass in diesem Fall eine Berichtigung aus der Feder Heinemanns veröffentlicht wurde, in der dieser auf weiterführende Literatur hinwies.[59]

Eine letzte Intervention bearbeitete Aretin im Oktober 1992, als er schon nicht mehr geschäftsführend tätig war. Diesmal meldete sich der Bonner Historiker Konrad Repgen bei der NPL-Redaktion und leitete Aretin einen Durchschlag zu, um einen Aufsatz Helmut Ridders zu kritisieren.[60] In seiner Antwort legte Aretin seine Politik gegenüber der Redaktion dar: „Solange ich in Darmstadt war, habe ich mir zur Aufgabe gemacht, daß Rezensionen nur dann in Einvernehmen mit dem Autor korrigiert werden, wenn eine persönliche Beleidigung vorkommt. [...] Man wird sonst sehr schnell eine Zensur einrichten."[61]

Dieser Position wissen sich die aktuellen Herausgeberinnen und Herausgeber sowie die Redaktion der NPL bis auf den heutigen Tag verpflichtet.

TUD-RED/ Neue Politische Literatur, Korrespondenz, Dokumente [E-IJ], 1982–1988, nicht paginiert.

59 Karl Dietrich Erdmann an Karl Otmar v. Aretin, 31.10.1986, [mit Anlage], TUD-RED/ Neue Politische Literatur, Korrespondenz, Dokumente [E-IJ], 1982–1988, nicht paginiert. Vgl. dazu Berichtigung (o. V.), in: Neue Politische Literatur 31 (1986), S. 536.

60 Konrad Repgen an Redaktion der NPL, 17.10.1992, TUD-RED/ Neue Politische Literatur, 1978–1995, Besonderheiten: Sitzungsprotokolle, Verlagswechsel, Heftplanung, nicht paginiert; Ridder, Helmut: Wider den Quietismus ‚historisierender' Zeitgeschichtsschreibung, in: Neue Politische Literatur 37 (1992), S. 260–264.

61 Karl Otmar v. Aretin an Konrad Repgen, 10.11.1992, TUD-RED/ Neue Politische Literatur, 1978–1995, Besonderheiten: Sitzungsprotokolle, Verlagswechsel, Heftplanung, nicht paginiert.

Karl Härter

Karl Otmar von Aretin als akademischer Lehrer im Kontext der geschichtswissenschaftlichen Lehre in der Bundesrepublik Deutschland 1960–2000

Einleitende Bemerkungen zur akademischen Lehre

Karl Otmar von Aretin als akademischer Lehrer stellt mich als Autor vor nicht unerhebliche methodische Probleme: Zu seiner langjährigen Lehrtätigkeit als Ordinarius für Zeitgeschichte an der Technischen Hochschule Darmstadt von 1963 bis 1988 existieren, von den Vorlesungsverzeichnissen und Forschungsberichten abgesehen, kaum Quellen; ein einschlägiger Nachlass ist ebenfalls nicht vorhanden.[1] Insofern muss ich neben den veröffentlichten Informationen zu Biographie und Wirken von Aretins[2] auf eigene

---

1 Technische Hochschule Darmstadt, Personal- und Vorlesungsverzeichnis, Darmstadt 1963–1971; fortgesetzt: Personal- und Studienplanverzeichnis, Darmstadt 1972–1988; Technische Hochschule Darmstadt, Forschungsbericht, Bd. 1.1972–12.1993/94, Darmstadt 1974–1995. Mein besonderer Dank gilt den Mitarbeiterinnen und Mitarbeitern des Universitätsarchivs und der Bibliothek Gesellschafts- und Geschichtswissenschaften der Technischen Universität Darmstadt für die Unterstützung bei der Recherche und die Bereitstellung von Material.

2 Aretin, Karl Otmar von: Wege und Umwege zur Geschichte, in: Lehmann, Hartmut/ Oexle, Otto Gerhard (Hg.): Erinnerungsstücke. Wege in die Vergangenheit. Rudolf Vierhaus zum 75. Geburtstag gewidmet, Wien/ Köln/ Weimar 1997, S. 9–21; Melville, Ralph u. a.: Einleitung der Herausgeber: Karl Otmar Freiherr von Aretin und das Institut für Europäische Geschichte, in: Melville, Ralph u. a. (Hg.): Deutschland und Europa in der Neuzeit. Festschrift für Karl Otmar Freiherr von Aretin zum 65. Geburtstag, 2 Bde., Stuttgart 1988 (= Veröffentlichungen des Instituts für Europäische Geschichte Mainz, Abt. Universalgeschichte 134), hier Bd. 1, S. XIII–XXII; Dipper, Christof: Die alte Freiheit. Zum Tod des Historikers Karl Otmar von Aretin, in: Frankfurter Allgemeine Zeitung, 1. April 2014, Nr. 77, S. 11; Duchhardt, Heinz: Nekrolog Karl Otmar Freiherr von Aretin (1923–2014), in: Historische Zeitschrift 299 (2014), S. 285–290; Duchhardt, Heinz: Nachruf von Aretin; Früherer Institutsdirektor Aretin verstorben, URL: http://www.ieg-mainz.de/media/public/PDF/14-03-31_Nachruf-Aretin.pdf (17.06.2015); Artikel:

Aufzeichnungen, Mitschriften und Hausarbeiten aus den Lehrveranstaltungen, Erinnerungen, Gespräche und Korrespondenz mit von Aretin und seinem Umfeld zurückgreifen. Dies umfasst einen langen Zeitraum und alle Stufen einer akademische Ausbildung: vom Beginn des Lehramtsstudiums in den Fächern Geschichte und Politik im Jahr 1978 an der Technischen Hochschule (TH) Darmstadt und dem Besuch mehrerer Lehrveranstaltungen von Aretins, bei dem ich 1984 mein Studium mit einer von ihm betreuten Staatsexamensarbeit zum Thema Arbeits- und Sozialpolitik im ‚Dritten Reich' abschloss, über ein von ihm betreutes Doktorat in Darmstadt zum Immerwährenden Reichstag (1987–1991), die Begleitung meiner Habilitation in Darmstadt 2002 und die persönlichen Kontakte bis Ende des Jahres 2013.[3] Nahezu während meines gesamten wissenschaftlichen Werdegangs hat mich von Aretin als Lehrer und Mentor begleitet, und aus dieser Perspektive ist das folgende Bild von ihm als akademischer Lehrer gezeichnet.[4] Ich lege dabei einen weiten Begriff der akademischen Lehre zugrunde, die ich - wie auch von Aretin - als umfassenden Kommunikationszusammenhang verstehe: von der Vorlesung oder dem Seminar über Sprechstunden und Prüfungen bis zum gemeinsamen Arbeiten und Forschen oder dem geselligen Beisammensein nach einer Veranstaltung, zu dem von Aretin gelegentlich einlud. Das entsprach seinem Selbstverständnis als einem lehrenden, kommunikativen und produzierenden Forscher. Dieser Humboldt'sche Idealtypus des lern- und lehrbegeisterten Forschers mit einer eher kleinen Zahl an Studenten ist bis heute in der geschichtswissenschaftlichen Lehre vorherrschend, auch wenn sich gerade seit den 1960er Jahren Studiengänge und universitäre Strukturen erheblich verändert haben. Im Folgenden soll daher ebenfalls der Versuch unternommen werden, von Aretin als akademischen Lehrer in Bezug zu setzen zu charakteristischen Entwicklungen der

---

„Karl Otmar Freiherr von Aretin", in: Wikipedia, URL: https://de.wikipedia.org/wiki/Karl_Otmar_von_Aretin (17. Juni 2015).

3 Siehe Artikel: „Karl Härter", in: Wikipedia, URL: https://de.wikipedia.org/wiki/Karl_H%C3%A4rter (17.06.2015); und die Homepage des Max-Planck-Instituts für Europäische Rechtsgeschichte, URL: http://www.rg.mpg.de/607404/researcher_detail?c=477682&employee_id=37595 (17.06.2015).

4 Aus diesem Grund wurde der Text auch weitgehend in der ursprünglichen Vortragsform belassen und nur um die notwendigen Nachweise und Belege ergänzt.

geschichtswissenschaftlichen Lehre an den Universitäten der Bundesrepublik Deutschland zwischen 1960 und 2000. Die allgemeine Entwicklung des Geschichtsstudiums und der akademischen Lehre im Fach Geschichte seit den 1960er Jahren lässt sich mit Wolfgang Weber schlagwortartig kennzeichnen durch:

- Kontinuität traditioneller Unterrichtsformen bei gleichzeitiger Brüchigkeit der sozialpsychologisch-didaktischen Grundlagen des Veranstaltungsbetriebs;
- Auslaufen der „Ordinarienuniversität" und des charismatischen Ordinarius als Idealmodell des akademischen Lehrers zugunsten von Lehrfunktionären oder Lehrpersönlichkeiten bei gleichzeitiger Verschulung;
- Verarbeitung des Nationalsozialismus und Mitwirkung an Demokratisierungsprozessen und politischer Bildung;
- die Hinwendung zu einem allgemeinen gesellschaftspolitischen, kritischen, erzieherischen Bildungsauftrag, verbunden mit einem starken Anstieg der Studentenzahlen.[5]

Allerdings wurde die Praxis des universitären Geschichtsunterrichts, seine Inhalte bzw. Themen, Lehrmethoden und Lehrformen weder von der Geschichtswissenschaft noch von der Hochschuldidaktik intensiver empirisch erforscht: „Bislang wurden weder dessen [des universitären Geschichtsunterrichts] thematische Schwerpunktsetzungen systematisch und [...] vergleichend analysiert, noch bildeten seine Formen und Methoden [...] bisher einen Gegenstand disziplingeschichtlicher Forschungen", so das Fazit von Gabriele Lingelbach in einer der wenigen neueren Publikationen zur geschichtswissenschaftlichen Lehre.[6] Dieses Forschungsdefizit unterstreicht

---

5 Weber, Wolfgang: Geschichtsstudium im 19. und 20. Jahrhundert, in: Schmale, Wolfgang (Hg.): Studienreform Geschichte - kreativ, Bochum 1997, S. 21–44, hier S. 41.
6 Lingelbach, Gabriele: Einleitende Bemerkungen, in: Lingelbach, Gabriele (Hg.): Vorlesung, Seminar, Repetitorium: Universitäre geschichtswissenschaftliche Lehre im historischen Vergleich, München 2006, S. 7–20, hier S. 9. Vgl. auch Pöppinghege, Rainer (Hg.): Geschichte lehren an der Hochschule: Reformansätze, Methoden, Praxisbeispiele, Schwalbach 2007. Siehe zu beiden Bänden die Rezension von Lammers, Karl Christian, in: H-Soz-Kult, 11.12.2007, URL: http://www.hsozkult.de/publicationreview/id/rezbuecher-8762 (17.06.2015).

zudem Rainer Pöppinghege, der einen einschlägigen neueren Sammelband herausgegeben hat: „[...] genau wie die universitäre Lehre von der Zunft oft stiefmütterlich behandelt wurde und noch wird, so hat sich die Historiographiegeschichte stets und ausgiebig den Forschungsleistungen des Fachs, nie aber der Lehre gewidmet. Dies sagt einiges über das Selbstverständnis vieler Historiker aus, die sich primär als Forscher verstehen".[7]

Vor allem Lehrmethoden und Lehrformen des universitären Geschichtsunterrichts scheinen sich kaum gewandelt zu haben, denn die Geschichtswissenschaft hat „im Gegensatz zu der Methodenentfaltung in der Forschung kein methodisches Lehrkonzept entwickelt", so das Fazit einer neueren zusammenfassenden Darstellung zur Evaluation der Lehre im Fach Geschichte.[8] Das akademische Lehren lernen Historiker wie andere Universitätslehrer, indem sie meist Lehrmethoden und Lehrformen der eigenen akademischen Lehrer übernehmen, die dann im Laufe der Lehrtätigkeit autodidaktisch *on the job* und im Modus des *learning by doing* durch Lehrpraxis weiter differenziert werden: „In der Praxis wurden während der eigenen Ausbildung erlebte Gestaltungsformen der Lehre von Nachwuchshistorikern oft von ihren ‚Lehrern' übernommen, häufig ohne vorherige Suche nach Alternativen".[9] Nur wenige Hochschullehrer sind als Lehrer ausgebildet, obwohl sie einen Großteil ihres Berufslebens mit der Lehre verbringen und eine seit den 1960er Jahren stetig zunehmende Zahl an Studenten – gerade im Lehramt – ausbilden.[10]

Formate, Inhalte, Formen und individuelle Besonderheiten der Lehre

Die skizzierten allgemeinen Entwicklungen lassen sich zumindest teilweise für das Geschichtsstudium und die akademische Lehre im Fach Geschichte an

---

7 Pöppinghege, Rainer: Rezension von: Lingelbach (2006): Vorlesung, Seminar, Repetitorium, in: sehepunkte 7 (2007), Nr. 10 [15.10.2007], URL: http://www.sehepunkte.de/2007/10/12669.html (17.06.2015); Pöppinghege (2007): Geschichte lehren an der Hochschule.
8 Husung, Hans-Gerhard: Evaluation der Lehre im Fach Geschichte, in: Schmale (1997): Studienreform Geschichte, S. 273–294, hier S. 282.
9 Lingelbach (2006): Einleitende Bemerkungen, S. 13; vgl. Husung (1997): Evaluation, S. 282.
10 Lingelbach (2006): Einleitende Bemerkungen, S. 7.

der Technischen Hochschule Darmstadt seit von Aretins Berufung 1963/64 beobachten.[11] Zwar richtete sich der Bildungsauftrag der Fakultät für Kultur- und Staatswissenschaften allgemein an die Studenten aller Fakultäten, welche über das „rein technische Studium hinaus" die Möglichkeit erhalten sollten, „die Berufsstudien" auch auf Geschichte auszudehnen.[12] Nach 1963/64 kam jedoch die Gewerbelehrerausbildung hinzu, die den Besuch zeitgeschichtlicher Veranstaltungen vorschrieb, was Eugen Kogon gemeinsam mit von Aretin durchsetzte. Ab dem Wintersemester 1970/71 folgte schließlich die Ausbildung von Gymnasiallehrern im Fach Geschichte, weshalb eine Stelle für Geschichtsdidaktik eingerichtet wurde. Diese hatte von 1970 bis 2001 Dietrich Bruckner inne, der im Sommersemester 1972 mit von Aretin ein gemeinsames Seminar („soziale Bedingungen der Reformation in Deutschland") veranstaltete und seit 1973 eigene Veranstaltungen wie die Übung „Didaktische Probleme des Geschichtsunterrichts" zur Didaktik der Geschichte durchführte.[13] Inwieweit die Etablierung von Geschichtsdidaktik konkret die akademischen Lehrmethoden und Lehrformen von Aretins und der anderen Hochschullehrer in den 1970er und 1980er Jahren beeinflusste, scheint mir eine offene Frage.[14] Immerhin gab es erkennbare Bemühungen, insbesondere die angehenden Gymnasiallehrer in dieser Hinsicht intensiver auszubilden, und 1971 wurde als Lernziel für die Geschichte formuliert: „Dieses Fach ist

---

11 Zur Geschichte des Fachbereichs Gesellschafts- und Geschichtswissenschaften der Technischen Universität Darmstadt und des Instituts für Geschichte im besonderen siehe die entsprechende Internetseite des Instituts, URL: http://www.geschichte.tu-darmstadt.de/index.php?id=3160 (17.06.2015); zur Geschichte der TH Darmstadt bis 1960: Dipper, Christof/ Hanel, Melanie/ Schmidt, Isabel: Die TH Darmstadt 1930–1950. Eine erste Erkundung, in: Jahrbuch für Universitätsgeschichte 14 (2011), S. 87–124; Schmidt, Isabel: Nach dem Nationalsozialismus. Die TH Darmstadt zwischen Vergangenheitspolitik und Zukunftsmanagement (1945–1960), Darmstadt 2015 [im Druck].
12 Technische Hochschule Darmstadt, Personal- und Vorlesungsverzeichnis, 1964/65: Wintersemester 1964/65 und Sommersemester 1965, S. 154.
13 Personal- und Vorlesungsverzeichnis, Ausgabe Wintersemester 1972/73, Sommersemester 1973.
14 Dies gilt auch allgemein für die Wirkung der Geschichtsdidaktik auf die akademische Lehre; vgl. dazu nur die Diskussion: Dziak-Mahler, Myrle: Geschichtsdidaktik. Einführung, in: sehepunkte 7 (2007), Nr. 10 [15.10.2007], URL: http://www.sehepunkte.de/2007/10/forum/geschichtsdidaktik-41/ (17.06.2015).

umfassend bis zur selbständigen Beurteilung und Verarbeitung wissenschaftlicher Probleme zu betreiben".[15] Hinzu kamen ab 1968 das Promotionsrecht und die Aufspaltung der Fakultäten in Fachbereiche mit der Gründung des Instituts für Geschichte im Fachbereich 2 und Professuren, die das ganze Fach abdeckten. Gleichzeitig änderten sich Lehrpläne und Lehrformate: Das Studium gliederte sich in Grund- und Hauptstudium, neben Vorlesung und Übung kamen Pro- und Hauptseminar hinzu. Aufgrund dieser Entwicklung stieg die Zahl der Geschichte Studierenden seit 1971/72 stark an, was allerdings primär auf den Studiengang Lehramt an Berufsschulen zurückzuführen ist.[16]

Die langdauernde Darmstädter Lehrtätigkeit von Aretins von 1963 bis 1988 ging folglich bezüglich der Studiengänge und ihrer Ziele, Inhalte und Formen wie auch hinsichtlich der steigenden Studentenzahlen mit einem Wandel des Geschichtsstudiums einher, wie er allgemein beobachtbar ist.[17] Daher erscheint mir Karl Otmar von Aretin als akademischer Lehrer durchaus exemplarisch für die Entwicklung von Strukturen und Problemen der geschichtswissenschaftlichen Lehre in der Bundesrepublik. Denn auch er folgte als (guter) akademischer Lehrer dem Typus des lehrenden Forschers, der sich im Hinblick auf die Lehrformen an seinen eigenen Lehrern orientierte.[18] In diesem Fall war das wohl vor allem Franz Schnabel, dem er bekanntlich kritisch gegenüberstand, dessen Vorlesungen ihn aber beeindruckt haben: Ein „ästhetischer Genuss", mit einem „Schuß Humor", „druckreif formuliert", „umfassende Bildung", „ein gesellschaftliches Ereignis", „narrative Geschichte" mögen hier als Stichworte genügen.[19]

Auch von Aretin präferierte die Vorlesung mit mindestens 57 von rund 150 Lehrveranstaltungen an der TH (ca. 40 %), wobei dies durch den Lehrplan

---

15 Personal- und Vorlesungsverzeichnis, Ausgabe Wintersemester 1971/72, Sommersemester 1972, S. 150.
16 Vgl. die Studierendenstatistik seit Institutsgründung, Internetseite des Instituts, URL: http://www.geschichte.tu-darmstadt.de/index.php?id=3410 (17.06.2015).
17 Vgl. beispielhaft: Schmale (1997): Studienreform Geschichte.
18 Vgl. Mätzing, Heike Christina/ Stolle, Michael: Geschichte lehren und lernen. Das Bild des (guten) akademischen Lehrers, in: Internationale Schulbuchforschung 29 (2007), S. 124–128.
19 Aretin (1997): Wege und Umwege zur Geschichte, S. 11.

bedingt war, der bis 1971 nur Vorlesungen und Übungen vorsah.[20] Aber sogar nach der Einführung von Pro- und Hauptseminaren blieb die - meist gut besuchte - Vorlesung ein zentrales Format, das den allgemeinen Mustern dieser universitären Lehrform folgte: ein mehr oder weniger problemorientierter historischer Gesamtüberblick über eine Epoche oder ein Thema, vermittelt in Form des „Frontalunterrichts" mit langer Dauer des Zuhörens, Mitschreibens und gelegentlichen Fragen und Antworten und einer Lehrwirkung, die insbesondere von den kommunikativen Fähigkeiten und der Persönlichkeit des Vorlesenden abhängig ist.[21] Als lebhafter Redner mit einem sehr anschaulichen Vorlesungsstil, der relativ frei auf der Basis seiner handschriftlichen Aufzeichnungen sprach und „Geschichten" einstreute bzw. historisch zu erzählen verstand, erzielte von Aretin Aufmerksamkeit und konnte die Studenten erreichen. Dies war zweifellos nötig, denn er vermittelte primär politische Ereignisgeschichte mit teils systematischem Zugriff auf Verfassungsgeschichte. Dem war nicht immer einfach zu folgen und entsprechend anspruchsvoll war das Mitschreiben, das die Studierenden in der Regel nicht gelernt hatten. Da es in den Vorlesungen meiner Studienzeit (1978–1984) weder Anwesenheitskontrollen noch Abschlussprüfungen gab, waren Mitschreiben oder Repetieren nicht unbedingt erforderlich und viele Studierende zogen die Lektüre der empfohlenen Publikationen vor wie z. B. *Vom Deutschen Reich zum Deutschen Bund*, der Vorlesungen wie „Die Neuordnung Deutschlands vom Ausgang der Befreiungskriege bis zur Wiener Ministerialkonferenzen 1812–1820" oder „Deutschland und die Französische Revolution bzw. in der napoleonischen Zeit" zugrunde lag und teils wohl auch aus diesen entstanden war.[22]

---

20 Die folgenden Daten auf der Basis: Technische Hochschule Darmstadt, Personal- und Vorlesungsverzeichnis, Darmstadt 1963–1971; fortgesetzt: Personal- und Studienplanverzeichnis, Darmstadt 1972–1988; ich danke an dieser Stelle Frau Isabel Schmidt für die Überlassung ihrer im Rahmen eines Seminars aus der gleichen Quelle gewonnenen Grunddaten zu den Veranstaltungen von Aretins 1963–1988, die ich nochmals verifiziert und teils auch korrigiert habe.
21 Vgl. Schulin, Ernst: „Hungrvaka". Die Erweckung des Hungers durch Vorlesungen, in: Lingelbach (2006): Vorlesung, Seminar, Repetitorium, S. 325–340; Apel, Hans-Jürgen: Die Vorlesung. Einführung in eine akademische Lehrform, Köln/ Weimar/ Wien 1999.
22 Aretin, Karl Otmar von: Vom Deutschen Reich zum Deutschen Bund, Göttingen 1980 (= Joachim Leuschner [Hg.], Deutsche Geschichte 7); Vorlesungen Wintersemester 1980/81 und Sommersemester 1985.

Thematisch zeigt sich dann ein Zusammenhang zwischen Publikationen, Forschung und Vorlesung, in der Regel Überblicksvorlesungen zur deutschen oder europäischen Geschichte einer Epoche:

- fünf zur Geschichte Europas im Zeitalter der Renaissance und Reformation
- sechs zu Ancien Régime und Absolutismus in Europa im 18. Jahrhundert
- sechs zur Epoche der Französischen Revolution und Napoleons bis zum Anfang des Deutschen Bundes
- neun zur Geschichte der Weimarer Republik mit Fokus auf Entstehung und Krise
- zwölf zur Geschichte des Nationalsozialismus, besonders zu Machtergreifung und Zweitem Weltkrieg
- fünf zur Neuordnung der Welt nach dem Zweiten Weltkrieg und zur Entstehung der Bundesrepublik Deutschland.[23]

Die große zeitliche und thematische Bandbreite – von der Geschichte Italiens im Zeitalter der Renaissance bis zur Entkolonialisierung 1945–1960 – wurde im Laufe der Zeit durch speziellere und neuere Themenstellungen ergänzt wie „Die Kirche im 3. Reich", die „NS-Innenpolitik" oder der „Italienische Faschismus". Insgesamt dominiert die Zeitgeschichte (26), gefolgt von der „Sattelzeit" 1780 bis 1820; zum 19. Jahrhundert las er nur einmal die Geschichte des Reformkatholizismus und zum Alten Reich bzw. der Reichsverfassung – und das erstaunt – nur einmal „Deutsche Verfassungsgeschichte vom 15. bis 18. Jahrhundert". Von Aretin nahm folglich die Denomination seines zeitgeschichtlichen Lehrstuhls ernst; allerdings war die Verfassung des Alten Reiches wohl kein besonders attraktives Thema für Darmstädter Studierende, denn diese fragten zunehmend Zeitgeschichte nach – vor allem die Aufarbeitung des Nationalsozialismus –, was durchaus von Aretins Bildungszielen entgegen kam.[24]

---

23 Wie Anm. 20.
24 Vgl. dazu Aretin, Karl Otmar von: Reformideen zum Geschichtsstudium an der TH Darmstadt, in: Iggers, Georg G. u. a. (Hg.): Hochschule - Geschichte - Stadt. Festschrift für Helmut Böhme, Darmstadt 2004, S. 61–66 (= Edition Universität); Aretin, Karl Otmar von: Zeitgeschichtliche Forschung und die Medien, in: Hein, Dieter/ Hildebrand, Klaus/ Schulz, Andreas (Hg.): Historie und Leben. Der Historiker als Wissenschaftler und Zeitgenosse, München 2006, S. 587–593

Wie erwähnt wurden ab 1968/69 Pro- und Hauptseminare eingeführt, und nach der Veränderung der Studienordnung 1971/72 gewann das forschungsorientierte Hauptseminar bei von Aretin stark an Bedeutung; Proseminare hat er dagegen nur ein einziges Mal veranstaltet.[25] Thematisch folgten die Seminare – wie die Forschung – dem Grundprinzip der Freiheit des Forschers, oder wie er mir auf meine entsprechende Frage bündig antwortete: „Ich habe immer das gemacht, was mir Spaß macht – das sollten Sie auch so machen". Die Seminare waren folglich noch stärker mit seinen Forschungen und Publikationen verknüpft, allerdings auch hier mit dem Schwerpunkt auf dem Nationalsozialismus, mit dem sich 20 von 55 Seminaren beschäftigten zu Themen wie Widerstand (militärischer und Arbeiterwiderstand), die Kirchen im ‚Dritten Reich', Zweiter Weltkrieg und Wehrmacht, nationalsozialistische Innenpolitik (Sozialpolitik) und die Auseinandersetzung mit Geschichtslegenden. Das zweite zeitgeschichtliche Themenfeld – Erster Weltkrieg und Weimarer Republik – schlug sich in 12 Seminaren nieder, darunter spezifischere Themen wie die deutsch-sowjetischen Beziehungen (1975/76) oder Propaganda und Memoiren im Ersten Weltkrieg (1972, 1972/73).[26] Aus letzterem ging die erste bei ihm entstandene Dissertation von Ulrich Cartarius hervor.[27] Dagegen kamen das 19. Jahrhundert und das Zeitalter der Französischen Revolution und Napoleons nur in fünf Seminaren vor. Die Frühe Neuzeit war mit 14 Seminaren vertreten, darunter acht zum Alten Reich und Themen wie „Westfälischer Friede und Reichsverfassung", „Konsolidierung

---

sowie seine gesammelten zeithistorischen Beiträge in: Aretin, Karl Otmar von: Nation, Staat und Demokratie in Deutschland. Ausgewählte Beiträge zur Zeitgeschichte. Zum 70. Geburtstag des Verfassers, hrsg. von Andreas Kunz und Martin Vogt, Mainz 1993.

25 Einführung in das Studium der Neueren Geschichte: Vergleich der Verfassungen v. 1848–1871 u. v. 1919–1949, Wintersemester 1977/78.
26 Wie Anm. 20.
27 Cartarius, Ulrich: Linksradikale Agitation und Propaganda im ersten Weltkrieg und ihr Einfluss auf die Haltung der deutschen Arbeiterschaft, Diss. phil. TH Darmstadt 1978, Druckausgabe: Linksradikale Klassenkampfparolen: Ausgangspunkt für eine Massenbasis in der deutschen Arbeiterschaft?, Frankfurt a. M. u. a. 1980. Cartarius weist einleitend (S. 20) darauf hin, dass die Dissertation aus der Magisterarbeit „Studien zur sprachlichen Vermittlung politischer Inhalte anhand von Infos und Zeitungen der Neuen Linken Bewegung von 1968–1971" entstand.

der Reichsverfassung", „Der Fürstenbund von 1785" oder „Probleme der Reichsverfassung in Bezug auf Reichsitalien". Hier zeigen sich zwar Wechselwirkungen zur Forschungs- und Publikationstätigkeit,[28] jedoch spielte das Reich bei den Seminaren eine vergleichsweise geringere Rolle, die zudem erst in den 1970er Jahren zum Tragen kam (erstmals im Wintersemester 1970/71 mit einem gemeinsam mit Fritz Kallenberg veranstalteten Seminar zum Westfälischen Frieden).

Bei einigen Hauptseminaren kooperierte von Aretin mit Kollegen, darunter neben Institutsmitgliedern mit dem Juristen Martin Drath (Professur für öffentliches Recht, Rechtssoziologie und Rechtstheorie) und dem Politikwissenschaftler Hans Gerd Schumann.[29] In diesen Seminaren kam zumindest ansatzweise „Interdisziplinarität" zum Tragen, damals freilich noch nicht das Zauberwort der heutigen Antragsprosa und aus der Sicht der Studenten eher etwas Exotisches. Die Seminare mit Schumann behandelten das ‚Dritte Reich' (und den Widerstand) mit dem Fokus auf der Darstellung in Medien und rechtsradikaler Literatur, eine Thematik, zu der von Aretin seit dem Ende der 1950er Jahre publiziert hatte. So z. B. zu dem „prämierten Lügner" David L. Hoggan,[30] der im Seminar „Rechtsradikale Literatur über den Nationalsozialismus als Beispiel für die Verfälschung der historischen Wahrheit" (Wintersemester 1980/81) behandelt wurde. Lehre und Publikationstätigkeit gingen dabei Hand in Hand; von Aretin publizierte z. B. Literaturberichte über den deutschen Widerstand in der Zeitschrift Geschichte in Wissenschaft und Unterricht,[31] und noch 2006 bilanzierte er für das Verhältnis von zeitgeschichtlicher Forschung und Massenmedien, dass

---

28 Vgl. hierzu nur die entsprechenden Beiträge in diesem Band.
29 Zu Martin Drath vgl. den Artikel in Wikipedia, URL: https://de.wikipedia.org/wiki/Martin_Drath (17.06.2015); zu Schuman: Emig, Dieter/ Hüttig, Christoph/ Raphael, Lutz (Hg.): Sprache und Politische Kultur in der Demokratie. Hans Gerd Schumann zum Gedenken, Frankfurt a. M. u. a. 1992.
30 Aretin, Karl Otmar von: David L. Hoggan: Prämierter Lügner. Ein Amerikaner unternahm den ersten massiven Versuch, das Geschichtsbild über die nationalsozialistische Zeit zu revidieren, in: Die Weltwoche 15.5.1964.
31 Aretin, Karl Otmar von: Literaturbericht über den deutschen Widerstand (1. Teil), in: Geschichte in Wissenschaft und Unterricht 25 (1974), S. 507–514 und 565–569; Aretin, Karl Otmar von: Widerstand (Literaturbericht), in: Geschichte in Wissenschaft und Unterricht 39 (1988), S. 573–578.

letztere immer eindeutiger das öffentliche Bild der nationalsozialistischen Herrschaft bestimmen würden.[32]

Aus dieser Analyse zog er bereits früh Konsequenzen für die Lehre und thematisierte am Beispiel des ‚Dritten Reiches' das Verhältnis von Geschichte und Massenmedien, was für die Studierenden (gerade des Lehramts) in methodisch-didaktischer Hinsicht wichtig war. Dies strahlte auf das Institut bzw. den Fachbereich aus, und andere Dozenten wie Wolfgang Michalka oder Hans-Gerd Schumann boten ebenfalls Veranstaltungen zur Medienthematik an. Damit floss eine in methodisch-didaktischer Hinsicht wichtige Entwicklung des Faches in die Lehre des Darmstädter Instituts ein.

Das Interesse an Geschichte und Massenmedien prägte ferner von Aretins Beiträge zu bildungspolitischen Debatten: So äußerte er sich publizistisch und kritisch zum Entwurf der hessischen Rahmenrichtlinien und damit gegen das Verschwinden des Geschichtsunterrichts aus der gymnasialen Oberstufe, und er entwickelte mit anderen Hochschulangehörigen „Reformideen zum Geschichtsstudium an der TH Darmstadt", die auf alternative Berufsmöglichkeiten von Historikern insbesondere in den Medien abzielten.[33]

Dies mündete in die Konzipierung eines Diplomstudiengangs Geschichte und die Mitwirkung (Vorsitz) in der Studienreformkommission Geschichte 1982/83, in der es jedoch Dissens gab und deren Vorschläge letztlich auf Ablehnung stießen, da offenbar die Anforderungen an ein umfängliches wissenschaftliches Geschichtsstudium mit einer auf Berufsalternativen und Medien zielenden Reform nicht zur Deckung gebracht werden konnten.[34] Über die Konsequenzen für Hochschuldidaktik und Lehrformen wurde allerdings kaum diskutiert, was charakteristisch für die hochschulpolitische Reformdiskussion insgesamt war (oder ist), die sich mit Studiengängen und -plänen, nicht aber mit den Konsequenzen für die Ausbildung der Hochschullehrer oder deren Lehrpraxis beschäftigt.

Von Aretins Lehrpraxis folgte zwar generell dem Modell des lehrenden Forschers, allerdings mit einem individuell ausgeprägten Lehrstil. In diesen flossen erlebte (Familien-)Geschichte wie seine praktischen Erfahrungen als

---

32 Aretin (2006): Zeitgeschichtliche Forschung und die Medien, S. 587.
33 Aufruf zu den hessischen Rahmenrichtlinien in der Frankfurter Allgemeinen Zeitung vom 15.4.1972; Aretin (2004): Reformideen zum Geschichtsstudium.
34 Aretin (2004): Reformideen zum Geschichtsstudium, S. 65f.

Journalist und die Mitwirkung an zahlreichen Rundfunkbeiträgen, Fernsehsendungen und mehreren Schallplatten ein. Zudem beschäftigte er sich bereits 1958 mit dem Film als zeitgenössische Quelle.[35] Auch ohne didaktische Ausbildung entfaltete er auf dieser Basis pädagogisch-praktisches Geschick in der Darstellung und Vermittlung historischer Sachverhalte, bei der sich durch eigenes Erleben gespeiste Anschaulichkeit mit Empirie und Deutungen verbanden.

Die erlebte und gelebte Geschichte in Form seiner persönlichen Erfahrungen und die seiner Familie (besonders die Verfolgung des Vaters Erwein von Aretin durch das NS-Regime) wie der seiner Ehefrau Uta von Aretin, Tochter Henning von Tresckows, floss insbesondere in die Seminare ein, die den Nationalsozialismus zum Thema hatten. Teils geschah dies in Form von Erzählungen wie die, dass er beim Münchner Zahnarzt auf dem Schoß von Adolf Hitler gesessen habe. Wir Studierenden waren nicht nur beeindruckt, sondern es hat uns deutlich gemacht, dass er von seinen Seminarthemen selbst betroffen war. Er und seine Familie waren Akteure gewesen, er hatte andere Akteure persönlich gekannt und mit einigen wie mit Franz von Papen später Konflikte ausgetragen.[36] Damit zeigte er den Studierenden, dass der Historiker immer auch ein Betroffener sein kann, der nicht außerhalb der Geschichte steht. Ob alle Studierenden die beiden Zeitebenen des Historikers kritisch reflektieren konnten, mag man zwar anzweifeln, aber ich erinnere mich an Diskussionen, in denen die Spannung zwischen eigener, emotionaler Betroffenheit und der Notwendigkeit einer nüchtern-objektiven historischen Analyse thematisiert wurde.

Auch von Aretins Lehrziele entsprachen dem allgemeinen historisch-politischen Bildungsauftrag der akademischen Lehre, die ein kritisches und

---

35 Karl Otmar von Aretin: Der Film als zeitgenössische Quelle, in: Politische Studien 9 (1958), S. 254–265. Vgl. weiterhin beispielhaft die Schallplatte: Deutschlands Weg in die Diktatur. 3: Hitler an der Macht 1933–1939. Originalaufnahmen aus den Jahren 1933–1939. Ausgewählt und kommentiert von Karl Otmar Frhr. von Aretin, Bertelsmann Schallplattenring. Einen Überblick gibt die von Stefana Dascalescu und Martin Vogt zusammengestellte Bibliographie in: Melville u. a. (1988): Deutschland und Europa in der Neuzeit, Bd. 2, S. 989–1019.
36 Aretin, Erwein von: Krone und Ketten. Erinnerungen eines bayerischen Edelmannes, hrsg. von Buchheim, Karl und Aretin, Karl Otmar von, München 1955; Aretin (1997): Wege und Umwege zur Geschichte, S. 15 und 19.

quellengegründetes Bild der deutschen Vergangenheit und speziell der nationalsozialistischen Herrschaft vermitteln sollte. Bereits 1958/59 hatte er mit Gerhard Fauth ein Arbeitsheft für Mittler der politischen Bildung zum Thema Machtergreifung verfasst[37] und in seinen Lehrveranstaltungen war diese Vermittlung historisch-politischer Bildung als Auftrag und Zielvorstellung immer deutlich spürbar. Dies gilt für die Thematik „Altes Reich", denn historisch-politische Bildung verlangt auch ‚Gegenbilder' der deutschen Geschichte im Hinblick auf den nationalen Machtstaat preußischer Prägung. Die entsprechende Rolle des Alten Reiches hat von Aretin in den Seminaren genutzt, wenn auch im Vergleich zu seinen eigenen Forschungen und den zeitgeschichtlichen Themen in einem geringeren Maß.

Kritisch ausgerichtete akademische Lehre schloss das historische Urteil ein, das von Aretin als dezidierte Meinung, in klare Worte gekleidet und teils auch leidenschaftlich engagiert, ebenfalls in die Lehre einfließen ließ – und zwar im Hinblick auf das Handeln historischer Personen wie bezüglich der Darstellung und Bewertung historischer Sachverhalte durch Kollegen.[38] Dies kam besonders in den Oberseminaren zum Tragen, die teilweise in seinem Dienstzimmer stattfanden. Neben laufenden Qualifikationsarbeiten stellten die Teilnehmer neue historische Publikationen vor, die kritisch diskutiert wurden. Gut in Erinnerung ist mir z. B. die lebhafte Debatte um Gotthard Jaspers Buch *Die gescheiterte Zähmung* und um den ersten Band der Gesellschaftsgeschichte von Hans-Ulrich Wehler geblieben.[39] Letzterer stieß auf

---

37 Aretin, Karl Otmar von/ Fauth, Gerhard: Die Machtergreifung. Die Entwicklung Deutschlands zur totalitären Diktatur 1918–1934, München 1959 (= Arbeitshefte f. Mittler d. politischen Bildung 3, hrsg. von der Bayerischen Landeszentrale f. Heimatdienst).
38 Vgl. Melville u. a. (1988): Einleitung, Bd. 1, S. XIII–XXII; Duchhardt: Nachruf von Aretin: „Aretin, dessen Bücher in aller Regel eine ungewöhnliche Quellensättigung auszeichnet, war bei alledem ein kämpferischer Historiker, der seiner (nur schwer zu erschütternden) Meinung zu Themen und Personen immer deutlich Ausdruck verlieh – auch in den Debatten der Kaffeerunde des Instituts, in denen er oft unkonventionell und auch einmal verhalten zornig reagieren konnte. Er schreckte vor Kontroversen nicht zurück, wenn es sein musste auch einmal gegen eigene Schüler und befreundete Kollegen".
39 Jasper, Gotthard: Die gescheiterte Zähmung: Wege zur Machtergreifung Hitlers, Frankfurt a. M. 1986; Wehler, Hans-Ulrich: Vom Feudalismus des Alten Reiches bis zur defensiven Modernisierung der Reformära, 1700–1815, München

Ablehnung, weil das Alte Reich fehlte und von Aretin eine Sozialgeschichte à la Bielefelder Schule für kaum anwendbar hielt, weil das Alte Reich nicht zur „unteren soziale Ebene" durchgedrungen sei. Gegenüber seinen Doktoranden äußerte er deutliche, teils starke Urteile über die historischen wie aktuellen ‚Gegner' des Alten Reiches wie z. B. zum preußischen König Friedrich II.[40]

Auch zum Nationalsozialismus gab es meinungsstarke Äußerungen, was den an Vergangenheitsbewältigung interessierten und teils von der eigenen Familiengeschichte betroffenen Studenten entgegenkam. Denn viele Studierende erwarteten gerade von der älteren Generation deutliche Worte zum Nationalsozialismus – insbesondere im Hinblick auf Erfolge, Wirkung und Ermöglichung. Von Aretins klare Haltung zur Machtergreifung – besonders zur Rolle Papens –, aber auch seine differenzierte Sicht des militärischen wie Arbeiterwiderstands haben m. E. in den betreffenden Seminaren eine erhebliche Wirkung entfaltet. Es gab keine (sonst von Studenten häufiger vorgebrachte) Kritik, dass er entschuldigen oder verschleiern wolle. Auf einer Diskussionsveranstaltung des Instituts mit den Studierenden zum sogenannten Historikerstreit der 1980er Jahre wies er dann den Vorwurf vehement zurück, seine Historikergeneration habe zu wenig zur kritischen Aufarbeitung und Vermittlung des Nationalsozialismus geleistet. Denn diesem bildungs- und gesellschaftspolitischen Auftrag ist er in seiner Lehre – und auch allgemein – zweifellos intensiv nachgekommen, mehr allerdings als manch anderer seiner Generation.

Auch seine Studenten und Doktoranden kritisierte von Aretin, behandelte sie aber nicht unfair, sondern ließ sich gerne auf Diskussionen ein, ermunterte sie zur Kritik und unterstützte sie. Kritik an seinen Positionen akzeptierte er, wenn sie auf Quellen und Akten gestützt war oder gute Argumente vorbringen konnte: Seine wissenschaftliche Toleranz und Liberalität[41] war ein Prinzip seiner Lehre. Allerdings war sein historisches Urteil nicht frei von eigenen sozialen und kulturellen Prägungen und er konnte für ihn

---

1987 (= Deutsche Gesellschaftsgeschichte 1). Dazu Aretin, Karl Otmar Frhr. von: Deutsche Gesellschaftsgeschichte. Keine Schwarz-Weiß-Malerei, in: Journal Geschichte H. 2 (1990), S. 64f.

40 Vgl. Aretin, Karl Otmar von: Friedrich der Grosse. Grösse und Grenzen des Preussenkönigs. Bilder und Gegenbilder, Freiburg im Breisgau u. a. 1985.

41 Melville u. a. (1988): Einleitung, Bd. 1, S. XIII–XXII, hier S. XVII.

‚abweichende' oder ‚außergewöhnliche' Einstellungen anderer Historiker teils sehr deutlich kommentieren oder in Ausnahmefällen die Betreffenden als nicht qualifiziert zurückweisen: Als wir das Buch von Hellmut G. Haasis über die Zeit der deutschen Jakobiner diskutierten, das ich für eine ganz nützliche Quellensammlung hielt, lehnte er dieses vehement ab, weil sich der Autor im Buch als „Schriftsteller und Märchenclown" bezeichnete: Ein solcher konnte kein qualifizierter Historiker sein, auch wenn der Journalist Haasis offenbar tatsächlich von dieser Tätigkeit seinen Lebensunterhalt mitbestritt.[42] Selbstbeschreibungen von Historikern nahm er folglich sehr ernst: Sie hatten eine große Verantwortung gegenüber der Gesellschaft und durften keine Märchenclowns sein und die Geschichte, die sie vermittelten, musste auf Daten, Fakten, Quellen, Akten und Archivstudien beruhen.

Die Präferenz für Empirie war folglich ein weiteres Charakteristikum seiner Lehre, und zwar hinsichtlich der Anforderungen an die Studenten und Doktoranden, vom Redebeitrag und der Hausarbeit über Magister- und Staatsexamensarbeiten bis hin zur Dissertation. Von Aretin vermittelte nicht nur, dass man die ältere Forschungsliteratur umfassend auswerten müsse – öfter unter Hinweis auf das umfängliche Literaturverzeichnis seiner Habilitationsschrift –,[43] sondern wesentlich waren ihm Akten und Archivstudien. Hier zeigten sich in der Lehre die eigenen Erfahrungen und seine Arbeitsweise als Erforscher des Alten Reiches: „die riesigen Berichtsbestände, Gutachten und Nachlässe", die er in Wien durchgearbeitet hatte, und die Dissertationsanforderungen der Münchner Fakultät, die auf Archivstudien bestanden hatte.[44] Die in der Habilitationsschrift verarbeiteten Materialmengen resultierten wohl nicht nur aus den bekanntlich sehr umfangreichen Quellenmassen des Altes Reiches, sondern hatten darüber hinaus damit zu tun, dass diese Thematik in den späten 1950er und frühen 1960er Jahren in der Geschichtswissenschaft noch nicht verankert war und teilweise auf Ablehnung stieß, die ihm auch persönlich entgegenschlug. Dagegen halfen

---

42 Haasis, Hellmut G.: Gebt der Freiheit Flügel. Die Zeit der deutschen Jakobiner 1789–1805, Reinbek bei Hamburg 1988, hier: „Zu diesem Buch".
43 Aretin, Karl Otmar Frhr. von: Heiliges Römisches Reich 1776–1806. Reichsverfassung und Staatssouveränität, 2 Teile, Wiesbaden 1967 (= Veröffentlichungen des Instituts für Europäische Geschichte Mainz, Abt. Universalgeschichte 38).
44 Aretin (1997) Wege und Umwege, S. 11.

aus seiner Sicht vor allem Empirie und die Bearbeitung umfangreicher archivalischer Aktenbestände, was er entsprechend vermittelte. Die Qualifikationsarbeiten seiner Studenten und Doktoranden verarbeiteten dann auch erhebliches Quellenmaterial, das diese in empirisch orientierten Texten ausbreiteten. Dies gilt insbesondere für die elf bei ihm entstandenen Darmstädter Dissertationen, in denen sich letztlich die Schwerpunkte seiner Lehre deutlicher widerspiegeln als die seiner Forschungen. Zum Nationalsozialismus entstanden fünf Arbeiten: 1983 Heinrich Pingel-Rollmann zu Widerstand und Verfolgung in Südhessen 1933–1945 und Thomas Sarholz zur Ausrüstung der Wehrmacht 1936–1939; 1987 Rainer Zitelmann zu Hitlers Selbstverständnis als Revolutionär; 1993/94 Gottfried Beck zur hessischen Bistumspresse am Ausgang der Weimarer Republik und unter nationalsozialistischer Herrschaft; und zuletzt 1994 Iris Pilling zu Hannah Arendts politischer Theorie bis 1948.[45] Zu Erstem Weltkrieg und Zwischenkriegszeit betreute er zwei Dissertationen: 1978 Ulrich Cartarius über linksradikale Agitation und Propaganda im Ersten Weltkrieg und 1991 Petra Blachetta-Madajczyk zur deutschen Sozialdemokratie in Polen während der Zwischenkriegszeit.[46] Aus dem Themenbereich Altes Reich gingen immerhin drei Promotionen hervor, alle allerdings erst nach Beendigung seiner Lehrtätigkeit im Jahr 1988: 1991 meine eigene zum Immerwährenden Reichstag, 1992 die von Eckhard Buddruss zur französischen Deutschlandpolitik 1756–1789 und 1997 von Uta Germann (später Ziegler) zu den Darmstädter Entschädigungsverhandlungen der Jahre 1798–1815.[47] Eine

---

45 Pingel-Rollmann, Heinrich: Widerstand und Verfolgung in Darmstadt und in der Provinz Starkenburg. 1933–1945, Darmstadt u. a. 1985; Sarholz, Thomas: Die Auswirkungen der Kontingentierung von Eisen und Stahl auf die Aufrüstung der Wehrmacht von 1936–1939, Darmstadt 1983; Zitelmann, Rainer: Hitler. Selbstverständnis eines Revolutionärs, Hamburg/ Leamington Spa/ New York 1987 (dritte Auflage Stuttgart 1990); Beck, Gottfried: Die Bistumspresse in Hessen und der Nationalsozialismus. 1930–1941, Paderborn u. a. 1994; Pilling, Iris: Denken und Handeln als Jüdin. Hannah Arendts politische Theorie vor 1950, Frankfurt a. M. u. a. 1996.
46 Cartarius (1980): Linksradikale Agitation und Propaganda; Blachetta-Madajczyk, Petra: Klassenkampf oder Nation? Deutsche Sozialdemokratie in Polen 1918–1939, Düsseldorf 1997.
47 Härter, Karl: Reichstag und Revolution. 1789–1806 – Die Auseinandersetzung des immerwährenden Reichstags zu Regensburg mit den Auswirkungen der

gewisse Ausnahme bildet die 1981 eingereichte Dissertation des Archivars Jürgen Burmeister zur Geschichte der Advokatur und des Advokatenstandes in Hessen-Darmstadt, die rechts- und landeshistorisch ausgerichtet ist und an der Eckhart Franz (Leiter des Hessischen Staatsarchivs Darmstadt) zumindest als Korreferent beteiligt war.[48]

Einige dieser stark empirisch geprägten Arbeiten, wie insbesondere meine eigene, wurden zu Recht als „Materialschlachten" kritisiert. So wichtig und angemessen Empirie und Quellen für die Ausbildung im Fach Geschichte sind, so hatte dies doch auch Auswirkungen bei den Studierenden: Schwächere und durchschnittliche trauten sich gelegentlich nicht, bei von Aretin eine Qualifikationsarbeit anzufertigen, weil sie glaubten, die Anforderungen im Hinblick auf die archivalisch überlieferten Quellen nicht erfüllen zu können. Dagegen suchten sich einige der theoretisch Arrivierteren Themen bei anderen Lehrenden und wollten sich nicht allzu tief in die Quellen und Archive begeben.

Persönlich vermittelte von Aretin allerdings immer, dass er generell für die Studierenden ansprechbar war; er hielt regelmäßig Sprechstunde und vereinbarte Gesprächstermine, obwohl er in der Regel nur an zwei Tagen in der Woche in Darmstadt lehrte. Die zunehmende Zahl der Studierenden schien ihn wenig beeindruckt, sondern eher erfreut zu haben. In der Vergangenheit, so bemerkte er ironisch zu mir, seien andere Dozenten im Fach Geschichte erschrocken, wenn mehr als 10 Studierende ihre Veranstaltungen besucht hätten. Seine Vorlesungen und Seminare waren – den damaligen Darmstädter Verhältnissen entsprechend – meist gut besucht. In den Haupt- und Oberseminaren waren wir gelegentlich wenige Teilnehmer, was Kommunikation und Lernen deutlich förderte und es ihm erlaubte, eine intensivere Beziehung

---

Französischen Revolution auf das Alte Reich, Göttingen 1992 (= Schriftenreihe der Historischen Kommission bei der Bayerischen Akademie der Wissenschaften 46); Buddruss, Eckard: Die französische Deutschlandpolitik 1756–1789, Mainz 1995 (= Veröffentlichungen des Instituts für Europäische Geschichte Mainz, Abt. Universalgeschichte 157); Germann, Uta: Die Entschädigungsverhandlungen Hessen-Darmstadts in den Jahren 1798–1815. Diplomatie im Zeichen des revolutionären Umbruchs, Darmstadt 1998 (= Quellen und Forschungen zur hessischen Geschichte 116).

48 Burmeister, Jürgen: Studien zur Geschichte der Advokatur und des Advokatenstandes in Hessen-Darmstadt von der zweiten Hälfte des 17. Jahrhunderts bis zur zweiten Hälfte des 19. Jahrhunderts, Darmstadt 1984.

zu den Studenten zu pflegen, die ihm positiv aufgefallen waren. Diesen und insbesondere seinen Examenskandidaten und Doktoranden gewährte er in vielerlei Hinsicht Unterstützung: Er erbot sich im Seminar, ein Referat weiter abzulesen, als dem Referenten die Stimme zu versagen drohte; er verlieh oder beschaffte Literatur und stellte eigene Aufzeichnungen zur Verfügung; er half bei der Prüfungsvorbereitung und prüfte sehr fair; und er gab Tipps und Hilfen für die Arbeit in Archiven, die er gelegentlich mit Anekdoten insbesondere über das Wiener Haus- Hof- und Staatsarchiv würzte.

Darüber hinaus versuchte er kaum, die forschende Tätigkeit seiner fortgeschrittenen Studenten und Doktoranden zu lenken. Für seinen Stil waren vielmehr insgesamt Liberalität und Freiheit kennzeichnend und er setzte darauf, dass seine Schüler ein ähnlich starkes Forscherinteresse entwickelten, wie er es selbst demonstrierte. Dieses positive Bild des interessierten, forschenden Studenten und Doktoranden bedeutete, dass er neue und andere Interpretationen akzeptierte, wenn nur die Quellen breit, intensiv und methodisch korrekt ausgewertet worden waren.

Im Fall eines Mitstudenten und Mitdoktoranden führten Liberalität und Unterstützung allerdings dazu, dass von Aretin eine Arbeit über „Hitler als Revolutionär" nicht nur akzeptierte, sondern diese zum Promotionserfolg führte – trotz des heftigen Gegenwinds im Fachbereich und trotz durchaus vorhandener eigener Bedenken im Hinblick auf die problematische Bewertung der Rolle Hitlers. Hier zeigten sich erstmals Probleme, die mitunter aus den dargestellten Vorzügen seiner akademischen Lehre resultieren konnten: die liberale Betreuung, der biographische Einfluss, die starke Orientierung auf Quellen und Empirie und historische Wertungen auch gegen den *Mainstream* des Fachs.[49]

Aber es ging ihm gerade nicht darum, seine Schüler auf seine Interpretationen auszurichten oder die Lehre gar dazu zu nutzen, eine eigene Schule zu formieren, um so seine Deutungen und Themen in der universitären Geschichtswissenschaft zu positionieren. Keiner seiner Darmstädter Doktoranden gelangte dann in Positionen an Hochschulen, sondern sie wurden Archivare, Lehrer, Akademiemitarbeiter, Journalisten, Bundeswehroffiziere, Mitarbeiter im Verfassungsschutz und Unternehmensberater. Auch ich als

---

49 Vgl. Aretin, Karl Otmar von: Vorwort, in: Zitelmann (1987): Hitler, S. VII–IX.

sein einziger Schüler, der sich habilitierte und weiter mit dem Alten Reich beschäftigte, arbeite als Forschender außerhalb der engeren historischen Disziplin im Max-Planck-Institut für europäische Rechtsgeschichte, bin als Lehrender allerdings weiterhin in Darmstadt tätig.

Von Aretin weiterdenken

Fassen wir kurz zusammen und denken von Aretin als akademischen Lehrer weiter: Er war ein typischer Vertreter des lehrenden Forschers, forschungs- und lernbegeistert; seine Lehrinhalte bzw. Themen waren überwiegend, aber nicht gänzlich an den eigenen Forschungsschwerpunkten ausgerichtet, sondern durch persönliche Erfahrungen und erzieherisch-kritische Bildungsziele geprägt, die sich seit den 1960er Jahren allgemein durchsetzten. Eigene Erfahrungen und Betroffenheit, journalistische Praxis und Interesse an Massenmedien, Präferierung von Empirie, ein meinungsstarkes historisches Urteil, Liberalität, Toleranz und Unterstützung bedingten den individuellen Stil seiner akademischen Lehre, die freilich bezüglich der Lehrformen den vorherrschenden Formaten folgte. Ist diese spezifische von Aretinsche Mischung nach ‚Bologna' 1999/2000, in der Zeit von Bachelor- und Masterstudiengängen, ernstlich denkbar?

Journalistische Einflüsse und die Hinwendung zur Medienthematik sind aktueller denn je, vor allem im Hinblick auf das Berufsfeld von Lehrern und Historikern.[50] Allerdings war es von Aretin nicht gelungen, dies in einem entsprechenden Studiengang dauerhaft zu verfestigen. Diese Aufgabe haben die Historiker auch bezüglich der Bachelor- und Masterstudiengänge noch nicht gelöst. Geschichte und Medien oder Medienkompetenz stehen zwar immer öfter auf dem Programm eines Geschichtsstudiums, doch entspricht dem auch die tatsächliche Lehrpraxis? Würde man von Aretin weiterdenken, dann müssten Lehrende der Geschichte selbst praktische Erfahrungen

---

50 Vgl. exemplarisch Erber, Robert: Medienkompetenz und Geschichtswissenschaft. Konsequenzen einer veränderten Medienwelt für wissenschaftliches Studium und fachdidaktische Ausbildung, in: Geschichte in Wissenschaft und Unterricht 49 (1998), S. 35–43; Günther-Arndt, Hilke: Berufsfeld Medien, in: Budde, Gunilla/ Freist, Dagmar/ Günther-Arndt, Hilke (Hg.): Geschichte. Studium – Wissenschaft – Beruf, Berlin 2008, S. 48–50.

in den Massenmedien sammeln oder zumindest praktische Medienkompetenz erwerben.

Ähnlich sieht es mit dem meinungsstarken historischen Urteil aus. Hat dieses – auch in Form der Teilnahme an öffentlichen, gesellschaftspolitischen Diskussionen – bei Historikern nicht eher abgenommen? Äußern sich diese noch öffentlich oder in der Lehre so leidenschaftlich und meinungsstark wie von Aretin? Vermittelt die Geschichtswissenschaft kritisches historisches Urteilen in der Lehre durch eigene, meinungsstarke Positionierung der Lehrenden? Der Historikertag 2014 hatte dazu immerhin die Sektion *Das historische Urteil im Geschichtsunterricht als Qualitätsmerkmal und Desiderat* auf seinem Programm; die Ergebnisse scheinen mir aber bezüglich der Lehrpraxis nicht besonders weiterführend.[51] Von Aretin weiterdenken bedeutet meiner Meinung nach, dass sich auch die Geschichte Lehrenden diesem Problem zumindest stärker stellen müssen, und zwar gerade weil die Studierenden wachsende Schwierigkeiten haben, sich auf historisches Urteilen einzulassen.

Zum historisch urteilenden Lehrer gehört überdies, die eigene Betroffenheit von Geschichte in die Lehre mit einzubringen. So problematisch die subjektive Seite für die wissenschaftliche Analyse ist, so nötig ist es doch, den Studierenden zu vermitteln, dass der Historiker ebenfalls betroffen ist und nicht außerhalb der Geschichte steht, die er wie auf einem Objektträger unter dem Mikroskop analysiert. Sicherlich können nicht alle angehenden Historiker solche Erfahrungen wie von Aretin sammeln, aber sie können durchaus eigene Bezüge, Interessen, Motivationen und aktuelle gesellschaftliche Relevanz in der Lehre deutlich machen.

Von Aretin für die Lehrpraxis weiterdenken bedeutet allerdings nicht, dass man seinen individuellen autodidaktischen Lehrstil eines lehrenden

---

51 „Gewinner oder Verlierer?". Das historische Urteil im Geschichtsunterricht als Qualitätsmerkmal und Desiderat, URL: http://www.historikertag.de/Goettingen2014/events/gewinner-oder-verlierer-das-historische-urteil-im-geschichtsunterricht-als-qualitaetsmerkmal-und-desiderat (17.06.2015); Tagungsbericht: HT 2014: „Gewinner oder Verlierer?" – Das historische Urteil im Geschichtsunterricht als Qualitätsmerkmal und Desiderat, 23.09.2014–26.09.2014 Göttingen, in: H-Soz-Kult, 16.01.2015, URL: http://www.hsozkult.de/conferencereport/id/tagungsberichte-5795 (17.06.2015).

Forschers einfach übertragen könnte. Denn unter den aktuellen Bedingungen – insbesondere der Verschulung von Studium und wissenschaftlicher Ausbildung – kommt das Modell des lehrenden Forschers, der das Lehren durch Adaption und autodidaktische Lehrpraxis erlernt, immer stärker in die Krise. Von Aretin konnte seinen individuellen Lehrstil vor allem auf der Basis einer letztlich traditionell auf Empirie ausgerichteten Forschung und Publikationstätigkeit entfalten, die in der Lehre stark zum Tragen kamen. Angesichts der zunehmenden Verschulung der Studiengänge – die sich durchaus in der Erwartungshaltung der Studierenden zeigt – kann diese Synthese von Forschung und Lehre aber nur noch mit erheblichem Aufwand von dem einzelnen Lehrenden realisiert werden.

Wenn wir von Aretin als akademischen Lehrer weiterdenken wollen, dann würde das folglich bedeuten, dass sich die Geschichtswissenschaft stärker dem Problem widmet, wie Historiker für die akademische Lehre ausgebildet werden sollen und welchen Modellen eine entsprechende Hochschuldidaktik der Geschichte folgen soll. Dies würde voraussetzen, dass wir erst einmal mit der historischen Analyse der bisherigen Lehrpraxis in unserem Fach beginnen, um dann zu fragen, wie sich einzelne Elemente, Formate, Stile, Themen und Ziele im Hinblick auf eine wissenschaftlich gestützte Ausbildung der im Fach Geschichte an einer Hochschule Lehrenden integrieren und fortentwickeln lassen. Stoff und Anregungen hierzu hat von Aretin als akademischer Lehrer in seiner jahrzehntelangen Darmstädter Lehrtätigkeit mehr als genügend geliefert – einfach übertragen und adaptieren lässt sich das freilich nicht.

Claus Scharf
Geschichtswissenschaft als gesellschaftliche und transnationale Kommunikation
Das Institut für Europäische Geschichte Mainz unter der Leitung von Karl Otmar Freiherr von Aretin (1968–1994)

Aretins eigene Zeugnisse über das Mainzer Institut

Wer im Rückblick einen Direktor würdigen und seine Leitungstätigkeit erklären will, muss auch den Bereich beschreiben, den jener geleitet hat: das Unternehmen, die Behörde, das Theater, den Zirkus oder ein wissenschaftliches Institut, hier also das Institut für Europäische Geschichte in Mainz. Aber dessen Beschreibung ist im vorgegebenen Kontext keine leichte Aufgabe, muss doch der Titel des Bandes statt auf die „Universitätsentwicklung" auf ein außeruniversitäres Forschungsinstitut ohne Lehrveranstaltungen bezogen werden, mit antiquierten Bezeichnungen seiner Abteilungen, konstituiert durch ein Stipendienprogramm für junge postgraduierte Historikerinnen und Historiker aus dem In- und Ausland und ein Wohnheim mit Bibliothek in der *Domus Universitatis* im Zentrum von Mainz. Noch höher ist allerdings der Anspruch, „im kritischen Rückblick" den Direktor Karl Otmar Freiherr von Aretin „weiterzudenken", also eine Vergangenheit mit ihm und eine Zukunft nunmehr ohne ihn zu reflektieren.

Für eine solche Reflexion hat Aretin weder „Memoiren" über die mannigfaltigen Aktivitäten seiner Mainzer Amtszeit von 1968 bis 1994 hinterlassen, noch richtungsweisende „Memoranden" für die weitere Entwicklung des Instituts für Europäische Geschichte. Seine Äußerungen über das Institut sind sogar ziemlich disparat. Als er eingeladen worden war, für einen lokalpatriotischen Sammelband mit Selbstporträts Mainzer wissenschaftlicher und kultureller Einrichtungen einen Beitrag über das Institut zu verfassen, schmückte er 1984 dessen internationale wissenschaftspolitische Bedeutung mit frischen Eindrücken von seinen dienstlichen Auslandsreisen aus. Einerseits schrieb er diese Bedeutung den erfolgreichen Karrieren der früheren

Stipendiatinnen und Stipendiaten zu, die in vielen Ländern Hochschullehrer geworden seien, andererseits den Veröffentlichungen:

> Die weinroten Bände mit dem Institutsgebäude in Goldprägung auf dem Deckel sind inzwischen weltweit bekannt. Ich habe sie in den Universitätsbibliotheken in Turku, San Francisco, Moskau, Leningrad, Helsinki, Washington, Buenos Aires, Valparaiso und weiß der Himmel wo entdeckt. Die Reihe hat international einen sehr guten Namen.[1]

In manchen Ländern dagegen, vor allem im „sozialistischen Lager" mit seinen überdimensionierten Akademie-Instituten, schüttelten Kollegen ungläubig den Kopf, wenn der renommierte Direktor aus Mainz auf die Frage, wie viele wissenschaftliche Mitarbeiter er habe, mit der zutreffenden Antwort kokettierte, dass es drei und ein Bibliothekar seien. Auch wenn es ihn selbst amüsierte, eigene Erlebnisse von Mal zu Mal spannender und witziger zu erzählen, lag ihm zugleich wenig daran, seine Person zu überhöhen. Insofern entsprach seiner Skepsis gegen jegliche Form von Aufschneiderei ein unverblümtes autobiographisches Zeugnis von 1997 über seinen teils hindernisreichen, teils glücklichen Werdegang als Historiker. Der knappe Text bricht allerdings mit der Berufung zum Direktor des Mainzer Instituts im Jahr 1968 ab, als seien seine Arbeit im neuen Amt und sein damit gesteigertes Ansehen in der deutschen Historikerschaft nicht der Rede wert.[2]

Gerade wegen der Kargheit der Zeugnisse ist auffällig, was Aretin im Zusammenhang mit dem Mainzer Institut der Erinnerung würdig und erzählbar fand: Gefragt oder ungefragt kam er – vor allem im Ruhestand – stets von neuem allein auf sein Engagement für die Herstellung und Pflege von Beziehungen zu den Historikern der Sowjetunion zurück. Dafür war er seinerzeit von manchen Osteuropaexperten – öfter hinter seinem Rücken als direkt – als eine Art politisch dilettierender „fellow traveller" verdächtigt worden, dem eigentlich die notwendigen Hintergrundkenntnisse über den Osten und

---

1 Aretin, Karl Otmar Freiherr von: „Verkrustete Strukturen aufbrechen". Das Institut für Europäische Geschichte. Ökumene und Universaltheorie, in: Beichert, Helmut (Hg.), Mainz – Porträt einer wiedererstandenen Stadt, Mainz 1984, S. 217–222, hier S. 220.
2 Aretin, Karl Otmar Freiherr von: Wege und Umwege zur Geschichte, in: Lehmann, Hartmut/ Oexle, Otto Gerhard (Hg.): Erinnerungsstücke. Wege in die Vergangenheit. Rudolf Vierhaus zum 75. Geburtstag gewidmet, Wien/ Köln/ Weimar 1997, S. 9–20, hier S. 19 für die Berufung nach Mainz die falsche Jahreszahl 1967.

den Kommunismus fehlten. Weil ihn diese Vorwürfe anhaltend ärgerten, rechtfertigte er sich auch noch nach der politischen Wende von 1989/90. Dass er auf offiziellen Wegen für eine pragmatische Kommunikation mit den Sowjethistorikern eingetreten war, erklärte er scheinbar eindeutig mit einer entlastenden Strategie im Interesse jener jungen Historiker aus der ČSSR und Polen, die seit 1963, also schon unter seinem Vorgänger Martin Göhring (1903–1968), als Stipendiaten des Instituts für Europäische Geschichte in Mainz gearbeitet hatten. Denn als Aretin kurz nach der gewaltsamen Unterdrückung des „Prager Frühlings" im Herbst 1968 die Nachfolge antrat, erlebte er, dass einzelnen tschechischen und slowakischen Stipendiaten, die die Reformbewegung unterstützt hatten, auch ihre Forschungsaufenthalte in Mainz angelastet wurden.[3] Dieses humanitäre Motiv für sein „ostpolitisches" Handeln überzeugt nicht zuletzt deshalb, weil er in vergleichbaren Fällen, in denen einzelne junge Wissenschaftler in westlichen Ländern mit der Staatsmacht in Konflikt gerieten, ohne Ansehen der Person ebenfalls nach besten Kräften half. Da er als Journalist in den Jahren der CDU-Kanzler lange einen politischen Wandel herbeigesehnt hatte und ihn dann die erste große Koalition enttäuschte und er gar öffentlich gegen deren Notstandsgesetzgebung auftrat[4], hielt er anders als manche seiner befreundeten deutschen

---

3 Aretin (1984): „Verkrustete Strukturen aufbrechen", S. 220; Ders.: Die deutsch-sowjetischen Historikerkolloquien in den Jahren 1972–1981. Ein Erfahrungsbericht, in: Jahrbuch für Europäische Geschichte 3 (2002), S. 185–204; Ders.: Das Institut für Europäische Geschichte in Mainz und die ungarische Geschichtswissenschaft, in: Fata, Márta/ Kurucz, Gyula/ Schindling, Anton (Hg.): Peregrinatio Hungarica. Studenten aus Ungarn an deutschen und österreichischen Hochschulen vom 16. bis zum 20. Jahrhundert, Stuttgart 2006, S. 505–511; Ders.: Budapest – Mainz. Das Institut für Europäische Geschichte in Mainz und die ungarische Geschichtswissenschaft während des Kalten Krieges, in: Suppan, Arnold (Hg.): Auflösung historischer Konflikte im Donauraum. Festschrift für Ferenc Glatz zum 70. Geburtstag, Budapest 2011, S. 749–755; Professor Dr. Karl Otmar Freiherr von Aretin, Historiker, im Gespräch mit Dr. Michael Appel, Bayerischer Rundfunk, alpha-Forum, Sendung vom 17. September 2008, http://www.br.de/fernsehen/ard-alpha/sendungen/alpha-forum/karl-otmar-von-aretin-gespraech100.html (Zugriff 13. Mai 2015).
4 Aretin, Karl Otmar Freiherr von: Historische und politische Belastungen der Ausnahmegesetzgebung, in: Notstand der Demokratie. Referate, Diskussionsbeiträge und Materialien vom Kongreß am 30. Oktober 1966 in Frankfurt am Main, Frankfurt a. M. 1967, S. 27–41.

Kollegen noch 1968 die Studentenunruhen für „eine Prüfung, die unsere Demokratie zu bestehen hat", um künftig von der politisierten Jugend profitieren zu können.[5] Entsprechend wertete er auch linke Aktivitäten in den Biographien junger Bewerber nicht als Ablehnungsgrund.

Doch widerspricht die Würdigung von Aretins Humanität und Liberalität nicht dem Befund, dass die jeweiligen Motive für seine Aufgeschlossenheit gegenüber Kontakten mit der Sowjetunion bei weitem vielfältiger waren und ihn nicht nur als Institutsdirektor, sondern in unterschiedlichen Rollen leiteten. Erstens interessierten den Frühneuzeithistoriker Aretin seit seiner 1962 an der Universität Göttingen eingereichten Habilitationsschrift die Quellen zur Bedeutung Russlands in der Endphase des Heiligen Römischen Reiches, die ihm später als Institutsdirektor zwar in den Moskauer Archiven vorgelegt und kopiert wurden, die er aber bis zu seinen letzten Lebensjahren auch gerne in Deutschland gedruckt gesehen hätte. Zweitens ist hervorzuheben, zumal angesichts der öffentlich diskutierten protokollarischen Fragen, wie deutsche Politiker im Jahr 2015 in Russland des Kriegsendes von 1945 gedenken sollen, dass der Darmstädter Zeithistoriker Aretin auf Empfehlung von Eugen Kogon bereits fünfzig Jahre zuvor im April 1965 in Moskau mit Karl Dietrich Erdmann, Hans-Adolf Jacobsen und Helmut Krausnick an einer internationalen Historikerkonferenz „20 Jahre Sieg im Großen Vaterländischen Krieg" teilgenommen hatte.[6] Drittens nutzte er den XIII. Internationalen Historikerkongress 1970 in Moskau, dann in der Tat als Direktor des Mainzer Instituts, um dessen günstige Arbeits- und Fördermöglichkeiten auch für jüngere sowjetische Historiker dem für wissenschaftliche Auslandsbeziehungen zuständigen Ministerium darzulegen. Viertens

---

5 Aretin, Karl Otmar von: Die Bewährungsprobe der Bundesrepublik, in: Neue Rundschau 79 (1968), H. 3, S. 373–393, hier S. 392.
6 Über die Konferenz berichtete Aretin zeitnah in einem öffentlichen Vortrag des Mainzer Instituts am 5. Juli 1965. Vgl. Institut für Europäische Geschichte 1950–2000. Eine Dokumentation, Mainz 2000 (im Folgenden zitiert: Dokumentation 2000), S. 230. Dazu auch Jacobsen, Hans-Adolf: Historiker in Moskau, in: Die ZEIT, 1965/18, 30. April 1965, ZEIT ONLINE, http://www.zeit.de/1965/18/historiker-in-moskau (Zugriff 13. Mai 2015); Erdmann, Karl Dietrich: Kongreß zur Geschichte des Zweiten Weltkrieges in Moskau, in: Geschichte in Wissenschaft und Unterricht 16 (1965), S. 370–373; Aretin (2011): Budapest – Mainz, S. 750.

übertrug der Vorstand des *Verbandes der Historiker Deutschlands* 1972 Erdmann und ihm als soeben gewähltem Schriftführer, gerade weil beide keine Osteuropahistoriker waren, aber als erfahren galten, die Aufgabe, offizielle Beziehungen mit dem *Nationalkomitee der Historiker der Sowjetunion* anzubahnen und ein erstes bilaterales Kolloquium zu vereinbaren, das dann 1973 vom Mainzer Institut organisiert wurde. Zwar bedauerte Aretin, dass in der Folge der von der Deutschen Forschungsgemeinschaft (DFG) geförderte Austausch zwischen den Historikern beider Staaten und dessen wissenschaftliche Erträge äußerst begrenzt blieben, doch immerhin konnte das gar nicht offiziell als Partner auftretende Mainzer Institut aus diesen Kontakten den Gewinn ziehen, den er erhofft hatte und später hervorhob. Er fühlte sich bestätigt, als prominente polnische und ungarische Kollegen zwischen 1972 und 1989 seine Kontakte mit Moskau lobten, weil sie genau darin gegenüber ihren Behörden und denkbaren kritischen Interventionen aus der DDR eine Absicherung für ihr dichtes Beziehungsnetz mit dem Institut für Europäische Geschichte sahen.[7]

Fünftens gab es seit 1968/69 durch eine Initiative französischer Historiker eine internationale Fachorganisation zur europäischen Geschichte des 19. und 20. Jahrhunderts, die sich sogar explizit das Ziel gesetzt hatte, nach der militärischen Intervention des Warschauer Paktes in der ČSSR die Ost-West-Kommunikation unter Einbeziehung von Historikern der Sowjetunion und der DDR aufrechtzuerhalten.[8] An den mal im Osten, mal

---

7 Als Gesamtüberblick über die „Ostkontakte" des Mainzer Instituts siehe: Duchhardt, Heinz: Wissenschaftliche „Kontaktzonen": Das Beispiel des Instituts für Europäische Geschichte, in: Rocznik polsko-niemiecki 1999, Warszawa 2000, S. 33–44.

8 Ziel der Gründung der *Association européenne d'histoire contemporaine* sei gewesen, „den Austausch zwischen den Spezialisten aller Länder Europas zu fördern und zu verstärken". So etwas kryptisch 1978 der Gründungspräsident L'Huillier, Fernand: Vorwort, in: Melville, Ralph/ Schröder, Hans-Jürgen (Hg.): Der Berliner Kongress von 1878. Die Politik der Großmächte und die Probleme der Modernisierung in Südosteuropa in der zweiten Hälfte des 19. Jahrhunderts, Wiesbaden 1982, S. IX. Im Klartext die Informationen im Nachruf auf Jacques Bariéty (1930–2014), den Präsidenten der *Association* von 1982 bis 2010, der auch dem Wissenschaftlichen Beirat der Abteilung für Universalgeschichte des Mainzer Instituts angehört hatte: Metzger, Chantal: In memoriam: Jacques Bariéty, 26 janvier 2015, http://aihce.hypotheses.org/130 (Zugriff 13. Mai 2015).

im Westen Europas stattfindenden Fachtagungen dieser *Association européenne d'histoire contemporaine* nahm Aretin seit der Mitte der siebziger Jahre regelmäßig teil, und 1978 organisierte das Institut für Europäische Geschichte mit der *Association* in Mainz anlässlich des 100. Jahrestages des Berliner Kongresses eine große internationale Konferenz. Doch wurde das hohe Ziel einer weiteren Annäherung spektakulär verfehlt: Denn als bekannt wurde, dass eine Ausstellung zum gleichen Thema im Landtag von Rheinland-Pfalz die im Osten verfemte *Stiftung Preußischer Kulturbesitz* ausgerichtet hatte, sahen sich die Historikerinnen und Historiker aus den Staaten des „sozialistischen Lagers" – mit Ausnahme der Rumänen – gezwungen, ihre Teilnahme kurzfristig abzusagen, so dass die *Allgemeine Zeitung* titelte: „Moskau brüskiert Mainz." Immerhin gelang es Aretin in den beiden folgenden Jahren, den Schaden für das Ansehen des Instituts als eines fairen Partners in den Ost-West-Beziehungen diplomatisch zu reparieren. Schließlich erlaubten – bis auf die sowjetischen Kollegen – sogar alle Autoren den Druck ihrer Beiträge in dem stattlichen Konferenzband. „Wissenschaftliche Institute", so wenig später Aretins Stoßseufzer, „stehen Gott sei Dank nicht immer im Blickpunkt der Öffentlichkeit."[9]

Blick aufs Ganze

Liegen über die Gründung des Mainzer Instituts und seine Frühzeit unter dem Direktor Martin Göhring wissenschaftlich erarbeitete Informationen vor[10], so sind Beschreibungen des Instituts in Aretins Amtszeit noch selten. Zu

---

9 Zu dem Eklat und zu seinem persönlichen Krisenmanagement die ironische Schilderung: Aretin (1984): „Verkrustete Strukturen aufbrechen", S. 221f.
10 Alle folgenden Informationen über die Anfänge des Instituts schöpfen aus diesen Veröffentlichungen, die nicht im einzelnen zitiert werden: Schulze, Winfried: Deutsche Geschichtswissenschaft nach 1945, München 1989 (= Beiheft der Historischen Zeitschrift N. F. 10), hier zweite Aufl. und dtv-Taschenbuchausgabe München 1993, vor allem Kapitel 15; Defrance, Corine: Les Français et la création de l'Institut d'Histoire Européenne, in: Revue d'Allemagne 23 (1991), S. 87–101; Schulze, Winfried/ Defrance, Corine: Die Gründung des Instituts für Europäische Geschichte, Mainz 1992; Schulze, Winfried: Zwischen Abendland und Westeuropa. Die Gründung des Instituts für Europäische Geschichte in Mainz im Jahre 1950, in: Pfeil, Ulrich (Hg.): Die Rückkehr der deutschen Geschichtswissenschaft in die „Ökumene der Historiker". Ein wissenschaftsgeschichtlicher

berücksichtigen ist höchstens die Einleitung einer Festschrift zu Aretins 65. Geburtstag, in der seine damaligen wissenschaftlichen Mitarbeiter 1988 die Persönlichkeit, die wissenschaftlichen Leistungen und die Leitungstätigkeit ihres Direktors auf der Höhe seines vielseitigen Schaffens lobend darzustellen versuchten, ohne zu ahnen, welche bedeutenden Werke er noch verfassen werde.[11] Als zweckmäßig erweist sich auch eine Dokumentation der wissenschaftlichen Arbeit des Instituts, die im Jahr 2000 aus Anlass seines fünfzigjährigen Bestehens zusammengestellt wurde.[12] Aber weil sich das Institut in den fünfzehn Jahren seither stärker verändert hat als in den fünfzig Jahren zuvor, ist für jeweils aktuelle Auskünfte vor allem sein Auftritt im Internet zur Kenntnis zu nehmen.[13] Dieser tiefgreifende Wandel in jüngster Zeit ist einfach zu erklären und für den Fortbestand des Instituts ermutigend: Nach einer längeren Vorbereitung unter den Direktoren Irene Dingel und Heinz Duchhardt avancierte die außeruniversitäre Forschungseinrichtung auf Empfehlung des Wissenschaftsrates im Jahr 2012 zum Leibniz-Institut für Europäische Geschichte, das zwar wie schon seit 1953 weiterhin vom Land Rheinland-Pfalz finanziell getragen wird, aber zudem einerseits vom Bund, der schon seit 1955 Stipendienmittel – bis 1991 immerhin die Hälfte – aus dem Kuluretat des Auswärtigen Amtes beigesteuert hatte, und andererseits – wie früher bereits zwischen 1957 und 1976 im Rahmen des Königsteiner Abkommens – von der Gemeinschaft der Länder.[14]

Diese schlichten Daten markieren auch den zeitlichen Rahmen dieses Beitrags. Denn im erwähnten Jahr 1953 war der dreißigjährige promovierte Historiker Karl Otmar Freiherr von Aretin aus München als einer

---

Ansatz, München 2008, S. 239–254; Schulin, Ernst: Universalgeschichtliche und abendländische Entwürfe, in: Duchhardt, Heinz/ May, Gerhard (Hg.): Geschichtswissenschaft um 1950, Mainz 2002, S. 49–64; Duchhardt, Heinz (Hg.): Martin Göhring (1903–1968). Stationen eines Historikerlebens, Mainz 2005.
11 Melville, Ralph/ Scharf, Claus/ Vogt, Martin/ Wengenroth, Ulrich: Einleitung. Karl Otmar Freiherr von Aretin und das Institut für Europäische Geschichte, in: Dies. (Hg.): Deutschland und Europa in der Neuzeit. Festschrift für Karl Otmar Freiherr von Aretin zum 65. Geburtstag, Halbbände 1 und 2, Stuttgart 1988, hier Halbband 1, S. XIII–XXII.
12 Dokumentation 2000.
13 http://www.ieg-mainz.de/ (Zugriff 7. März 2015).
14 Die Empfehlung des Wissenschaftsrates von 2010: http://www.wissenschaftsrat. de/download/archiv/10293-10.pdf (Zugriff 7. März 2015).

der ersten Forschungsstipendiaten an jenes Mainzer Institut gekommen, zu dessen Direktor er nach der Habilitation an der Universität Göttingen als ein Professor für Zeitgeschichte der Technischen Hochschule Darmstadt 1968 berufen wurde.[15] Das Amt in Mainz übte er weit über die Pensionsgrenze hinaus bis 1994 aus, also 26 Jahre lang. Weil aber das Institut danach so stark verändert wurde, ist die Sicht von heute auf die Institutsgeschichte von 1953 bis 1994 inzwischen als ein Rückblick auf eine unter vielerlei Aspekten abgeschlossene Periode zu verstehen. Auch Aretin waren in den letzten zwei Jahrzehnten diese zunehmende zeitliche Distanz zu seiner Amtszeit und der danach beschleunigte Wandel im ohne ihn „weitergedachten" Institut bewusst. Obwohl er gegen wissenschaftspolitische Leitlinien der Forschungsförderung immer skeptisch blieb, mischte er sich im Status eines ehemaligen Direktors von Anfang an nicht mehr in die laufenden Geschäfte ein. In privaten Äußerungen, zumal gegenüber seinem Nachfolger Heinz Duchhardt, ließ er aber keinen Zweifel daran, dass ihm das Mainzer Institut weiterhin am Herzen lag. Dort nahm er noch öfters an Konferenzen teil. Auch von seinem Wohnsitz in München aus blieb er an aktuellen Nachrichten von Menschen und Ereignissen in der *Domus Universitatis* interessiert. Noch in seinem 90. Lebensjahr nahm er den vorläufigen Höhepunkt der Institutsgeschichte, die institutionelle und finanzielle Stabilisierung in der Leibniz-Gemeinschaft, mit Genugtuung zur Kenntnis.[16]

Diese Würdigung durch den vorletzten Direktor kann jedoch nicht bedeuten, dass die gegenwärtige Verfassung des Instituts zum Ziel einer konsequenten Entwicklung von den Anfängen an oder zum alleinigen Maßstab seiner Vergangenheit erhoben werden sollte. Umgekehrt macht es ebenso wenig Sinn, dieser Vergangenheit nachzutrauern. Ein wissenschaftlicher und zugleich gerechter Ansatz für solche Abwägungen hätte vielmehr zu klären, wie die einstigen und die gegenwärtigen Direktoren und ihre Mitarbeiterinnen und Mitarbeiter jeweils versucht haben und versuchen, unter sich wandelnden Bedingungen in Politik und Wissenschaft das Mainzer Institut zu bewahren und weiterzuentwickeln. In diesem Sinn schließen der „kritische Rückblick" und der Imperativ „Aretin weiterdenken" im Thema der

---

15 Aretin (1997): Wege und Umwege zur Geschichte, S. 17–19.
16 Diesen Eindruck bestätigt eine E-Mail von Heinz Duchhardt an den Autor vom 5. März 2015.

Konferenz aus Anlass seines ersten Todestages und im Titel dieses Bandes einander auch nicht aus.

Das Institut für Europäische Geschichte – „Erbe und Aufgabe" für Aretin[17]

Es war gewiss kein leichtes Erbe, das Aretin 1968 antrat, aber die Aufgabe reizte ihn, und seine Göttinger Mentoren Hermann Heimpel und Percy Ernst Schramm trauten sie ihm zu. Als Mitglieder des Wissenschaftlichen Beirats des Mainzer Instituts setzten ihn dann der couragierte Emeritus Schramm und der eher schüchterne Theodor Schieder gegenüber der Landesregierung von Rheinland-Pfalz ebenso durch, wie die angesehenen Göttinger Professoren schon seit der Gründung des Instituts ihren starken Einfluss auf Martin Göhring genutzt hatten, ihm zum wechselseitigen Vorteil ihre Schüler als wissenschaftliche Mitarbeiter, Stipendiaten und Buchautoren zu empfehlen.[18]

Frei von Widersprüchen waren weder die Ziele, als das Institut für Europäische Geschichte konzipiert wurde, noch die Praxis seiner frühen Jahre. Nach einem Zeitungszitat von 1953 nannte Winfried Schulze, weit über den Sinn jenes Artikels hinaus, das Mainzer Institut zu dessen vierzigjährigem Bestehen ein Paradoxon.[19] Überzeugend bestimmte er den historischen Ort der Institutsgründung einerseits aus dem zeitgenössischen diffusen Kontext der deutschen Geschichtswissenschaft nach 1945, in der umstritten war, wie weit die fällige Revision des Geschichtsbildes der Deutschen zu gehen habe, andererseits gemeinsam mit Corine Defrance aus dem kultur- und wissenschaftspolitischen Programm der Französischen Militärregierung, das einer Entnazifizierung der Deutschen und einer demokratischen Erziehung insbesondere der akademischen Jugend eine hohe Priorität beimaß. Schulze

---

17 Anspielung auf den Kongress „Europa – Erbe und Aufgabe", den das Institut 1955 in Mainz veranstaltet hatte.
18 Dieser Aspekt der Frühgeschichte des Mainzer Instituts ist noch nicht aufgearbeitet worden und wäre erst recht im Kontext mit den neuen biographischen Untersuchungen zu Heimpel und Schramm aufschlussreich.
19 Wochenzeitung DIE ZEIT, 22. Januar 1953, nach Schulze, Winfried: „Das Mainzer Paradoxon". Die deutsche Geschichtswissenschaft der Nachkriegszeit und die Gründung des Instituts für Europäische Geschichte, in: Schulze/ Defrance (1992): Gründung, S. 7–53, hier S. 7.

wies auch nach, dass die Konzeption des Instituts mit seinem Herzstück, einem Förderprogramm für den wissenschaftlichen Nachwuchs in einer internationalen Gemeinschaft auf Zeit, von Fritz Kern (1884–1950) stammte, einem angesehenen Mediävisten der Universität Bonn, der sich schon vor dem Zweiten Weltkrieg anthropologischen und menschheitsgeschichtlichen Fragen zugewandt hatte. Nach 1945 gehörte Kern zu den Wortführern jener christlichen, aber überkonfessionell und übernational denkenden deutschen Historiker, die der Vorherrschaft von National- und Staatengeschichten in ihrer Wissenschaft ein für allemal entkommen wollten und früh wieder Kontakte mit ausländischen Kollegen fanden. Distanziert bis kritisch standen sie dem 1949 gegründeten *Verband der Historiker Deutschlands* unter dem Vorsitzenden Gerhard Ritter gegenüber, der auf ein „deutsches national definiertes Geschichtsbewusstsein" weiterhin Wert legte.[20] Gerade wegen der Opposition gegen Ritter überzeugte Kerns Entwurf einer Institutsgründung auch General Raymond Schmittlein (1904–1974), Chef der Generaldirektion für kulturelle Angelegenheiten der Französischen Militärregierung, der die Idee konstruktiv aufgriff und mit eigenen politischen Akzenten verwirklichte. Einige Jahre später prangerte zudem Aretin als Stipendiat des Mainzer Instituts in einem Zeitschriftenaufsatz an, dass restaurative Tendenzen in der Geschichtswissenschaft der Bundesrepublik die Oberhand gewannen und sogar die kritische Auseinandersetzung mit dem Hitlerregime der Schädigung deutscher Interessen bezichtigt wurde.[21]

Aus der Gründungsgeschichte des Instituts für Europäische Geschichte erläuterte Winfried Schulze genauer, als früher schon bekannt gewesen war, die Existenz der beiden Abteilungen, die bis heute das Institut ausmachen: Bereits in den Planungen seit dem Frühjahr 1949 und dann kontinuierlich in der Entstehungsphase der Satzung wurden eine Abteilung für Universalgeschichte und eine Abteilung für abendländische Religionsgeschichte, deren Direktoren sich in der Geschäftsführung des Instituts jährlich abwechseln sollten, für gleichberechtigt und voneinander unabhängig erklärt. Die Gründung weiterer Abteilungen scheiterte endgültig 1952/53. Fritz Kern plante

---

20 So die Formulierung von Schulze (1993): Deutsche Geschichtswissenschaft, S. 61.
21 Aretin, Karl Otmar Freiherr von: Deutschlands Geschichtswissenschaft seit dem zweiten Weltkrieg, in: Deutsche Rundschau 83 (1957), S. 358–362.

die Abteilung für Universalgeschichte als Heimstatt einer Redaktion für das von ihm konzipierte weltgeschichtliche Übersichtswerk der *Historia Mundi*, das den schriftlosen Kulturen weiten Raum bot und tatsächlich von 1952 bis 1961 in zehn Bänden im Verlag A. Francke in Bern veröffentlicht wurde. Dass Kern aber im Mai 1950 noch vor der Gründung des Instituts starb, schnitt dessen universalhistorische Ausrichtung sofort ab, auch wenn die Abteilung für Universalgeschichte ihren Namen behielt. Der Name der Abteilung für abendländische Religionsgeschichte geht hingegen zurück auf die Bezeichnung eines Lehrstuhls *ad personam* an der Philosophischen Fakultät der Universität Mainz, auf den der katholische Kirchenhistoriker Joseph Lortz (1887–1975) im gleichen Jahr berufen worden war. Nachdem die Landesregierung von Rheinland-Pfalz zwischen März 1950 und April 1951 das Institut in die Form einer Stiftung des bürgerlichen Rechts gebracht hatte, übernahm das Land beim Übergang von der Besatzungsherrschaft zur Souveränität schließlich die Trägerschaft. Die Satzung bestimmte fortan, Aufgabe des Instituts sei die wissenschaftliche Erforschung der europäischen Geschichte durch Einzel- und Gemeinschaftsvorhaben und durch Zusammenarbeit mit anderen in- und ausländischen Einrichtungen auf den Feldern der „abendländischen Religionsgeschichte" und der „Universalgeschichte".

Im November 1950 eröffnete Lortz seine Abteilung und gestaltete sie von Anfang an zu einer ökumenisch orientierten, auch von seiner Kirche unabhängigen Forschungseinrichtung zur Geschichte und Theologie des Christentums mit der Konzentration auf Luther und die Reformation. Zweifellos nahm die Abteilung für abendländische Religionsgeschichte unter ihrem energischen Gründungsdirektor organisatorisch und mit ihrem klaren Arbeitsprogramm rascher Fahrt auf als die sofort verwaiste Abteilung für Universalgeschichte, der gleichsam alle „säkularen" Ziele der Institutsgründung zugedacht blieben. Und weil Lortz nach zahlreichen Rangstreitigkeiten mit dem schwäbischen Protestanten Göhring 1968 die Berufung eines Katholiken zu dessen Nachfolger begrüßt hatte und bis zu seinem Tod im 88. Lebensjahr sein Amt ausübte, wurde sogar der 36 Jahre jüngere Aretin noch mit ihm als Kodirektor konfrontiert. Obwohl der bayerische „Linkskatholik" seit seiner Jugend dem bahnbrechenden Lebenswerk von Lortz und seit seiner Stipendiatenzeit der Persönlichkeit „des Alten" hohen Respekt zollte und selbst an kirchenhistorischen Themen stark interessiert war, gelang es ihm nach seinem Amtsantritt nicht immer, Konflikte mit dem machtbewussten

Kollegen zu vermeiden und die überkommenen Spannungen zwischen den beiden Abteilungen zu entkrampfen. Eine stabile konstruktive Zusammenarbeit unter dem Dach der *Domus Universitatis* gelang jedenfalls erst unter Aretins Nachfolgern.

Thematische Kontinuität von Göhring zu Aretin

Es dauerte schließlich bis zum April 1951, dass dem Universalhistoriker Fritz Kern als Direktor der Frankreichhistoriker Martin Göhring nachfolgte. Unter dessen Leitung entwickelte sich die Abteilung für Universalgeschichte faktisch sofort zu einer Institution zur Erforschung der europäischen Geschichte vom 17. Jahrhundert bis zur Zeitgeschichte. Noch 1984 verteidigte Aretin die Abkehr von Kerns universalhistorischem Programm damit, „dass eine Verwirklichung eine zu große Verengung bedeutet hätte".[22] Das Bild der engeren Universalgeschichte gegenüber der weiteren europäischen Geschichte versteht sich wahrlich nicht von selbst und bekommt Sinn nur unter dem Aspekt der erwähnten Arbeitsweise des Instituts, im Rahmen eines Stipendienprogramms den wissenschaftlichen Nachwuchs aus dem In- und Ausland zu fördern. In diesem Kontext bedeutet Aretins spätere Zustimmung zu Göhrings Praxis, dass junge Historikerinnen und Historiker ihre Dissertationen in der Regel auf der Basis begrenzter Quellenforschungen in begrenzter Zeit zu begrenzten Themen schreiben. Zudem hätte es 1951 nicht gerade der akademischen Realität entsprochen, auf Bewerber mit menschheitsgeschichtlichen Forschungsprojekten zu hoffen.

Es blieb aber auch unter den Direktoren Göhring und Aretin eine Seltenheit, dass sich Nachwuchshistoriker mit einem europageschichtlichen Thema um ein Stipendium der Abteilung für Universalgeschichte bewarben. Statt dessen nahm diese Abteilung Europa als positiv besetzte politische Idee zur Rechtfertigung der Existenz des Instituts in Anspruch – unter Aretin sogar weniger explizit als noch unter Göhring, hatte dieser doch immerhin 1955 in Mainz einen Kongress unter dem programmatischen Titel „Europa – Erbe und Aufgabe" veranstaltet.[23] In der alltäglichen Arbeit der Abteilung blieb

---

22 Aretin (1984): „Verkrustete Strukturen aufbrechen", S. 218.
23 Göhring, Martin (Hg.): Europa – Erbe und Aufgabe. Internationaler Gelehrtenkongreß Mainz 1955, Wiesbaden 1956. Vgl. dazu den kritischen Kommentar

Europa der geographische Raum, aus dem jegliches seriöse Thema der Neuzeit als potentiell förderungswürdiger Beitrag zur europäischen Geschichte in Betracht kam. Zudem waren zwischen 1950 und 2000 die bei weitem meisten Stipendiatinnen und Stipendiaten der Abteilung für Universalgeschichte, erst recht die ausländischen, an Themen aus der deutschen Geschichte interessiert und widmeten sich nur 23,5 Prozent von allen 544 Stipendiaten den Themen aus der Geschichte anderer Länder und Räume in Europa. Solange die Altbestände des Bundesarchivs in Koblenz und das Politische Archiv des Auswärtigen Amtes in Bonn für die Stipendiaten von Mainz aus mit der Bahn gut zu erreichen waren, galt das Institut mit Wohnheim und Bibliothek in der Mitte der alten Bundesländer sogar als ein idealer Standort für Forschungen zur deutschen Geschichte, an denen immerhin 41,7 Prozent der Stipendiaten arbeiteten. Weitere 34,8 Prozent widmeten sich entweder vergleichenden Arbeiten, die Deutschland einschlossen, oder untersuchten die Beziehungen der Deutschen zu anderen Ländern und Völkern.[24] Es versteht sich von selbst, dass der hohe Anteil deutscher Themen noch wuchs, seit Aretin sich bei seinem Amtsantritt in Mainz mit befreundeten Kollegen vorgenommen hatte, im Institut für Europäische Geschichte die Geschichte des Heiligen Römischen Reiches als Forschungsgebiet zu installieren. Denn obwohl ihm dies unter europäischen Aspekten vorschwebte, er sich selbst vornahm, seine Forschungen zur Geschichte Reichsitaliens voranzutreiben, und er fortan in vielen Arbeiten wichtige Einsichten in die Geschichte Europas vom 16. Jahrhundert bis in die Gegenwart vermittelte, blieb der größte Teil der vom Institut geförderten reichsgeschichtlichen Themen auf den deutschsprachigen Raum konzentriert. Überhaupt wandte sich die Abteilung für Universalgeschichte eigentlich erst unter der Leitung von Heinz Duchhardt seit 1994 mit unterschiedlichen Ansätzen einer Grundlagenforschung konsequent dem Problem zu, wie europäische Geschichte betrieben werden könne, ohne Ergebnisse vorwegzunehmen oder gar aktuelle politische Prozesse legitimieren zu wollen.[25]

---

von Duchhardt, Heinz: Martin Göhring und der Mainzer Europa-Kongress von 1955, in: Ders. (Hg.) (2005): Martin Göhring, S. 85–90.
24 So vom Autor berechnet nach der Übersicht in: Dokumentation 2000, S. 86–173.
25 So in Anlehnung an Duchhardt, Heinz: Was heißt und zu welchem Ende betreibt man europäische Geschichte?, in: Ders./ Kunz, Andreas (Hg.): „Europäische Geschichte" als historiographisches Problem, Mainz 1997, S. 191–202. Mit starkem Vorbehalt gegen eine Indienstnahme der europäischen Geschichte für

Aretins Innovationen im Mainzer Institut

Im Umkehrschluss heißt dies wiederum, dass seither und erst recht seit der Aufnahme des Instituts in die Leibniz-Gemeinschaft die Amtszeiten Göhrings und Aretins enger zusammenzurücken scheinen. Zur Überprüfung dieses Eindrucks eignet sich als Leitfaden die erwähnte Würdigung aus der Festschrift von 1988. Als Arbeitsfelder, die Aretin seit seinem Amtsantritt dem Institut neu erschloss, wurden damals Kolloquien und Forschungsprojekte genannt, aber es wurden auch jene Arbeitsbereiche erwähnt, die das Institut seit der Gründung kontinuierlich geprägt hatten und die Aretin intensivierte und ausbaute.[26]

Schon in seinen Berufungsverhandlungen wurden Aretin 1968 – über die Haushaltsansätze für öffentliche Vorträge hinaus – zusätzliche Mittel für Kolloquien bewilligt. Seit 1970 konnte die Abteilung damit wenigstens einmal im Jahr deutsche und ausländische Referenten und Diskussionsteilnehmer zu einem zweitägigen Kolloquium einladen. Hatten die öffentlichen Vortragsveranstaltungen der fünfziger und frühen sechziger Jahre unter Göhring vor allem auf zugkräftige Namen berühmter Historiker gesetzt und damit nicht nur Fachkollegen, sondern auch ein bildungsbürgerliches Publikum ins *Auditorium maximum* der Mainzer Universität gelockt, so veränderte seit Mitte der sechziger Jahre der abendliche Fernsehkonsum die soziokulturellen Gewohnheiten. Daraus zog Aretin die Konsequenz, sich fortan auf ein Fachpublikum aus den Stipendiaten und wissenschaftlichen Mitarbeitern des Instituts und etablierten wie jüngeren Kollegen und Geschichtsstudenten aus Mainz und Umgebung zu konzentrieren. Tatsächlich gelang es ihm, viele Professoren der Universitäten und Hochschulen aus der gesamten Region zwischen Heidelberg und Marburg dafür zu gewinnen, während der Semestermonate einen Vortragstermin in Mainz als *jour fixe* wahrzunehmen, und sich oder ihre Assistenten auch als Referenten zu empfehlen. Zudem glückte es Aretin 1969/70, den schäbigen Konferenzraum des Mainzer Instituts mit Sondermitteln der expandierenden Staatskanzlei des jungen Ministerpräsidenten Helmut Kohl gründlich zu renovieren und zu

---

die Politik der Gegenwart auch Schulin (2002): Universalgeschichtliche und abendländische Entwürfe, S. 62.
26 So in Anlehnung an Melville, Ralph u. a. (1988): Einleitung, hier S. XVII–XXI; ähnlich: Abteilung für Universalgeschichte, in: Dokumentation 2000, S. 23–34.

einer würdigen Tagungsstätte für Vorträge und Kolloquien umzugestalten, wofür er im Gegenzug das bis dahin in der Staatskanzlei ansässige Büro der *Stresemann-Gesellschaft* im Institutsgebäude aufnahm.

Anfangs hatte Aretin vor allem Tagungen mit frühneuzeitlichen Themen im Sinn gehabt, so 1970 zu den portugiesischen Entdeckungen und 1973 zu den Kreisassoziationen im Heiligen Römischen Reich nach 1648. Doch alsbald ließ er nicht nur zu, sondern erwartete er sogar, dass die wissenschaftlichen Mitarbeiter ihrerseits eigenständig Kolloquien zu Themen organisierten, die seinerzeit kontrovers diskutiert wurden, so 1971 zur Rolle der Wirtschaftsverbände im Deutschen Reich von 1871 bis 1914, 1974 zur Ostpolitik der Weimarer Republik oder 1976, 1977 und 1981 zur Deutschlandpolitik der drei westlichen Besatzungsmächte 1945–1949. Solche Tagungen entsprachen auch den Interessen der meisten Stipendiaten der Abteilung, von denen sich mehr als 70 Prozent mit Themen aus dem 19. und 20. Jahrhundert beschäftigten.[27] Grundsätzlich bestand bei den Planungen von Vorträgen und Kolloquien zwischen Aretin und seinen Mitarbeitern Einvernehmen darüber, dass die Kommunikation über neue Forschungsansätze vornehmlich jüngerer Historiker gefördert werden sollte. Zugleich behielt sich Aretin aber das Recht vor, über den Druck eines jeden Beitrags erst nachträglich zu entscheiden. Nur mit Drittmitteln war es möglich, auch größere, etwa bilaterale Konferenzen mit italienischen, französischen, nordamerikanischen, spanischen, tschechischen und ungarischen Historikern – nicht nur in Mainz – zu veranstalten oder zu internationalen Tagungen einzuladen, so zu der erwähnten über den Berliner Kongress von 1878, über Südosteuropa im Spannungsfeld der Großmächte 1919–1939, über den europäischen Adel im bürgerlichen Zeitalter, über den Nahen Osten in der Zwischenkriegszeit oder über Binnen- und Küstenschifffahrt in Europa im Zeitalter der Industrialisierung.

Seit Mitte der 1970er Jahre erweiterten ebenfalls aus Drittmitteln finanzierte mehrjährige Forschungsprojekte die Arbeitsbereiche der Abteilung für Universalgeschichte. Allerdings konzipierte Aretin die Projekte nicht etwa selbst und schon gar nicht allein, sondern reagierte jeweils aufgeschlossen auf Anstöße anderer, wenn sie ihm zur Aufwertung des Mainzer Instituts einleuchteten. 1974 gründeten Frankfurter und Gießener Historiker, Schüler

---

27 So die Auswertung von 1950–2000, ebd. S. 31f.

von Friedrich Hermann Schubert (1925–1973), dem Freund Aretins seit seinen Münchener Studententagen, die *Zeitschrift für Historische Forschung*, die das Forschungsfeld der Frühen Neuzeit mit dem Späten Mittelalter programmatisch verknüpfte. Gleichzeitig entwarfen die Gießener Kollegen Peter Moraw und Volker Press ein Forschungsvorhaben zur Strukturgeschichte des Heiligen Römischen Reiches in Spätmittelalter und Früher Neuzeit.[28] Wollten sie damit bereits laufende Arbeiten ihrer Schüler fördern, so hatte Aretin zu jener Zeit weder in Darmstadt Doktoranden, die für die Bearbeitung frühneuzeitlicher Themen einer solchen Förderung bedurft hätten, noch gab es bis dahin in Mainz Stipendiaten, die sich mit der Reichsgeschichte befassten. Dennoch entsprach die Idee Aretins Wunsch, das Institut für Europäische Geschichte unter seiner Leitung zu einem Zentrum reichsgeschichtlicher Forschungen zu machen. So bot er das Institut als Träger des Projekts an, gewann mit Hermann Weber von der Universität Mainz ein viertes Mitglied für ein Leitungsgremium, das den gemeinsamen Antrag bei der DFG verantwortete, und begründete eine reichsgeschichtliche Unterreihe der Veröffentlichungen der Abteilung für Universalgeschichte. Bei einem deutsch-französischen Kolloquium im Herbst 1976 in Göttingen stellte er im Rahmen des bereits bewilligten Forschungsprojekts kurz und knapp hauptsächlich sein eigenes Teilprojekt zur Geschichte Reichsitaliens vor.[29] An dem Erfolg, dass das DFG-Projekt die Erforschung des Alten Reiches dauerhaft in der deutschen Geschichtswissenschaft zur Frühen Neuzeit etablierte, zweifelt

---

28 Moraw, Peter/ Press, Volker: Probleme der Sozial- und Verfassungsgeschichte des Heiligen Römischen Reiches im späten Mittelalter und in der frühen Neuzeit (13.-18. Jahrhundert). Zu einem Forschungsschwerpunkt, in: Zeitschrift für Historische Forschung 2 (1975), S. 95–108.

29 Aretin, Karl Otmar Freiherr von: Der Forschungsschwerpunkt „Probleme der Sozial- und Verfassungsgeschichte des Heiligen Römischen Reiches im späten Mittelalter und in der frühen Neuzeit" und das Projekt „Reichsitalien in der Zeit der spanischen Vorherrschaft 1556–1714", in: Ritter, Gerhard A./ Vierhaus, Rudolf (Hg.): Aspekte der historischen Forschung in Frankreich und Deutschland/ Aspects de la recherche historique en France et en Allemagne. Schwerpunkte und Methoden/ Tendances et méthodes. Deutsch-Französisches Historikertreffen in Göttingen vom 3. bis 6. Oktober 1976 (= Veröffentlichungen des Max-Planck-Instituts für Geschichte 69), Göttingen 1981, S. 95–101.

im Rückblick selbst eine entschiedene Kritikerin der gesamten Forschungsrichtung nicht[30], doch für die institutsinterne Gemeinschaft der Abteilung für Universalgeschichte bedeutete das Projekt nur bedingt einen Zugewinn: Die meisten der aus den Projektmitteln Geförderten, insbesondere die Post-Docs, kamen nicht als Stipendiaten nach Mainz, sondern schlossen ihre Forschungen an den Heimatuniversitäten ab, so dass sich der neue Schwerpunkt kaum im Alltag des Instituts abzeichnete. Allerdings füllte sich die neue reichsgeschichtlichen Unterreihe bis zum Ende von Aretins Amtszeit mit gewichtigen Dissertationen und Habilitationsschriften. Aber weil sich am Stellenplan des Instituts nichts änderte, fiel die Betreuung dieser zusätzlichen Publikationen den drei wissenschaftlichen Mitarbeitern der Abteilung zu und zogen sich Redaktion und Drucklegung in die Länge.

Hingegen hatte ein von der VW-Stiftung in den Jahren 1978–1983 gefördertes Projekt „Die Interdependenz politischer und wirtschaftlicher Entwicklung in der Innen- und Außenpolitik des Versailler Staatensystems 1919–1939" seinen Ursprung gleichsam in der Mitte des Instituts: Das Projekt führte Stipendiaten zusammen, die zuvor schon in den Archiven ihrer Heimatländer und der Bundesrepublik an einschlägigen Themen gearbeitet hatten, bot auch Stipendien für Post-Docs aus dem In- und Ausland und festigte die Beziehungen des Instituts mit wissenschaftlichen Zentren in Italien, Ostmittel- und Südosteuropa. Maßgeblich konzipiert wurde das Projekt von Hans-Jürgen Schröder, einem der wissenschaftlichen Mitarbeiter des Instituts.[31] Für die Stiftung war es ein Novum, dass sie die Mittelvergabe durch ein Gremium akzeptierte, das Aretin für die Leitung des Projekts mit Historikern aus Deutschland, Frankreich, Italien, Polen,

---

30 Eichhorn, Jaana: Geschichtswissenschaft zwischen Tradition und Innovation. Diskurse, Institutionen und Machtstrukturen der bundesdeutschen Frühneuzeitforschung, Göttingen 2006; Kapitel 6: Der Mythos vom Alten Reich, S. 311–392, speziell zum DFG-Projekt S. 348–350. Dass daraus keine „Schule", wohl aber ein „Netzwerk" von Reichshistorikern entstanden sei (S. 400–403), ist sicher eine korrekte Beobachtung.

31 Aretin, Karl Otmar Freiherr von/ Schröder, Hans-Jürgen: Die Interdependenz politischer und wirtschaftlicher Entwicklung in der Innen- und Außenpolitik des Versailler Staatensystems 1919–1939. Ein Forschungsprojekt des Instituts für Europäische Geschichte, in: Jahrbuch der historischen Forschung in der Bundesrepublik Deutschland 1978, Stuttgart 1979, S. 77–80.

Ungarn und den USA zusammenstellte. Aus den Mitteln dieses Projekts wurden allein fünf Kolloquien finanziert, davon ein deutsch-italienisches in Trient und eins in Berlin gemeinsam mit einem thematisch benachbarten VW-Projekt zur Inflation in Deutschland und Europa 1914–1924.[32] Die meisten der zahlreichen Ergebnisse dieser beiden Projekte wurden letztlich nicht vom Mainzer Institut herausgegeben, sondern erschienen in anderen deutschen Reihen und im Ausland, so dass die Forschungen zu Politik und Wirtschaft in der Zwischenkriegszeit nicht gleichermaßen in der Bundesrepublik zu einem Markenzeichen des Instituts wurden wie das Projekt zur Geschichte des Alten Reiches, zumal auch Aretins Nachfolger die reichsgeschichtliche Unterreihe der Institutsveröffentlichungen fortsetzte.

1987/88 wurde aus Anlass des bevorstehenden 200. Jahrestags der Französischen Revolution ein drittes Forschungsprojekt installiert und in den Jahren 1989–1994 von der VW-Stiftung gefördert. Diesmal ergriffen zwei dem Mainzer Institut verbundene Fachvertreter, Elisabeth Fehrenbach (Saarbrücken) und Helmut Berding (Gießen), die Initiative. Zunächst wurde bei einem *brain-storming* in Mainz mit zahlreichen interessierten Kollegen weiterer deutscher Universitäten ein Programm unter dem Titel „Deutschland und die Französische Revolution" entworfen. Es setzte sich zusammen aus bereits laufenden und noch anzustoßenden Forschungsarbeiten insbesondere zum deutschen Südwesten, die aber fast ausschließlich an den Heimatuniversitäten vorangetrieben wurden. Das Institut übernahm wieder die Federführung, und diesmal wurden aus den Projektmitteln erstmals zwei Doktoranden Aretins aus Darmstadt gefördert, die nach intensiven Archivforschungen alsbald bedeutende Arbeiten vorlegten.[33] Als Höhepunkt des Projekts fand im April 1989 ein Kolloquium statt, an dem zwar überwiegend Nachwuchswissenschaftler referierten, aber neben französischen Kollegen

---

32 Zum Antrag dieses Projekts: Feldman, Gerald D./ Holtfrerich, Carl-Ludwig/ Ritter, Gerhard A./ Witt, Peter-Christian (Hg.): Inflation und Wiederaufbau in Deutschland und Europa 1914 bis 1924, in: Dies. (Hg.): Die deutsche Inflation. Eine Zwischenbilanz, Berlin 1982, S. 1–21.
33 Härter, Karl: Reichstag und Revolution 1789–1806. Die Auseinandersetzung des Immerwährenden Reichstags zu Regensburg mit den Auswirkungen der Französischen Revolution auf das Alte Reich, Göttingen 1992; Buddruss, Eckhard: Die französische Deutschlandpolitik 1756–1789, Mainz 1995.

fast alle deutschen Historiker teilnahmen, die zu dem Thema beitragen konnten.[34]

Alltag und Routine im Mainzer Institut unter Aretins Leitung

Außer den Kolloquien und Forschungsprojekten erwähnten die wissenschaftlichen Mitarbeiter 1988 als weitere neue Arbeitsbereiche, die Aretin dem Institut erschlossen hatte, die Anknüpfung wissenschaftlicher Beziehungen zu weiteren Ländern, die sich allerdings durch Stipendienbewerbungen des Öfteren ergab, als dass sie geplant worden wäre, und die Eröffnung zusätzlicher Publikationsreihen. Doch beim Wiederlesen ist als Refrain der seinerzeitigen Würdigung zu erkennen, dass „sich die Forschungsbereiche der Abteilung Universalgeschichte, entsprechend den weitgespannten Arbeitsgebieten ihres Direktors, beträchtlich ausgedehnt" hätten, und nur eine Seite später fast wortgleich, er habe „in allen Tätigkeitsbereichen der Abteilung Universalgeschichte die Arbeit beträchtlich ausgeweitet und intensiviert".[35] Die damalige Aussage bleibt korrekt, doch kann aus der Formulierung ebenso leicht das Kontinuum der Arbeitsbereiche und der Leitungstätigkeit der Direktoren herausgelesen werden, wenn auch unter der Voraussetzung, dass die Aufgaben des Instituts unter einem besonders aktiven Direktor seit 1968 erheblich gewachsen waren. An einigen Beispielen lässt sich zeigen, dass es sich lohnt, dieser Kontinuität nachzuspüren.

Zunächst darf in einem Band mit einem Schwerpunkt in Darmstadt eine Pointe nicht fehlen: Hier an der Technischen Hochschule und nur hier als Professor für Zeitgeschichte verdiente Aretin sein Gehalt. Auf die gleiche Weise hatte sein Vorgänger in Mainz, Martin Göhring, seit 1961 sein Gehalt als ordentlicher Professor für Neuere Geschichte an der Universität Gießen bezogen, ebenso Joseph Lortz als Professor der Universität Mainz bis zu seiner Emeritierung. Jedenfalls stand im Haushalt des Instituts für Europäische Geschichte seit den Anfängen dem Direktor lediglich eine monatliche Aufwandsentschädigung von anfangs 250 DM zu, die zwar in Schritten

---

34 Aretin, Karl Otmar Freiherr von/ Härter, Karl (Hg.): Revolution und konservatives Beharren. Das Alte Reich und die Französische Revolution, Mainz 1990.
35 Melville, Ralph u. a. (1988): Einleitung, S. XVIIf.

leicht angehoben wurde, die aber auch dann noch an die Vergütung für einen Ein-Euro-Job erinnert, der im Gesetz tatsächlich als „Arbeitsgelegenheit mit Mehraufwandsentschädigung" bezeichnet wird. Die Erklärung für diesen Sachverhalt ist einfach: Die Institutsgründer setzten voraus, dass ein Professor, der im Mainzer Forschungsinstitut nicht zu lehren hat, dort auch nicht viel kosten darf. Unter dieser Voraussetzung wurden die Direktoren der Abteilung für Universalgeschichte des angesehenen rheinland-pfälzischen Instituts für Europäische Geschichte bis 1994 also indirekt vom Land Hessen unterhalten. Denn erst auf Betreiben des Wissenschaftsrates richtete das Wissenschaftsministerium Rheinland-Pfalz mit der Ausschreibung für die Aretinsche Nachfolge im Jahr 1994 eine hauptamtliche Direktorenstelle ein und verband sie mit einer Professur an der Universität Mainz.

Die Arbeitswoche des Teilzeitdirektors Aretin war trotz der fehlenden Balance zwischen der links- und der rechtsrheinischen Vergütung so eingeteilt, dass er von Montag bis Donnerstag für seine Lehrveranstaltungen und sonstigen Verpflichtungen in Darmstadt und für die Leitung des Mainzer Instituts dennoch je zwei Tage vorsah. Nach Möglichkeit reservierte er sich den Freitag, die Abende und das Wochenende für seine Forschungen und das Schreiben von Manuskripten daheim. Der Freitag war aber außerdem lange Zeit der traditionelle Termin, zu dem die Abteilung für Universalgeschichte zu ihren öffentlichen Abendvorträgen einlud. Später wurde der Freitag als Aretins Heimarbeitstag auch öfters der Anfangstag der zweitägigen Kolloquien. Und schließlich waren mehrmals im Jahr Stipendiaten und Mitarbeiter freitags bei Familie von Aretin aus Anlass eines kurzweiligen Spielabends zu Gast. Seine Einteilung der Woche hielt Aretin jedenfalls mit bewunderungswürdiger Disziplin durch, und noch aus heutiger Sicht ist es erstaunlich, dass er die unterschiedlichen Sphären seiner Tätigkeiten nicht vermengte. Grundsätzlich blieben Darmstädter Angelegenheiten mündlich und schriftlich in Darmstadt, Mainzer in Mainz, wobei zwei Ausnahmen auffielen: In Mainzer Aktenschränken gab es eine Akte über die NPL, die Zeitschrift *Neue Politische Literatur*, deren finanzielle Fundierung Aretin als Herausgeber besonders am Herzen lag, und sammelte sich seit 1972 auch der schriftliche Niederschlag aus der Auseinandersetzung um die *Hessischen Rahmenrichtlinien für die Gesellschaftslehre*, mit denen das Kultusministerium unter Ludwig von Friedeburg zum Entsetzen Aretins und vieler anderer Historiker den Geschichtsunterricht abschaffen wollte.

An Aretins Tagen im Mainzer Institut hatte frühmorgens die Korrespondenz Vorrang, wobei er anhand der eingegangenen Post die Antworten frei diktierte oder von den Mitarbeitern vorbereitete Entwürfe übernahm oder abänderte. Zu einem erheblichen Anteil, mit dem Ausland grundsätzlich, fand die Kommunikation jedenfalls noch brieflich statt und füllte die Korrespondenz die Akten. Besucher wurden am späteren Vormittag empfangen, neu angekommene Stipendiatinnen und Stipendiaten von einem der Mitarbeiter – nach einem kurzen *briefing* beider – dem Direktor vorgestellt. Für manche Ankömmlinge, die meinten, in ihren Heimatländern ausreichend Deutsch gelernt zu haben, und sich bereits über Jahre mit einem Thema der deutschen Geschichte beschäftigt hatten, war es übrigens irritierend, bei der ersten Begegnung mit Aretin seinen bayerischen Zungenschlag nicht zu verstehen. Da war nachträglich mitunter sogar Trost nötig, dass die Kommunikation nach einer Eingewöhnungsphase noch gelingen werde.

Die rasch wechselnden Themen, denen sich Karl Otmar von Aretin widmete, und seine Manuskripte, die die längste Zeit auf Schreibmaschinen und erst seit 1988 auf Computern abgeschrieben wurden, waren ebenfalls nicht Gegenstand von Erörterungen in der Abteilung und überraschten nur durch ihre inhaltliche, stilistische und formale Vielfalt von einem Zeitungsartikel oder der Rezension einer zeitgeschichtlichen Neuerscheinung bis zum quellennahen und fußnotenreichen Kapitel eines Werkes zur Geschichte des Heiligen Römischen Reiches. In Abständen hielt Aretin selbst einen öffentlichen Vortrag im Institut, aber auf keinen Fall setzte er die anwesenden Stipendiatinnen und Stipendiaten, die bis zum Jahr 2000 nur zu 21 Prozent Frühneuzeitler waren, einer Dauerberieselung über die Geschichte des Alten Reiches aus. Und hatte Martin Göhring sich in seinen letzten Lebensjahren beim Verfassen seiner Schriften durchaus mit Exzerpten von seinen „Assistenten" helfen lassen, so war es eine Ausnahme, wenn sein Nachfolger einen Mitarbeiter ausdrücklich um ein kollegiales Urteil über einen seiner Texte bat.

Im Stellenplan seiner Abteilung fand Aretin 1968, wie erwähnt, drei Stellen für wissenschaftliche Mitarbeiter und eine für einen wissenschaftlichen Bibliothekar vor, und erst 1994 kamen mit Duchhardts Berufung zu seinem Nachfolger eine vierte Stelle für einen wissenschaftlichen Mitarbeiter und die Stelle einer Verwaltungsleiterin hinzu. Dabei galt es seit der Gründung des Instituts als selbstverständliche Tradition, dass die wissenschaftlichen Mitarbeiter neben ihren eigenen Forschungen nicht nur die Veröffentlichungen zu redigieren und die Stipendiaten zu betreuen hatten, sondern auch für ihre Abteilung und, wenn diese geschäftsführend war, für das gesamte Institut die laufende Verwaltung und den Etat zu verantworten hatten, erst seit Mitte der 1970er Jahre beraten von Haushaltsexperten des Kultusministeriums. Diese Art von „Ministerverantwortlichkeit" gegenüber dem Direktor war in der Abteilung für abendländische Religionsgeschichte bis 1975 faktisch in einer Stelle konzentriert, hingegen in der Abteilung für Universalgeschichte in Ressorts aufgeteilt. Hermann Weber, Mitglied des Wissenschaftlichen Beirats der Abteilung für Universalgeschichte, charakterisierte in einer Laudatio 1988 Aretins Stil der Leitung des Instituts als „aufgeklärten Absolutismus", was insofern zutrifft, dass er kein „präsidialer" Direktor war, sondern nicht nur nach seinem Selbstverständnis ein arbeitender. Tatsächlich behielt er sich nach den eigentlich seltenen Kontroversen in den regelmäßigen Besprechungen mit den wissenschaftlichen Mitarbeitern die letzten Entscheidungen vor. Doch öfter forderte er selbst zur Meinungsbildung auf, ließ er die Diskussion zu, um sich ein Urteil zu bilden, und würdigte er die Argumente. Ihn ärgerte aber, wenn er von irgendwelchen Problemen im Institut nicht durch die wissenschaftlichen Mitarbeiter informiert worden war. Die gründlichsten Beratungen in diesem kleinen Kreise betrafen im Durchschnitt mindestens zweimal im Jahr die Bewerbungen um die Stipendienmittel der Abteilung und mehrmals im Jahr die Aufstellung des Haushalts und dessen laufende Kontrolle, bei der Aretin auffällige Differenzen mitunter auf einem Zeitungsrand mit seinem Füllfederhalter rasch überprüfte.

Die Wünsche der beiden Abteilungen für den Etat des jeweils folgenden Jahres hielten sich meist im Rahmen des Inflationsausgleichs und wurden im Vorstand des Instituts, dem außer den beiden Direktoren der Kanzler der Universität Mainz angehörte, abgestimmt. Über diesen Entwurf des Haushaltsplans entschied dann der Verwaltungsrat. Vor dessen jährlichen Sitzungen hatte Aretin Respekt, und auf sie bereitete er sich gewissenhaft vor, weil die dort bereits mit dem Hochschulreferenten des Landes und den Vertretern der Fraktionen verabschiedete Vorlage in der Regel auch vom Wissenschaftsministerium akzeptiert und vom Landtag beschlossen wurde. Eher entspannt sah er dagegen den von ihm selbst berufenen Wissenschaftlichen Beirat der Abteilung mit seinen prominenten deutschen und ausländischen Mitgliedern als eine Art Versicherung gegen etwaige Zumutungen des Verwaltungsrates oder gar des Wissenschaftsministeriums. Solange es solche

Interventionen nicht gab, galt informell als die einzige Aufgabe des Gremiums die Mitwirkung an der Berufung des Direktors, die erst einmal nach dem Tode Göhrings erforderlich geworden war. Insofern fanden die Sitzungen auch nur im Zweijahresrhythmus statt. In den ersten zwei Jahrzehnten bot Aretin dem Beirat jeweils einen Überblick über die wissenschaftliche Arbeit der Abteilung und die aktuelle Befindlichkeit des Instituts. Mitunter wurde ein auswärtiges Mitglied auch zu einem öffentlichen Abendvortrag gebeten, aber vor allem zelebrierte der Gastgeber die Treffen als gesellschaftliche Veranstaltungen, weil er persönlich dankbar war, dass angesehene Kollegen aus Verantwortung für das Institut für eine Sitzung anreisten, die fast ohne Tagesordnung auskam.

Die Lage änderte sich drastisch nach Aretins 65. Geburtstag. Einerseits wurde das Ende seiner Amtszeit in den Gremien thematisiert. Sogar der Wissenschaftliche Beirat murrte, als bekannt wurde, dass Aretin selbst Gespräche mit einem Kollegen geführt hatte, den er sich als Nachfolger vorstellen konnte. Der Beirat gab sich im Einvernehmen mit dem Wissenschaftsministerium eine Satzung und wählte Lothar Gall zu seinem Vorsitzenden, der fortan mit einer Tagesordnung zu den Sitzungen einlud und den Anspruch des Gremiums betonte, am Berufungsverfahren entscheidend mitwirken zu können. Andererseits ließ das Ministerium zeitgleich das Institut für Europäische Geschichte durch den Wissenschaftsrat evaluieren, um die Wiederaufnahme in die Förderung durch die Gemeinschaft der Länder zu erreichen, aus der das Institut – ohne Evaluation – im Zuge einer Verwaltungsvereinfachung 1976 einfach deshalb sang- und klanglos ausgeschieden war, weil sein Etat damals weniger als eine Million DM umfasst hatte. Doch während der Wissenschaftsrat 1989 zwar die europäische Ausrichtung des Instituts respektierte, die Gliederung in die beiden Abteilungen apart fand und das Stipendienprogramm sogar als „vorbildlich" rühmte, schockte Aretin und seine Mitarbeiter die Empfehlung, das Mainzer Institut „wegen zu geringer Forschungsleistungen" nicht in die Förderung durch die Länder aufzunehmen.[36] Die Kritik war peinlich, obwohl der Wissenschaftsrat damit zugleich der Landesregierung zu verstehen gab, dass die finanzielle Ausstattung des Instituts durch das Sitzland für eine Antragstellung bei der Kultusministerkonferenz nicht ausreichte: So sollten die

---

36 Zitiert in der Empfehlung des Wissenschaftsrates von 2010, S. 31 und 38, http://www.wissenschaftsrat.de/download/archiv/10293-10.pdf (Zugriff 7. März 2015).

Direktoren ihr Amt in Zukunft nicht mehr nebenberuflich ausüben und die wissenschaftlichen Mitarbeiter durch zusätzliche Stellen von Verwaltungsaufgaben weitgehend entlastet werden. Jedenfalls erkannte der Wissenschaftsrat dem Institut das Potential zu, unter besseren finanziellen und strukturellen Voraussetzungen und nach notwendigen wissenschaftlichen Neuausrichtungen sowie mit einer nicht nur gelegentlichen Zusammenarbeit der beiden Abteilungen eine zweite Evaluation besser zu bestehen. Hatte sich Aretin offen dafür gezeigt, die überkommene Arbeitsweise des Instituts durch mehrjährige Forschungsprojekte zu ergänzen, so hatte er nicht damit gerechnet, dass die Anwerbung von Drittmitteln zu einem ausschlaggebenden Kriterium in der Beurteilung des Instituts werden könnte.

Noch über die siebziger Jahre hinaus waren die Stipendienmittel, die das Auswärtige Amt aus seinem Kuluretat dem Institut für Europäische Geschichte jährlich zur Verfügung stellte, für die Förderung „junger Gelehrter" aus dem Ausland bestimmt. Der vormoderne elitäre Ausdruck weist nochmals auf die Zeitdifferenz hin, die inzwischen die Gegenwart von den Amtszeiten Göhrings und Aretins trennt. In den fünfziger und frühen sechziger Jahren legitimierte noch jeder einzelne Stipendiat aus dem Ausland die Existenz des Instituts. Obwohl seit der Mitte der sechziger Jahre die Anzahl der Bewerbungen so stark anstieg, dass in den Auswahlverfahren harte Schnitte erforderlich wurden, begegnete Aretin auch der größeren Anzahl neuer Stipendiatinnen und Stipendiaten grundsätzlich mit Achtung vor ihren Persönlichkeiten und mit Interesse für ihre Themen und den Stand ihrer Forschungen. Selbst wenn allein die entsendenden Hochschullehrer und die Heimatuniversitäten für die akademischen Abschlüsse zuständig blieben, fühlte er sich dafür verantwortlich, dass die Themen realisierbar waren und die „jungen Gelehrten" im Institut gute Arbeitsbedingungen vorfanden. Denn seit der Konzipierung des Instituts durch Fritz Kern 1949/50 war klar, dass die Förderung an den Standort Mainz gebunden sein sollte. Dass Aretin sich in seiner Stipendiatenzeit zum Verdruss von Göhring nicht nur wegen seiner Wiener Archivarbeiten oft und lange fern von Mainz aufgehalten hatte, veranlasste ihn noch 1997 zu der selbstironischen Bemerkung, dass er als Direktor ein solches Verhalten eines Stipendiaten nicht hingenommen hätte.[37]

---

37 Aretin (1997): Wege und Umwege zur Geschichte, S. 16.

Seitdem das Gebäude der Mainzer Alten Universität wiedererrichtet und 1953 feierlich eröffnet worden war, gab es darin zunächst nur Wohnungen für die beiden Direktoren und Arbeitsplätze für die Stipendiaten. Erst 1959, also nach Aretins Stipendiatenzeit, wurden im Dachgeschoss neben einer Küche, einem Gemeinschaftsraum und sanitären Einrichtungen zehn Wohnheimzimmer ausgebaut, was damals ziemlich genau der Anzahl der Jahresstipendien beider Abteilungen entsprach. Dass auch Stipendiatinnen im Hause wohnen durften, setzte die Abteilung für Universalgeschichte erst 1966 gegen die religionsgeschichtliche Abteilung durch, die meinte, auf die katholischen Geistlichen unter ihren Stipendiaten Rücksicht nehmen zu müssen. Positiv formuliert, lassen sich die Stipendiatinnen und Stipendiaten für die Dauer der Förderung sowohl auf den Austausch zwischen verschiedenen nationalen und disziplinären Forschungstraditionen als auch auf ein Leben in einer internationalen Gemeinschaft ein. Negativ ausgedrückt, erfüllen sie die Verpflichtung zur Präsenz im Mainzer Institut. Als die Familie von Aretin 1968 nicht die Direktorenwohnung im zweiten Obergeschoss bezog, wurde diese ebenfalls in Wohnheimzimmer aufgeteilt. Mit maximal 18 Zimmern unter einem Dach entsprach das Institut im Stil einem sehr kleinen britischen College, wenn auch ohne Lehrveranstaltungen und nur mit einem bescheidenen Service. Seit Mitte der 1960er Jahre wurde das Mainzer Institut zudem für Gastwissenschaftlerinnen und Gastwissenschaftler anderer deutscher Förderorganisationen ein begehrter Standort für historische Forschungen. Erst seit den 1970er Jahren nahm das Wohnheim auf Wunsch zudem deutsche und ausländische Doktoranden und Post-Docs der Geschichtswissenschaft und der Theologie auf, die an Drittmittelprojekten mitarbeiteten.

Abgesehen davon, dass die Geschichtswissenschaft sich im Wohnheim nicht zuletzt in den Küchen und Gemeinschaftsräumen als eine permanente Kommunikation abspielte, gab es in beiden Abteilungen des Instituts seit den fünfziger Jahren noch das institutionalisierte Forum der „Kaffeerunde". Inwieweit diese Zusammenkunft in der Abteilung für Universalgeschichte aus dem legendären *Historischen Colloquium* abzuleiten ist[38], wofür die dichten Kontakte der Mitarbeiter und Stipendiaten der ersten zwanzig Jahre

---

38 Nägele, Barbara u. a. (Hg.): Das Historische Colloquium in Göttingen. Die Geschichte eines selbstverwalteten studentischen Wohnprojektes seit 1952, Göttingen 2004.

nach Göttingen sprechen, wäre noch zu klären. Zu Göhrings Zeit trafen sich alle im Institut anwesenden Wissenschaftler und manchmal auch der Direktor täglich nach dem Mittagessen zum Kaffee. Neue Stipendiaten wurden ausgefragt, spontan oder vorbereitet Forschungsprobleme debattiert und Veröffentlichungen vorgestellt. Seit Mitte der sechziger Jahre gerieten auf die informelle Tagesordnung zunehmend auch aktuelle politische Ereignisse und Prozesse und war es für alle ein starkes Erlebnis, dass sich unter einem Dach Historiker aus Ost und West mit ihren individuellen Erfahrungen, ihrer Sozialisation, ihrer Ausbildung über Wissenschaft und Politik austauschen konnten.[39]

Es charakterisiert Aretin, dass er als Direktor diese informellen Veranstaltungen ohne feste Tagesordnung mit seinem eigenen Arbeitsethos nicht vereinbaren konnte. Er fand es unverantwortlich, dass Mitarbeiter und Stipendiaten bis auf jene, die tagsüber außerhalb von Mainz in den Archiven forschten, am helllichten Tag bis zu zwei Stunden nur diskutierten, statt an ihren Schreibtischen oder in der Bibliothek die stets zu knappe Zeit für ihre Arbeit zu nutzen. Überhaupt sah er Debatten über Theorien und Methoden als Hemmnisse für das Verfassen von Forschungsarbeiten an. Zwar schaffte er die Kaffeerunde nicht ab, aber er reduzierte ihre Frequenz drastisch und beschränkte sie auf Gelegenheiten, dass Stipendiaten und Mitarbeiter den Stand ihrer Forschungen zur Diskussion stellen konnten. In dieser, der Aretinschen Tradition heißt die Kaffeerunde, die Budapester Kollegen seit 1969 und über die politische Wende von 1989/90 hinweg in ihren Instituten eingeführt und als Fremdwort aus dem Deutschen ins Ungarische transferiert hatten, heute im Mainzer Institut „Forschungswerkstatt" und findet einmal wöchentlich statt. Wirklich froh über wissenschaftliche Fortschritte war Aretin erst und als Haupterfolg der Förderung durch das Institut wertete er es, wenn Dissertationen oder Post-Doc-Arbeiten zum Abschluss und zur Veröffentlichung gebracht wurden. Schon wenn er eine Bewerbung um ein Stipendium zu beurteilen hatte, galt ihm neben guten Deutschkenntnissen der Kandidaten

---

39 Scharf, Claus: Ein Biotop Grenzen überschreitender Wissenschaft: Das Institut für Europäische Geschichte Mainz in den sechziger Jahren, in: Von Lehrte zum Lehrter Bahnhof. West-östliche Exkursionen zu Helmut Lippelts 70. Geburtstag, hrsg. vom Förderkreis der Heinrich-Böll-Stiftung u. a., Berlin 2002, S. 71–75.

als ein entscheidendes Kriterium, ob er sich das Thema als Buchtitel in der Institutsreihe vorzustellen vermochte. Wie einst Martin Göhring war auch Karl Otmar von Aretin ein stolzer Mitherausgeber der Leinenbände der *Veröffentlichungen des Instituts für Europäische Geschichte*, die er alsbald nach seinem Amtsantritt um eine broschierte Reihe der *Beihefte* erweitert hatte, in die übersetzte Arbeiten und Kolloquiumsbeiträge aufgenommen wurden.

Aretin und der Wandel des Mainzer Instituts nach ihm

Die Vorbehalte des Wissenschaftsrates gegen die vom Land Rheinland-Pfalz angestrebte Aufnahme des Instituts für Europäische Geschichte in die Förderung durch die Ländergemeinschaft zielten 1989 auf eine Reform, deren Realisierung das Gremium und, diesem folgend, das Wissenschaftsministerium nicht mehr von Aretin und dem gleichaltrigen Peter Manns erwarteten, der von 1981 bis 1991 die Abteilung für abendländische Religionsgeschichte leitete. Insofern musste sich Aretin nicht persönlich unter Druck gesetzt fühlen. Wie gesagt, akzeptierte er auch das vorrangige Ziel einer dauerhaften Stabilisierung des Instituts. Wohl aber irritierte ihn dann zunächst, dass über seine Nachfolge neben dem Wissenschaftlichen Beirat des Instituts neuerdings die Historiker der Universität Mainz mitentscheiden sollten, was das Ergebnis für ihn unkalkulierbarer machte. Denn für das Problem, wie ein beamteter Professor für das Amt des Direktors einer Stiftung des bürgerlichen Rechts gewonnen werden könnte, erfand das Wissenschaftsministerium eine verblüffende Lösung: Der vom Wissenschaftlichen Beirat und den Historikern der Universität zum neuen Institutsdirektor gewählte Kandidat wurde auf eine Professorenstelle der Universität berufen und sofort mit dem Recht, aber nicht der Pflicht zur akademischen Lehre „beurlaubt", um seine Stelle am Institut für Europäische Geschichte anzutreten.

Darüber hinaus ist nicht eindeutig überliefert, sondern in der Tat nur weiterzudenken, wie Aretin in seinen letzten Jahren als Direktor den Preis für den damals erst einsetzenden Stabilisierungsprozess des Instituts bewertete. Noch 1990 meinte Winfried Schulze vornehmlich auch den Direktor Aretin, als er in seiner Festrede lobend feststellte, das Institut habe sich in seinen ersten vierzig Jahren gegenüber den widersprüchlichen Zielsetzungen und konkurrierenden Ansprüchen seiner Gründungszeit eine „intellektuelle Offenheit [...] für die Herausforderungen der Gegenwart und ihre Fragen an die Geschichte" behauptet und in einer überzeugenden Praxis umgesetzt.[40] Eigentlich neigte Aretin überhaupt nicht zur Verklärung der Vergangenheit, doch bleiben Fragen, wie er sich unabhängig von den persönlichen und wissenschaftlichen Qualitäten seiner Nachfolger die institutionellen Neuerungen gewünscht hätte. Fürchtete er, die Verpflichtungen zu Schwerpunktthemen, zu Forschungsprojekten, zur Anwerbung von Drittmitteln und zu einer offensiven Öffentlichkeitsarbeit würden die souveränen Gestaltungsmöglichkeiten des Instituts und seiner Direktoren nicht mehr wie zuvor erweitern, sondern durch zunehmende Fremdbestimmung letztlich einschränken? Erschien es ihm als ein wünschenswertes Ziel, den überschaubaren und in sich stimmigen Mikrokosmos von zehn Wissenschaftlerinnen und Wissenschaftlern des Instituts und jeweils bis zu zwanzig Stipendiatinnen, Stipendiaten und Gästen in der *Domus Universitatis* personell und räumlich zu vergrößern? Sah er die überkommene Freiheit gefährdet, sich für die besten Bewerbungen um ein Stipendium zu entscheiden, sofern das Thema von Mainz aus gut zu bearbeiten war, statt einen Bewerber nur aufzunehmen, weil sein Thema sich in ein Projekt fügt? Die Fragen bleiben offen, doch gibt es viele Anzeichen aus seiner gesamten Amtszeit dafür, dass er sich den wissenschaftlichen Nachwuchs, die künftigen Historikerinnen und Historiker der europäischen Geschichte, nicht als Produkte einer Serienherstellung vorstellte, sondern weiterhin als individuelle, eigenverantwortliche, vielseitig interessierte und begabte junge Persönlichkeiten, die Förderung verdienen. Und auch wenn er einst die aus seiner Sicht zeitraubenden Kaffeerunden begrenzt hatte und sein endgültiges Urteil über den oder die einzelne *fellow-historian* letztlich von deren gedruckten Forschungsergebnissen und den sich anschließenden akademischen Karrieren bestimmt war, schätzte und schützte er doch in seiner Amtszeit das Institut als einen freien Ort unberechenbarer intellektueller Begegnungen von jungen Historikerinnen und Historikern unterschiedlicher wissenschaftlicher Traditionen aus aller Welt.

---

40 Schulze (1992): „Das Mainzer Paradoxon", S. 38.

Matthias Schnettger

Karl Otmar von Aretin und die transalpine Erweiterung der Reichsgeschichte: Die „Entdeckung" Reichsitaliens

Unter den vielfältigen Forschungen Karl Otmar von Aretins gibt es kaum einen Themenbereich, der nahezu so exklusiv mit seiner Person verbunden wurde und wird wie das frühneuzeitliche Reichsitalien, also jene Reste des oberitalienischen Regnum Italiae, das seit Otto I. dem deutschen Königtum eng verbunden war und in dem der römisch-deutsche Kaiser bis zu den Friedensschlüssen von Campo Formio (1797) und Lunéville (1801) lehnsherrliche und daraus abgeleitete weitere Rechte innehatte bzw. beanspruchte. Die Erforschung Reichsitaliens machte, wenn man so will, eines der Alleinstellungsmerkmale Aretins aus. Von daher ist es zweifellos sinnvoll, ja geboten, auch diesen von manchen Frühneuzeitspezialisten immer noch als ziemlich exotisch betrachteten Teil seiner Forschungen im Rahmen dieses Sammelbandes zu behandeln, zumal es sich dabei um ein Thema handelte, das Karl Otmar von Aretin sehr am Herzen lag.

Dieser Beitrag wird in einem ersten Schritt die Reichsitalienforschungen Aretins im Rahmen seines sonstigen Œuvres verorten, seine wichtigsten Arbeiten zu diesem Themenfeld kurz vorstellen und anschließend die bedeutsamsten Ergebnisse seiner Forschungen zusammenfassen. Ein zweiter Teil wird sodann ausloten, inwieweit seine Ansätze aufgegriffen und seine Forschungsergebnisse vertieft, bestätigt oder auch kritisch hinterfragt wurden. Schließlich gilt es in einem knappen Fazit zu erwägen, wie und in welche Richtungen die Reichsitalienforschungen Aretins weitergeführt werden könnten.

Die Reichsitalienforschungen Karl Otmar von Aretins und ihre wichtigsten Ergebnisse

Das Interesse Karl Otmar von Aretins an Italien reichte weit zurück und hat seinen ersten Niederschlag schon in seinem Studium der Kunstgeschichte gefunden. Sehr bald nach dem Ende des Zweiten Weltkriegs und noch vor

Aufnahme seines Studiums nutzte er im Jahr 1946 die Gelegenheit zu einer Italienreise.[1] Auch außerhalb des Themenfeldes Reichsitalien im engeren Sinne hat er manches zur deutschsprachigen Italienforschung beigetragen und sich hier nicht zuletzt um eine vergleichende deutsch-italienische Perspektive bemüht.[2] Im Folgenden soll es aber um seine Studien zu Reichsitalien im engeren Sinne gehen.

Die ersten Publikationen Karl Otmar von Aretins zu Reichsitalien, der nach eigenen Aussagen 1963 mit den einschlägigen Forschungen begann[3], datieren in die späten 1960er Jahre. 1968 erschien zum einen sein Aufsatz zum Heimfall des Herzogtums Mailand 1700[4] und zum anderen das Kapitel zu Italien im vierten Band des Handbuchs für Europäische Geschichte.[5] Der Mailand-Aufsatz lässt gleich mehrere Aspekte der Geschichte Reichsitaliens anklingen, die in seinen weiteren Forschungen wichtig sein sollten: Es ging

---

1 Vgl. Duchhardt, Heinz: Nekrolog Karl Otmar Freiherr von Aretin (1923–2014), in: Historische Zeitschrift 299 (2014), S. 285–290, hier S. 285; Diskussionsbeitrag von Uta von Aretin am 27. März 2015.
2 Vgl. etwa Aretin, Karl Otmar von: Die Geschichte der italienischen Renaissance, in: Erich Lessing: Die Geschichte der italienische Renaissance, München 1983, S. 11–99 (mit Bezügen auf die italienischen Lehensordnungen); Ders.: Italien in den 1780er Jahren, in: Riedel, Friedrich W. (Hg.): Joseph Martin Kraus und Italien. Beiträge zur Rezeption italienischer Kultur, Kunst und Musik im späten 18. Jahrhundert, München/ Salzburg 1987 (= Publikationen der Internationalen Joseph-Martin-Kraus-Gesellschaft 1; Studien zur Landes- und Sozialgeschichte der Musik 8), S. 11–17; Ders.: Bayern und Italien. Eine wechselvolle Nachbarschaft, in: Schmid, Alois (Hg.): Von Bayern nach Italien. Transalpiner Transfer in der Frühen Neuzeit, München 2010 (= Zeitschrift für Bayerische Landesgeschichte, Beiheft 38), S. 15–26. Einen gewissen Italienbezug hat auch Ders.: Papsttum und moderne Welt, München 1970.
3 Aretin, Karl Otmar von: Reichsitalien von Karl V. bis zum Ende des Alten Reiches. Die Lehensordnungen in Italien und ihre Auswirkungen auf die europäische Politik, in: Ders.: Das Reich. Friedensordnung und europäisches Gleichgewicht 1648–1806, Stuttgart 1986, S. 76–163, hier S. 161.
4 Aretin, Karl Otmar von: Der Heimfall des Herzogtums Mailand an das Reich im Jahre 1700, in: Ein Beitrag zur Geschichte Reichsitaliens im 17. und 18. Jahrhundert, in: Schulin, Ernst (Hg.): Gedenkschrift Martin Göhring. Studien zur europäischen Geschichte, Wiesbaden 1968 (= Veröffentlichungen des Instituts für Europäische Geschichte Mainz 50: Abteilung für Universalgeschichte), S. 78–90.
5 Vgl. folgende Fußnote.

ihm um die lehnsrechtliche Anbindung großer Teile Ober- und Mittelitaliens an Kaiser und Reich, um die Präsenz von Kaiser und Reich südlich der Alpen in der Person der kaiserlichen Plenipotentiare und um die kaiserliche Reichsitalienpolitik, dies alles unter Berücksichtigung der wechselnden machtpolitischen Konjunkturen. Mit Mailand bzw. der Lombardei und dem späten 17. sowie dem frühen 18. Jahrhundert ist zugleich ein wichtiger geographischer und ein zeitlicher Schwerpunkt seiner Forschungen eingeführt.

Im Beitrag im Handbuch der Europäischen Geschichte spielt die Geschichte Reichsitaliens naturgemäß nur eine recht begrenzte Rolle,[6] aber sie kommt vor, und das erscheint mir wichtig. Denn durch die Berücksichtigung in allgemeineren Kontexten wurde dieser Aspekt der italienischen Geschichte auch einem Lesepublikum ins Bewusstsein gerufen, das ihn sonst vermutlich gar nicht wahrgenommen hätte. Diese Zweigleisigkeit – Spezialstudien zu Reichsitalien und die Berücksichtigung der Geschichte Reichsitaliens in allgemeineren Kontexten – prägte auch die weitere Arbeit von Aretins.

Von seinen Spezialstudien zu Reichsitalien ist der fast schon monographische Dimensionen besitzende Überblick über die Reichslehensordnung in Italien, ihr Verhältnis zu anderen Lehensordnungen und ihre Entwicklung in der Frühen Neuzeit hervorzuheben. Diese Studie deckte in der ersten Fassung von 1980 die Zeit der spanischen Vorherrschaft von Karl V. bis zum Spanischen Erbfolgekrieg ab.[7] Sie konnte umso größere Wirkung entfalten, als sie im selben Jahr in einer italienischen Übersetzung erschien.[8] Zudem wurde der Text für die Aufsatzsammlung *Das Reich: Friedensordnung und*

---

6 Aretin, Karl Otmar von: Italien im 18. Jahrhundert, in: Wagner, Fritz (Hg.): Handbuch für Europäische Geschichte, Bd. 4: Europa im Zeitalter des Absolutismus und der Aufklärung, Stuttgart 1968, S. 585–633.
7 Aretin, Karl Otmar von: Die Lehensordnungen in Italien im 16. und 17. Jahrhundert und ihre Auswirkungen auf die europäische Politik. Ein Beitrag zur Geschichte des europäischen Spätfeudalismus, in: Weber, Hermann (Hg.): Politische Ordnungen und soziale Kräfte im Alten Reich, Wiesbaden 1980 (= Veröffentlichungen des Instituts für Europäische Geschichte Mainz, Beiheft 8: Abteilung für Universalgeschichte, Beiträge zur Sozial- und Verfassungsgeschichte des Alten Reiches 2), S. 53–84.
8 Aretin, Karl Otmar von: L'ordinamento feuodale in Italia nel XVI e XVII secolo e le sue ripercussioni sulla politica europea. Un contributo alla storia del tardo feudalesimo in Europa, in: Annali dell'Istituto storico italo-germanico in Trento 4 (1980), S. 51–94.

europäisches Gleichgewicht 1648–1806 (1986) noch einmal substanziell erweitert und deckt nun auf knapp 85 Seiten nahezu die gesamte Frühe Neuzeit ab.⁹ Gerade diese erweiterte Fassung besitzt aufgrund ihres Erscheinungsorts erhebliche Chancen, von einer größeren wissenschaftlichen Öffentlichkeit wahrgenommen zu werden, denn der genannte Band enthält zugleich wichtige Studien zu anderen Aspekten der Reichsgeschichte und darf in keiner einschlägigen Seminar- und Handbibliothek fehlen. Außerdem wurde in den Band der bereits genannte Aufsatz zum Heimfall Mailands aufgenommen, und auch ein nennenswerter Abschnitt eines hier wieder abgedruckten, bereits 1972 erschienenen Aufsatzes zu *Kaiser Joseph I. zwischen Kaisertradition und österreichischer Großmachtpolitik* beschäftigt sich mit Reichsitalien.¹⁰ Etwa ein Viertel dieses Bandes konzentriert sich also auf reichsitalienische Themen.

Wie bereits angedeutet, hat Aretin bei der Beschäftigung mit Reichsitalien einen Akzent auf die Umbruchszeit im frühen 18. Jahrhundert gelegt; so ebenfalls in dem 1982 erschienenen Aufsatz *Von der spanischen Vorherrschaft zum Spanischen Rat*¹¹. Doch auch mit einem Kaiser, dessen Regierung für Reichsitalien geradezu ein ‚Interregnum' bedeutete, Karl VII. (1742–1745) nämlich, hat er sich in diesem Zusammenhang auseinandergesetzt.¹² Eine kleine Fallstudie zu den Gonzaga von Sabbioneta besitzt nicht zuletzt gerade deswegen Bedeutung, weil sie neben dem Aufsatz zu den Lehensordnungen die einzige Arbeit zu Reichsitalien im engeren Sinne ist, die zudem in italienischer Sprache erschienen ist.¹³ Erwähnung verdient

---

9 Aretin (1986): Reichsitalien.
10 Aretin, Karl Otmar von: Kaiser Joseph I. zwischen Kaisertradition und österreichischer Großmachtpolitik, in: Historische Zeitschrift 215 (1972), S. 529–606, auch in: Ders. (1986): Das Reich, S. 255–322.
11 Von der spanischen Vorherrschaft zum Spanischen Rat. Reichsitalien in der Zeit des Übergangs von der spanischen zur österreichischen Vorherrschaft, in: Quellen und Forschungen aus italienischen Archiven und Bibliotheken 62 (1982), S. 180–203.
12 Aretin, Karl Otmar von: Karl VII. als Kaiser Reichsitaliens, in: Duchhardt, Heinz/ Schmitt, Eberhard (Hg.): Deutschland und Frankreich in der frühen Neuzeit. Festschrift für Hermann Weber zum 65. Geburtstag, München 1987 (= Ancien Régime, Aufklärung und Revolution 12), S. 487–508.
13 Aretin, Karl Ormar von: I Gonzaga e il ducato di Sabbioneta nelle relazioni con il Sacro Romano Impero della nazione tedesca, in: Bazzotti, Ugo/ Ferrari,

ferner der 1986 erschienene Artikel zu Reichsitalien im Handwörterbuch zur Deutschen Rechtsgeschichte.[14] Schließlich hat Aretin in seiner großen Reichstrilogie Reichsitalien erneut in den Kontext der allgemeinen Reichsgeschichte gestellt und dieses Thema so den deutschsprachigen Spezialistinnen und Spezialisten der Reichsgeschichte, aber auch einem breiteren Lesepublikum nähergebracht. Insgesamt sind immerhin 10 Kapitel bzw. Unterkapitel mit knapp 100 Seiten diesem Gegenstand gewidmet,[15] abgesehen von mehr kursorischen Aussagen in anderen Kapiteln. Nicht gering zu veranschlagen ist in diesem Zusammenhang seine Übersetzungsleistung, dank derer er großen Teilen der deutschen, nicht des Italienischen mächtigen Historikerschaft diesen Aspekt der Reichsgeschichte überhaupt erst zugänglich gemacht hat.

Daniela/ Mozzarelli, Cesare (Hg.): Vespasiano Gonzaga e il ducato di Sabbioneta. Atti del Convegno Sabbioneta-Mantova 12–13 ottobre 1991, Mantova 1993, S. 315–323. I Gonzaga e il ducato di Sabbioneta nelle relazioni con il Sacro Romano Impero della nazione tedesca, in: Bazzotti, Ugo/ Ferrari, Daniela/ Mozzarelli, Cesare (Hg.): Vespasiano Gonzaga e il ducato di Sabbioneta. Atti del Convegno Sabbioneta-Mantova 12–13 ottobre 1991, Mantova 1993, S. 315–323. Von den sonstigen italienischsprachigen Publikationen sei nur erwähnt Ders.: Bernardo Tanucci e il problema dell'assolutismo illuminato nei paesi cattolici, in: Ajello, Raffaele/ D'Addio, Mario (Hg.): Bernardo Tanucci. Statista, letterato, giurista. Atti del Convegno Internazionale di Studi per il Secondo Centenario, 1783–1983, Bd. 1, Napoli 1983 (= Storia e diritto 18, 1), S. 457–473.

14 Aretin, Karl Otmar: Reichsitalien (Frühe Neuzeit), in: Handwörterbuch zur deutschen Rechtsgeschichte, Bd. 4, Berlin 1990, Sp. 648–651.

15 Aretin, Karl Otmar von: Das Alte Reich 1648–1806, 3 Bde. und 1 Registerband, Stuttgart 1993–2000, hier Bd. 1 (1993), Kapitel 1.4.d: Die Klientel des Kaisers, Unterkapitel Reichsitalien, S. 112–115, Kapitel 2.4: Reichsitalien im Spannungsfeld des französisch-spanischen Krieges, S. 201–208, Kapitel 5.7: Reichsitalien 1679–1684, S. 310–312; Bd. 2 (1997), Kapitel 2.3: Die Großmacht Österreich und die Reichsitalienpolitik Kaiser Leopolds I., S. 85–96, Kapitel 5.3: Reichsitalien in den ersten Jahren des Spanischen Erbfolgekriegs, S. 128–134, Kapitel 4.4: Reichsitalien (1705–1711), S. 194–215, Kapitel 7: Reichsitalien unter Kaiser Karl VI., S. 351–380, Kapitel 9.5: Der Kampf um Reichsitalien und der Plan, das Reich in eine Föderation der größeren Stände zu verwandeln, S. 458–467; Bd. 3 (1997), Kapitel 1.5.f: Reichsitalien unter Franz I., S. 63–71, Kapitel 2.4: Reichsitalien unter Joseph II., S. 168–171.

Reichsitalien war also ein integraler Bestandteil des kaiserlich akzentuierten Aretinschen Reichs. Es ist ein Bestandteil der Friedens- und Rechtsgemeinschaft des Reichs und – selbstverständlich – des Reichslehenssystems. Wie andere Mindermächtige zählten die italienischen Reichsvasallen üblicherweise zur kaiserlichen Klientel und somit zu den reichstragenden Akteuren im Reich.[16]

Die Einbeziehung Reichsitaliens hatte auch Auswirkungen auf das allgemeine Reichsverständnis Aretins. Nicht zuletzt wegen seiner italienischen Bestandteile steht das übernationale Aretinsche Reich in einem deutlichen Gegensatz zum national-deutsch, reichsständisch und protestantisch geprägten „komplementären Reichs-Staat der deutschen Nation", wie ihn Georg Schmidt in den 1990er Jahren konzipiert hat.[17] Gerade durch die Einbeziehung Reichsitaliens hat Aretin demgegenüber das Bewusstsein dafür wachgehalten, dass das Reich mehr war als ein Deutsches Reich, nämlich zugleich ein über die deutschen Kerngebiete hinausreichendes Lehensreich in der Tradition des Imperium Romanum Christianum. Er räumte zwar ohne weiteres ein: „Reichsitalien war nie ein zentrales Problem der Reichsgeschichte", fügte jedoch hinzu: „Aber es gehört zu diesem merkwürdigen Gebilde, in dem sich so viel gegensätzliches unter einem weiten Mantel vereinigte."[18]

Aretin entging der Versuchung einer Überhöhung seines Forschungsfeldes Reichsitalien, konnte jedoch darauf verweisen, dass die Zeitgenossen einigen reichsitalienischen Problemen beachtliche Aufmerksamkeit gewidmet haben, wie im 17. Jahrhundert den Mailänder Oberlehensansprüchen auf die benachbarten kleinen Reichslehen oder im 18. Jahrhundert der Erbfolge in der Toskana und Parma-Piacenza sowie der Affäre San Remo. Nicht zuletzt

---

16 Vgl. Aretin, Karl Otmar von: Reichsverfassung und Mindermächtige. Geistliche Fürsten und italienische Vasallen als Stützen der kaiserlichen Reichspolitik, in: Annali dell'Istituto storico italo-germanico in Trento 30 (2005), S. 189–205.

17 Vgl. dazu die Rezension zu Georg Schmidts „Geschichte des Alten Reiches": Aretin, Karl Otmar von: Die Wormser Republik. Das Reich fast ohne Kaiser, in: Frankfurter Allgemeine Zeitung vom 12.10.1999, S. L 45.

18 Aretin (1986): Reichsitalien, S. 163. Vgl. hierzu Schnettger, Matthias: Le Saint-Empire et ses périphéries: l'exemple de l'Italie, in: Histoire, Économie et Société 23 (2004), S. 7–23.

konnte er ins Feld führen, dass sich überdies namhafte Reichsjuristen des 18. Jahrhunderts mit den italienischen Lehen beschäftigt haben.[19]

Auch das Bild, das Aretin im Einzelnen von den italienischen Reichslehen bzw. vom Umgang durch Kaiser und Reich mit diesen Gebieten zeichnete, ist keineswegs nur in hellen Farben gemalt. In mancher Hinsicht handelte es sich um eine Geschichte der verpassten Gelegenheiten: Der fulminanten Renaissance alter Kaiserherrlichkeit in Italien unter Karl V. folgte ab den 1550er Jahren das 150 Jahre andauernde Zeitalter der spanischen Vorherrschaft, die sich in Oberitalien auf das Herzogtum Mailand als das eigentliche Kernstück Reichsitaliens stützte. Obwohl im Grunde ein Subsystem der Reichslehensordnung, sah Aretin die spanisch-mailändische Lehensordnung in einer deutlichen Konkurrenz zu jener. Besonders die Zeit Philipps III. von Spanien (1598–1621) sei von Konflikten zwischen den habsburgischen Linien geprägt gewesen, die, zum Beispiel im Fall des ligurischen Reichslehens Finale, das machtpolitisch überlegene Spanien regelmäßig für sich habe entscheiden können.[20] Andererseits gaben die die Römische Kaiserkrone tragenden deutschen Habsburger zu keiner Zeit dem Drängen Madrids auf die Übertragung des italienischen Reichsvikariats an den Katholischen König nach und wahrten so den Anspruch auf ihre Oberherrschaftsrechte in Italien,[21] die in einigen Gebieten, nicht zuletzt der Toskana, auch mit den päpstlichen Prätentionen in Konkurrenz standen.[22]

Als einen „Wendepunkt in den Beziehungen des Reiches zu Italien"[23] deutete Aretin die Entsendung des Reichshofrats Paul Garzweiler in die italienischen Lehensgebiete 1603/04, dessen Bericht über die dortigen Zustände er als das auslösende Moment für die in den Folgejahren in Angriff genommene Gründung der kaiserlichen Plenipotenz als einer Art Zentralbehörde für Reichsitalien betrachtete, wobei es zum einen darum ging, den

---

19 Aretin (1986): Reichsitalien, S. 162f. In diesem Punkt würde ich die Aussagen Aretins etwas relativieren und nicht behaupten, dass sich die „meisten Reichsjuristen des 18. Jahrhunderts" im eigentlichen Sinne mit Reichsitalien beschäftigt haben. Zustimmen möchte ich allerdings Aretins Forderung, deren Aussagen kritisch zu überprüfen.
20 Aretin (1986): Reichsitalien, S. 106–111.
21 Aretin (1986): Reichsitalien, S. 102.
22 Aretin (1986): Reichsitalien, S. 84f., 103–105.
23 Aretin (1986): Reichsitalien, S. 111.

italienischen Reichsuntertanen den kaiserlichen Schutz angedeihen zu lassen, zum anderen aber auch fiskalische Interessen eine Rolle spielten. Diese Neugründung und den Oñate-Vertrag von 1617 begriff Aretin als Zäsur in der Geschichte Reichsitaliens, da die spanisch-kaiserliche Rivalität an ein Ende gekommen sei und sich die Gewichte allmählich zugunsten des Kaisers verschoben hätten.[24]

Der Neubeginn einer kaiserlichen Reichsitalienpolitik sei während der langen Regierung Kaiser Leopolds I. (1658–1705) manifest geworden, der nicht nur die zwischenzeitlich wieder untergegangene Plenipotenz wiederbelebte, sondern auch seine oberlehensherrlichen Rechte gegen die konkurrierenden Ansprüche Spaniens und des Papstes geltend machte. Vor allem aber zeigte er sich „fest entschlossen", nach dem Aussterben der spanischen Habsburger das Herzogtum „Mailand als künftigen Stützpunkt einer kaiserlichen Lehensverwaltung an den Kaiser zurückfallen zu lassen".[25]

Den Höhepunkt der kaiserlichen Reichsitalienpolitik markierte dann die kurze, zur Gänze in die Zeit des Spanischen Erbfolgekriegs fallende Regierung Josephs I. (1705–1711), der sich nicht scheute, die Lehen einiger Parteigänger Frankreichs wegen Felonie einzuziehen und in einem kurzen Krieg gegen Papst Clemens XI. das angebliche Reichslehen Comacchio militärisch besetzen zu lassen. Allerdings machten sich zugleich verschärfte Gegensätze zwischen einer traditionellen kaiserlichen Reichsitalienpolitik und einer primär den machtpolitischen Interessen Österreichs verpflichteten Italienpolitik geltend, wobei im Konfliktfall regelmäßig den österreichischen Belangen der Vorrang eingeräumt wurde.[26] Dies gilt verstärkt für die Zeit Karls VI. (1711–1740), denn nach dem Spanischen Erbfolgekrieg übte der Kaiser bzw. Österreich, gestützt auf die einst spanischen Besitzungen in Italien, zunächst eine kaum eingeschränkte Hegemonie über die Halbinsel

---

24 Aretin (1986): Reichsitalien, S. 111–117.
25 Aretin (1986): Reichsitalien, S. 125; vgl. auch Ders. (1968/ 1986): Heimfall; Ders. (1997): Das Alte Reich, Bd. 2, S. 85–106.
26 Vgl. Aretin (1986): Joseph I., S. 268–289; Ders. (1997): Das Alte Reich, Bd. 2, S. 194–215, 218, mit dem Resümee: „Bei seiner Reichsitalienpolitik benutze Joseph I. sowohl Savoyen als auch dem Papst gegenüber die Interessen des Reiches als Vorwand. Stärker noch als sein Vater wollte Joseph Italien als dritten Bestandteil der Großmacht Österreich ausbauen. Die Rechte des Reiches waren hier eine willkommene Ergänzung" (S. 218).

aus. Doch, so Aretin: „Die Reichsitalienpolitik Kaiser Karls VI., die mit großem Enthusiasmus und viel gutem Willen begonnen hatte, endete in einem Fiasko."[27] Für dieses Fiasko machte Aretin nicht nur die internationalen Entwicklungen mit dem für Österreich katastrophal verlaufenen Polnischen Thronfolgekrieg (1733–1735/38), sondern ganz wesentlich auch die verfehlte, sich auf den korrupten Spanischen Rat stützende Politik Karls VI. verantwortlich: „Diese bis 1757 bestehende Behörde war nicht nur wegen ihrer Habgier und Bestechlichkeit berüchtigt, sie hat auch mit einer Arroganz ohnegleichen eine gedeihliche Zusammenarbeit mit der Plenipotenz verhindert."[28] Auch im Themenfeld Reichsitalien finden sich also die klaren Positionierungen und Wertungen, die für das Œuvre Aretins so charakteristisch sind.

Um die Mitte des 18. Jahrhunderts war, so die Schilderung Aretins, die große Zeit Reichsitaliens vorbei. Zwar gelang nach dem „,Interregnum'" Karls VII.[29] eine gewisse Stabilisierung, und dem von Franz I. eingesetzten Plenipotentiar Antonio Botta Adorno bescheinigte Aretin durchaus ein energisches Vorgehen. Doch immer dann, wenn „Ärger mit auswärtigen Mächten drohte, hatte Franz I. im Interesse der österreichischen Politik nachgeben müssen".[30] Für die Zeit Josephs II. (1765–1790) konstatierte Aretin, dass sich die Verhältnisse in Reichsitalien „erheblich gebessert zu haben" schienen,[31] und machte dies an einigen Reformen im Justizwesen fest. Alles in allem tritt der Stellenwert Italiens in Band 3 seiner Reichstrilogie aber signifikant zurück; ja, für die letzten beiden Kaiser nach Joseph II. gibt es gar kein eigenes Reichsitalienkapitel mehr.

Große Aufmerksamkeit widmete Aretin im Zusammenhang mit Reichsitalien dem Reichshofrat, den er in einer durchaus zwiespältigen Rolle sah. Einerseits war er neben der Reichshofkanzlei diejenige Reichsinstitution, die am entschiedensten an den Reichsrechten in Italien festhielt und diese Position auch gegenüber den im engeren Sinne österreichischen Institutionen und bisweilen sogar gegenüber dem Kaiser vertrat. Andererseits wachte

---

27 Vgl. Aretin (1997): Das Alte Reich, Bd. 2, S. 351–380, hier S. 379.
28 Aretin (1986): Reichsitalien, S. 127.
29 Vgl. Aretin (1987): Karl VII.; Ders. (1986): Reichsitalien, S. 143–149.
30 Aretin (1997): Das Alte Reich, Bd. 3, S. 71.
31 Aretin (1997): Das Alte Reich, Bd. 3, S. 170.

er eifersüchtig über seine eigenen, v. a. jurisdiktionellen Kompetenzen in Italien und betrachtete die Plenipotenz mit einer gehörigen Portion Misstrauen, was Mitte des 17. Jahrhunderts zu ihrer zeitweiligen Aufhebung führte. Auch im 18. Jahrhundert suchte er die kaiserlichen Generalkommissare am ganz kurzen Zügel zu halten und widersetzte sich energisch einer Aufwertung der Plenipotenz zu einer eigenständigen Appellationsinstanz.[32]

Somit war auch der Reichshofrat mitverantwortlich dafür, dass die „Hoffnung auf eine Besserung der Lebensumstände",[33] die die Bewohner mancher Reichslehen auf den Kaiser richteten, vielfach unerfüllt blieb. Oftmals konnten oder wollten die Kaiser den erbetenen Schutz nicht leisten. Und selbst in der Phase, als die kaiserlichen Plenipotentiare ihre größte Aktivität entfalteten, also in der ersten Hälfte des 18. Jahrhunderts, brachte das für die italienischen Reichsuntertanen „Hilfe und Belastungen zugleich".[34] Man könnte resümieren, dass es in den kleinen italienischen Reichslehen zeitweise große Hoffnungen auf den kaiserlichen Schutz gab, die aber allzu oft enttäuscht wurden.

Karl Otmar von Aretin hat nicht nur den Schattenseiten und Defiziten des frühneuzeitlichen Reichsitalien erhebliche Aufmerksamkeit gewidmet, er hat auch die Schwierigkeiten, die sich einer Erforschung Reichsitaliens in den Weg stellten, sehr wohl erkannt und im Nachwort zur Überarbeitung seines Lehnesordnungs-Aufsatzes sehr deutlich benannt, indem er auf die Fülle des unerschlossenen Materials in zahlreichen Archiven und die weitgehend fehlenden Vorarbeiten hingewiesen hat. Die Schwierigkeiten lägen zudem im Gegenstand selbst: „Reichsitalien entzieht sich jeder systematischen Betrachtungsweise. Verfassungsstrukturen haben sich hier nie entwickelt. Jedes Lehen blieb im Grunde eine Welt für sich. […] Die Welt der kleinen Vasallen läßt sich nur in mühsamer Kleinarbeit erschließen."[35] Zugleich hat Aretin die Faszination dieses Forschungsfelds zum Ausdruck gebracht, wenn er von einer „vergessene[n] Geschichte" schreibt, die „sich

---

32 Vgl. Aretin: Reichsitalien (1986), S. 88–101.
33 Aretin (1986): Reichsitalien, S. 162.
34 Ebd.
35 Ebd.

grundlegend von der des übrigen Europa" unterscheide und die er als eine „fremde, unbekannte Welt" empfunden habe.³⁶

Die Wirkungen der Reichsitalienforschungen Karl Otmar von Aretins

Auch über 50 Jahre nach dem Erscheinen der ersten Reichsitalien-Aufsätze Aretins ist die Reichsitalienforschung weder in der deutschsprachigen noch in der italienischen Geschichtswissenschaft ein Hauptarbeitsgebiet. Andererseits sind seine Anregungen keineswegs folgenlos geblieben, sondern es hat sich zum einen ein nicht besonders zahlreicher, aber doch beständiger Kreis von Forscherinnen und Forschern etabliert, bei denen Aspekte der Geschichte Reichsitaliens einen mehr oder weniger gewichtigen Teil ihrer Forschung ausmachen. Zum anderen lässt sich beobachten, dass die reichsitalienische Geschichte verstärkte Berücksichtigung in übergreifenden Werken zu benachbarten Themen findet.

Erhebliche Bedeutung für die Erforschung Reichsitaliens besaß und besitzt die österreichische Geschichtswissenschaft, die den Beziehungen zum italienischen Nachbarn immer schon erhebliche Aufmerksamkeit gewidmet hat, freilich weniger unter der Überschrift „Reichsitalien", sondern mehr im Hinblick auf die habsburgischen Besitzungen südlich der Alpen. Es gibt aber eine Reihe von Publikationen österreichischer Provenienz zu spezifisch reichsitalienischen Themen, von denen einige parallel zu den Arbeiten Aretins erschienen, so zwei wichtige Aufsätze Gerhard Rills aus den 1960er bzw. 1970er Jahren zum Reichsvikariat und den kaiserlichen Kommissaren bzw. zur Garzweiler-Mission³⁷ und die Monographie Friedrich Edelmayers zum Konflikt um das Reichslehen-Finale von 1988.³⁸ Zu nennen sind außerdem

---

36 Aretin (1986): Reichsitalien, S. 161.
37 Rill, Gerhard: Reichsvikar und Kommissar. Zur Geschichte der Verwaltung Reichitaliens im Spätmittelalter und in der frühen Neuzeit, in: Annali della Fondazione italiana per la Storia amministrativa 2 (1965), S. 173–198; Ders.: Die Garzweiler-Mission 1603/4 und die Reichslehen in der Lunigiana, in: Mitteilungen des Österreichischen Staatsarchivs 31 (1978), S. 9–25.
38 Edelmayer, Friedrich: Maximilian II., Philipp II. und Reichsitalien. Die Auseinandersetzungen um das Reichslehen Finale in Ligurien, Stuttgart 1988 (= Veröffentlichungen des Instituts für Europäische Geschichte Mainz 130: Abteilung für

einige Aufsätze Leopold Auers zum Umfeld des Spanischen Erbfolgekriegs,[39] Studien Jan Paul Niederkorns zu den Subsidien und Kontributionen aus Italien[40] und Beiträge Elisabeth Garms-Cornides' zu den Italienern am Wiener Hof sowie zu verschiedenen Dimensionen der österreichisch-italienischen Beziehungsgeschichte,[41] schließlich die Pionierstudie Gernot Obersteiners

---

Universalgeschichte, Beiträge zur Sozial- und Verfassungsgeschichte des Alten Reiches 7).

39 Z. B. Auer, Leopold: Zur Rolle Italiens in der österreichischen Politik um das spanische Erbe, in: Mitteilungen des Österreichischen Staatsarchivs 31 (1978), S. 52–72; Ders.: Österreichische und europäische Politik um das spanische Erbe, in: Springer, Elisabeth/ Kammerhofer, Leopold (Hg.): Archiv und Forschung. Das Haus-, Hof- und Staatsarchiv in seiner Bedeutung für die Geschichte Österreichs und Europas, Wien 1993 (= Wiener Beiträge zur Geschichte der Neuzeit 20), S. 96–109. In den letzten Jahren hat sich Auer auch mit anderen Aspekten der reichsitalienischen Geschichte befasst und hier an die Aretinschen Ansätze angeknüpft: Ders.: Reichshofrat und Reichsitalien, in: Schnettger, Matthias/ Verga, Marcello (Hg.): L'Impero e l'Italia nella prima età moderna / Das Reich und Italien in der Frühen Neuzeit, Bologna/ Berlin 2006 (= Annali dell'Istituto storico italo-germanico in Trento, Contributi 17 / Jahrbuch des italienisch-deutschen historischen Instituts, Beiträge 17), S. 27–40.

40 Niederkorn, Jan Paul: Die europäischen Mächte und der „Lange Türkenkrieg" Kaiser Rudolfs II. (1593–1606), Wien 1993 (= Archiv für österreichische Geschichte 135); Zusammenfassung der wichtigsten Ergebnisse und zugleich Themenerweiterung in Ders.: Reichsitalien als Finanzquelle des Kaiserhofs. Subsidien und Kontributionen, 16.-17. Jahrhundert, in: Schnettger/ Verga (2006): L'Impero, S. 67–83. Von Niederkorns sonstigen einschlägigen Aufsätzen sei wegen des besonders engen Bezugs zu den Aretinschen Forschungen nur erwähnt Ders.: Reichsitalien und der Kaiserhof im Zeitalter der Hegemonie Spaniens 1559–1659, in: Chiarini, Paolo/ Zeman, Herbert (Hg.): Italia – Austria. Alla ricerca del passato comune / Österreich – Italien. Auf der Suche nach der gemeinsamen Vergangenheit, Bd. 1: 1450–1796, Roma 1995 (= Atti dell'Istituto Italiano di Studi Germanici 4, 1), S. 59–71.

41 Z. B. Garms-Cornides, Elisabeth: Reichsitalien in der habsburgischen Publizistik des 18. Jahrhunderts, in: Schnettger/ Verga (2006): L'Impero, S. 461–497; Dies.: Pietà ed eloquenza. Ecclesiastici italiani alla corte imperiale tra Sei- e Settecento, in: Bellabarba, Marco/ Niederkorn, Jan-Paul (Hg.): Le corti come luogo di comunicazione. Gli Asburgo e l'Italia (secoli XVI–XIX) / Höfe als Orte der Kommunikation. Die Habsburger und Italien (16. bis 19. Jahrhundert), Bologna/ Berlin 2010 (= Annali dell'Istituto storico italo-germanico in Trento, Contributi 24 / Jahrbuch des italienisch-deutschen historischen Instituts, Beiträge 24), S. 95–122.

zum Reichshoffiskal (1992/2003),[42] die überdies den italienischen Fiskalen große Aufmerksamkeit geschenkt hat. Damit hat die österreichische Forschung substanzielle Beiträge gerade zu solchen reichsitalienischen Themenfeldern – die Rolle Spaniens, Reichshofrat und Plenipotenz sowie italienische Fiskale – vorgelegt, die auch Karl Otmar von Aretin intensiv beschäftigt haben.

In den letzten Jahren hat die Reichsitalienforschung erheblich von der in österreichisch-deutscher Kooperation vorangetriebenen Erforschung des Reichshofrats profitiert (der allzu lang im Schatten des Reichskammergerichts stand). So lassen beispielsweise kürzlich abgeschlossene bzw. noch laufende Projekte einigen Aufschluss über Appellationen und Suppliken auch aus Reichsitalien an den Reichshofrat erwarten.[43] Damit ist an einem Themenfeld, das in den Reichsitalienstudien Aretins besondere Bedeutung besessen hat, substanziell weitergearbeitet worden.

Größere Aufsätze oder gar monographische Studien deutscher Historikerinnen und Historiker zu reichsitalienischen Themen sind allerdings nach wie vor Mangelware. In den letzten Jahren ist aber doch eine Reihe von Studien erschienen, die erkennbar von der Lektüre der Aretinschen Studien inspiriert worden sind und in erheblichem Ausmaß aus ihnen geschöpft haben.[44]

---

42 Obersteiner, Gernot: Das Reichshofratsfiskalat 1696 bis 1806. Bausteine zu seiner Geschichte aus Wiener Archiven, Staatsprüfungsarbeit Wien 1992, gekürzt in: Baumann, Anette u. a. (Hg.): Reichspersonal. Funktionsträger für Kaiser und Reich, Köln/ Weimar/ Wien 2003 (= Quellen und Forschungen zur höchsten Gerichtsbarkeit im Alten Reich 46), S. 89–164.

43 FWF-Projekt Appellationen an den Reichshofrat, URL: http://www.univie. ac.at/reichshofrat/index.php?article_id=24&clang=0 (25.06.2015); DFG/ FWF-Projekt: Untertanensuppliken am Reichshofrat in der Regierungszeit Kaiser Rudolfs II. (1576–1612), URL: http://www-gewi.uni-graz.at/suppliken/ de (25.06.2015).

44 Ich möchte hier nur auf meine eigenen Arbeiten verweisen, die nicht nur durch die Lektüre der Aretinschen Studien angestoßen worden sind, sondern in vielfacher Weise an ihre Ergebnisse anknüpfen, insbesondere: Schnettger, Matthias: Das Alte Reich und Italien in der Frühen Neuzeit. Ein institutionengeschichtlicher Überblick, in: Quellen und Forschungen aus italienischen Archiven und Bibliotheken 79 (1999), S. 344–420; Ders.: „Principe sovrano" oder „civitas imperialis"? Die Republik Genua und das Alte Reich in der Frühen Neuzeit (1556–1797), Mainz 2006 (= Veröffentlichungen des Instituts für Europäische Geschichte Mainz 209: Abteilung für Universalgeschichte, Beiträge zur Sozial- und Verfassungsgeschichte

Einige deutsche Forscher, die sich mit unterschiedlichen Aspekten der reichsitalienischen Geschichte oder zumindest verwandten Themenfeldern befasst haben, sind im Jahr 2003 auf einer anlässlich des 80. Geburtstags von Karl Otmar von Aretin veranstalteten Tagung in Trient mit österreichischen und italienischen Kolleginnen und Kollegen zusammengetroffen. In dem aus dieser Tagung hervorgegangenen Sammelband hat sich Heinhard Steiger mit dem Verhältnis von Völkerrecht und Lehensrecht in Italien beschäftigt, Alexander Koller den Stellenwert Reichsitaliens in den kaiserlich-päpstlichen Beziehungen thematisiert, Cornel Zwierlein das Verhältnis Savoyen-Piemonts zum Reich beleuchtet und Achim Landwehr unter der Überschrift *Reichsstadt Venedig?* den antivenezianischen „Squitinio della libertà veneta" in den Blick genommen.[45] Damit sind einige namhafte (Rechts-)Historiker mit ihren Forschungsgegenständen genannt, die in den letzten Jahren substanzielle Beiträge zur weiteren Erforschung Reichsitaliens geleistet haben.

Jenseits solcher Einzelstudien, die unabdingbar sind, um unsere Kenntnis von Reichsitalien voranzubringen, erscheint es mir wesentlich, dass den italienischen Lehensgebieten in übergreifenden Publikationen zu verwandten Themen in den letzten Jahren gelegentlich ein – natürlich begrenzter – Raum zugestanden wird, sei es im *Lesebuch Altes Reich*,[46] sei es in einem

---

des Alten Reiches 17); Ders.: Kooperation und Konflikt. Der Reichshofrat und die kaiserliche Plenipotenz in Italien, in: Amend, Anja u. a. (Hg.): Gerichtslandschaft Altes Reich. Höchste Gerichtsbarkeit und territoriale Rechtsprechung, Köln/ Weimar/ Wien 2007 (= Quellen und Forschungen zur höchsten Gerichtsbarkeit im Alten Reich 52), S. 127–149.

45 Schnettger/ Verga (2006): L'Impero, darin: Steiger, Heinhard: Völkerrecht versus Lehnsrecht? Vertragliche Regelungen über reichsitalienische Lehen in der Frühen Neuzeit, S. 115–152; Koller, Alexander: Reichsitalien als Thema in den Beziehungen zwischen Kaiser und Papst. Der Fall Borgo Val di Taro, S. 323–345; Zwierlein, Cornel: Savoyen-Piemonts Verhältnis zum Reich 1536 bis 1618. Zwischen ständischer Reichspolitik und absolutistischer Außenpolitik, S. 347–389; Landwehr, Achim: Reichsstadt Venedig? Der Angriff des „Squitinio della Liberta veneta" auf den venezianischen Mythos, S. 439–459.

46 Schnettger, Matthias: Feudi imperiali – Reichsitalien, in: Wendehorst, Stephan/ Westphal, Siegrid (Hg.): Lesebuch Altes Reich, München 2006 (= Bibliothek Altes Reich 1), S. 127–131.

Ausstellungskatalog zum 350. Jubiläum des Westfälischen Friedens,[47] sei es in einem Überblickswerk zur Geschichte der internationalen Beziehungen,[48] um nur wenige Beispiele zu nennen.

Für die Rezeption der Thesen Aretins in Italien war es zweifellos ein Hindernis, dass ein Großteil seiner Reichsitalienforschungen nicht italienisch verfasst oder ins Italienische übersetzt worden ist. Diejenigen Beiträge, die der italienischen Geschichtswissenschaft gut zugänglich waren, insbesondere der zu den italienischen Lehensordnungen in der Übersetzung von 1980, haben aber deutliche Spuren hinterlassen, zumal im letzten Viertel des 20. Jahrhunderts ein wachsendes Interesse italienischer Forscherinnen und Forscher an Reichsitalien zu konstatieren ist.[49]

Beachtliche Aufmerksamkeit haben die Ausführungen Aretins zur Italienpolitik der beiden habsburgischen Linien im späten 16. und im 17. Jahrhundert gefunden, denn sie können als gewichtiger Beitrag zu der seit einigen Jahrzehnten vorangetriebenen Revision des Bildes der spanisch-habsburgischen ‚Fremdherrschaft' gelesen werden. Überhaupt stellt die Dekonstruktion der Meistererzählung von der italienischen Frühen Neuzeit als eines Zeitalters der Fremdherrschaft und nationalen Erniedrigung, eines der Lieblingskinder der Risorgimento-Geschichtsschreibung, eine wichtige Voraussetzung auch für eine unverkrampfte Erforschung und Neubewertung

---

47 Oresko, Robert/ Parrott, David: Reichsitalien im Dreißigjährigen Krieg, in: Bußmann, Klaus/ Schilling, Heinz (Hg.): 1648. Krieg und Frieden in Europa, Textbd. 1: Politik, Religion, Recht und Gesellschaft, München 1998, S. 141–168.

48 Malettke, Klaus: Hegemonie – multipolares System – Gleichgewicht 1648/1659–1713/1714, Paderborn u. a. 2012 (= Handbuch der Geschichte der Internationalen Beziehungen 3), S. 227–232 u. ö.

49 Aretin, Karl Otmar von: Der Forschungsschwerpunkt „Probleme der Sozial- und Verfassungsgeschichte des Heiligen Römischen Reiches im Spätmittelalter und in der frühen Neuzeit" und das Projekt „Reichsitalien in der Zeit der spanischen Vorherrschaft 1556–1714", in: Ritter, Gerhard A./ Vierhaus, Rudolf (Hg.): Aspekte der historischen Forschung in Frankreich und Deutschland. Schwerpunkte und Methoden / Aspects de la recherche historiques en France et en Allemagne. Deutsch-Französisches Historikertreffen, Göttingen 3.–6.10.1979, Göttingen 1981 (= Veröffentlichungen des Max-Planck-Instituts für Geschichte 69), S. 95–101, hier 101: „Die Italiener fangen langsam an, diese Schicht [der italienischen Reichsvasallen, M. S.] zu untersuchen, nachdem sie dies lange der Lokalgeschichtsschreibung überließen."

der Geschichte Reichsitaliens dar. Wahrscheinlich am intensivsten hat sich in diesem Zusammenhang die Mailänder Historikerin Cinzia Cremonini mit den Thesen Aretins auseinandergesetzt, wobei sie bezüglich der intradynastischen Beziehungen in der Casa di Austria zu etwas anderen Ergebnissen gekommen ist bzw. jedenfalls die Akzente deutlich anders setzt, indem sie die Kooperation zwischen den beiden habsburgischen Linien sozusagen als Normalsituation bewertet und die von Aretin betonten Konflikte mehr als Ausnahme von dieser Regel betrachtet.[50]

Das südlich der Alpen gewachsene Interesse an der Geschichte Reichsitaliens wird durch eine ganze Reihe von Veranstaltungen und Publikationen belegt. Bereits 1995 erschien der Sammelband von Marcello Verga *Dilatar l'Impero in Italia*, der sich mit der Rückkehr des Reichs nach Italien infolge des Spanischen Erbfolgekriegs beschäftigt.[51] Ebenso wie an der bereits erwähnten Tagung in Trient (2003)[52] war auch bei einschlägigen Kolloquien

---

50 Cremonini, Cinzia: Impero e feudi italiani tra Cinque e Settecento, Roma 2004; Dies.: I feudi imperiali italiani tra Sacro Romano Impero e monarchia cattolica, seconda metà XVI–inizio XVII secolo, in: Schnettger/ Verga (2006): L'Impero, S. 41–65; Dies.: Das Reichslehenswesen in Italien zwischen Kaisertreue und spanischen Interessen: Einige Überlegungen, in: zeitenblicke 6 (2007), Nr. 1, [10.05.2007], URL: http://www.zeitenblicke.de/2007/1/cremonini/index_html, URN: urn:nbn:de:0009-9-8075 (25.06.2015), ital.: La feudalità imperiale italiana tra lealtà all'Impero e interessi spagnoli, in: Annali di Storia moderna e contemporanea 15 (2009), S. 131–141.
51 Verga, Marcello (Hg.): Dilatar l'Impero in Italia. Asburgo e Italia nel primo Settecento, Roma 1995 (= Cheiron 21).
52 Schnettger/ Verga (2006): L'Impero, darin als italienische Beiträge: Verga, Marcello: L'Impero in Italia. Alcune considerazioni introduttive, S. 11–24; Cremonini (2006): I feudi imperiali; Frigo, Daniela: Gli stati italiani, l'Impero e la guerra di Successione spagnola, S. 85–114; Andretta, Stefano: L'Impero dopo l'abdicazione di Carlo V e dopo la Pace di Westfalia in alcune testimonianze memorialistiche romane, S. 153–178; Tigrino, Vittorio: Istituzioni imperiali per lo stato sabaudo tra fine dell'antico regime e Restaurazione, S. 179–240; Mazzei, Rita: La Repubblica di Lucca e l'Impero nella prima età moderna. Ragioni e limiti di una scelta, S. 299–321; Cipriani, Giovanni: L'Impero e la cultura politica italiana nel primo Cinquecento, S. 393–415; Contini, Alessandra: La concessione del titolo di granduca e la „coronazione" di Cosimo I fra papato e Impero (1569–1572), S. 417–438.

in Rom (2006)[53] und Innsbruck (2014)[54] die italienische Beteiligung hoch. Außerdem haben in den letzten Jahren einige Veranstaltungen zum Themenfeld Reichsitalien stattgefunden, die ganz überwiegend in italienischer Trägerschaft standen, insbesondere 2003 in Albenga, Loano und Finale ligure zu den italienischen Reichslehen,[55] 2009 in Correggio[56] und Ende 2012 das stärker international geprägte Symposion zu „Stato sabaudo e Sacro Romano Impero".[57]

Daneben finden sich immer häufiger einschlägige Beiträge in Sammelbänden zu Themen, die in der einen oder anderen Weise mit Reichsitalien verknüpft sind, seien es Bände zu Karl V.[58] oder zum Spanischen Erbfolgekrieg.[59] Zudem gibt es Reichsitalien-Kapitel in zahlreichen Monographien

---

53 Schnettger, Matthias (Hg.): Kaiserliches und päpstliches Lehnswesen in der Frühen Neuzeit, in: zeitenblicke 6 (2007), Nr. 1 [10.05.2007], URL: http://www.zeitenblicke.de/2007/1 (25.06.2015) An dieser Veranstaltung nahm auch Karl Otmar von Aretin teil.
54 Rebitsch, Robert/ Schnettger, Matthias/ Taddei, Elena (Hg.): Reichsitalien in Mittelalter und Neuzeit (im Druck).
55 Cremoni, Cinzia/ Musso, Riccardo (Hg.): I feudi imperiali in Italia tra XV e XVIII secolo. Atti del Convegno di studi Albenga-Finale Ligure-Loano, 27–29 maggio 2004, Bordighera/ Albenga/ Roma 2010 (= Biblioteca del Cinquecento 146; Istituto Internazionale di Studi Liguri, Atti di Convegni 15).
56 Raviola, Blythe Alice (Hg.): Corti e diplomazia nell'Europa del Seicento. Correggio e Ottavio Bolognesi (1580–1646), Mantova 2014.
57 Bellabarba, Marco/ Merlotti, Andrea (Hg.): Stato sabaudo e Sacro Romano Impero, Bologna 2014 (= Annali dell'Istituto Storico Italo-Germanico in Trento, Quaderni 92).
58 Z. B. Cremonini, Cinzia: Considerazioni sulla feudalità imperiale italiana, in: Cantù, Francesca/ Visceglia, Maria Antonietta (Hg.): L'Italia di Carlo V. Guerra, religione e politica nel primo Cinquecento. Atti del Convegno internazionale di studi, Roma, 5–7 aprile 2001, Roma 2003 (= I libri di Viella 36), S. 259–276; Tabacchi, Stefano: Lucca e Carlo V. Tra difesa della „libertas" e adesione al sistema imperiale, in: Ebd., S. 411–432.
59 Z. B. Bartoli, Eugenio: La Guerra di Successione spagnola nell'Italia Settentrionale. Il Ducato di Guastalla e Mantova tra conflitto e soppressioni, in: Alvárez-Ossorio Alvariño, Antonio (Hg.): Famiglie, nazioni e Monarchia. Il sistema europeo durante la Guerra di Successione spagnola, Roma 2004 (= Cheiron 39–40), S. 159–221; Frigo, Daniela: Guerra, alleanze e „neutralità". Venezia e gli stati padani nella Guerra di Successione spagnola, in: Ebd., S. 129–158; Gallo, Francesca Fausta: Una difficile fedeltà. L'Italia durante la Guerra di Successione spagnola, in: Ebd., S. 245–265.

zu benachbarten Themenfeldern, bzw. Reichsitalien spielt zumindest eine wachsende Rolle als ein Reflexionshintergrund, den es (neben vielen anderen) zu beachten gilt.[60] Besonders ausgeprägt scheint mir diese Tendenz in Oberitalien zu sein, also in dem geographischen Raum des früheren Reichsitalien, aus naheliegenden Gründen insbesondere dann, wenn der Untersuchungsgegenstand ein früheres Reichslehen ist. Alles in allem ist die italienische Reichsitalienforschung unterdessen als aktiver und produktiver einzuschätzen als die deutschsprachige.[61]

Inwiefern der gewiss nicht fulminante, aber durchaus feststellbare Aufschwung der Reichsitalienforschung südlich der Alpen auf den Einfluss der Forschungen Karl Otmar von Aretins zurückgeht, lässt sich nicht präzise beziffern. Seine italienischsprachigen Publikationen, und insbesondere die Übersetzung des Lehenssystem-Aufsatzes sind aber offensichtlich breit rezipiert worden; regelmäßig werden seine (vor allem italienischsprachigen) Publikationen zitiert, immer wieder wird auf seine Thesen – sei es zustimmend oder ablehnend – Bezug genommen. Insofern ist seine Saat – wenngleich vielleicht nicht besonders üppig – auch südlich der Alpen aufgegangen.

Überhaupt mindert es den Stellenwert der Reichsitalienforschungen Aretins in keiner Weise, wenn man mittlerweile manche Aspekte anders akzentuieren, vielleicht sogar die eine oder andere Aussage, beispielsweise zur Frühzeit der Plenipotenz, hinterfragen würde. Seine Studien haben nicht nur den Anstoß zu manchen weiterführenden Arbeiten gegeben, sie können selbst heute noch den Charakter von Standardwerken beanspruchen, die niemand, der sich mit der Geschichte Reichsitaliens beschäftigen möchte, umgehen kann.

---

60 Z. B. Raviola, Blythe Alice: Il Monferrato gonzaghesco. Istituzione e élites di un micro-stato (1536–1708), Firenze 2003 (= Fondazione Luigi Firpo, Centro di studi sul pensiero politico, Studi e testi 20); Bianchi, Alessandro: Al servizio del principe. Diplomazia e corte nel ducato di Mantova, Milano 2012 (= Politica Estera e Opinione Pubblica, N. S.).

61 Außerhalb Italiens, Österreichs und Deutschlands findet Reichsitalien nach wie vor wenig Beachtung. Ausnahmen sind David Parrott und Robert Oresko, z. B. Dies. (1998): Reichsitalien, und Christopher Storrs, z. B. Ders.: Imperial Authority and the Levy of Contributions in „Reichsitalien" in the Nine Years War (1690–1696), in: Verga/ Schnettger (2006): L'Impero, S. 241–273.

Von Aretin weiterdenken

Ich halte die transalpine Erweiterung der Reichsgeschichte für eines der bleibenden geschichtswissenschaftlichen Verdienste Karl Otmar von Aretins. Er hat damit der Erforschung des frühneuzeitlichen Reichs eine Facette hinzugefügt, die nicht bloß irgendwie „‚exotisch'" ist, sondern auch Rückwirkungen auf das Reichsganze hat. Gerade der Blick auf die italienischen Lehensgebiete des Reichs kann einer – meines Erachtens unzulässigen – Perspektivenverengung auf ein lediglich ‚Deutsches Reich' entgegenwirken und ggf. das Interesse der außerdeutschen Geschichtswissenschaft am Alten Reich wecken. Positiv könnte sich hier auch der Cultural Turn in der Geschichtswissenschaft auswirken, denn die Vorliebe kulturgeschichtlicher Forschung für das Fremde könnte darüber hinaus der Beschäftigung mit Reichsitalien zugutekommen.

Die wissenschaftlichen Fortschritte, die in den letzten Jahren, ausgehend nicht zuletzt von den Forschungen Aretins, erreicht worden sind, sind beachtlich. Mindestens ebenso beachtlich ist aber die verbleibende Arbeit: Noch immer sind wir zumal für die Vorgeschichte und Frühzeit der kaiserlichen Plenipotenz in Italien zum Teil auf Vermutungen angewiesen, wissen wir viel zu wenig über die Amtstätigkeit der ersten Generalkommissare in Italien. Die Feststellung Aretins von 1986: „Kein Einzelner ist in der Lage, die in den italienischen Archiven lagernden Archivbestände über Reichsitalien zu erfassen und zu bearbeiten"[62], besitzt fraglos nach wie vor Gültigkeit. Die nähere Zukunft der Reichsitalienforschung liegt meiner Einschätzung daher in – gern vielleicht auch monographischen – Spezialstudien zu einzelnen Ereignissen, Territorien, Dynastien, Institutionen, Epochen etc. Dabei gilt das, was für die allgemeine Reichsgeschichtsforschung gilt, dass es nämlich wichtig ist, neue Fragestellungen und Methoden für dieses Themenfeld aufzugreifen und z. B. nach den Repräsentationen von Kaiser und Reich in Italien zu fragen, nach den vielfältigen transalpinen Transferprozessen oder nach der Stellung der Frauen in der italienischen Reichslehensordnung und in der Regierung der italienischen Reichslehen. Wünschenswert erscheint mir in diesem Zusammenhang nicht zuletzt eine stärkere Kooperation mit der Mediävistik, denn trotz aller Neuansätze in der Zeit Karls V. hat das

---

62 Aretin (1986): Reichsitalien, S. 162.

frühneuzeitliche Reichsitalien unübersehbare und tiefreichende mittelalterliche Wurzeln.

Vielleicht macht es dann, wenn eine hinreichende Zahl von Spezialstudien vorliegt, in einiger Zeit auch Sinn, zu einer monographischen Geschichte Reichsitaliens voranzuschreiten, die die aus den 1930er Jahren datierende, zwar nach wie vor unentbehrliche, in vielerlei Hinsicht jedoch längst überholte Arbeit von Salvatore Puglieses zu ersetzen und damit einen von ihm selbst nicht umgesetzten Plan Karl Otmars von Aretin zu erfüllen.[63]

---

63 Pugliese, Salvatore: Le prime strette dell'Austria in Italia, Milano 1932 (zweite Auflage u. d. Titel: Il Sacro Romano Impero in Italia, ebd. 1935). Vgl. Aretin (1986): Reichsitalien, S. 77, (Anm. 2) sowie das Arbeitsprogramm in Ders. (1981): Forschungsschwerpunkt, S. 98–101.

Kristof Lukitsch

‚Braune Anfänge': Die Darmstädter Geschichtswissenschaft der Nachkriegszeit[1]

In der Rückschau erscheint die schnelle Wiedereröffnung der Technischen Hochschule (TH) Darmstadt am 17. Januar 1946 geradezu unwahrscheinlich. Nur eineinhalb Jahre waren damals seit der weitgehenden Zerstörung der baulichen und administrativen Infrastruktur durch den Bombenangriff in der Nacht des 11. September 1944 vergangen. Bei näherer Betrachtung allerdings offenbart sich ein sehr reduziertes, auf das Angebot tagesaktuell gefragter Studienmöglichkeiten begrenztes Veranstaltungsprogramm. Auch das Studienfach Geschichte scheint dieser restriktiven Politik zum Opfer gefallen zu sein. Tatsächlich aber waren die letzten einschlägigen Veranstaltungen schon im Studienjahr 1940–41 angeboten worden.[2] Von einer festen Institutionalisierung der geschichtswissenschaftlichen Lehre konnte aber auch schon damals keine Rede mehr sein, denn mit der altersbedingten Entpflichtung Arnold Bergers hatte die Hochschule bereits 1933 ihre einzige Professur für Geschichte verloren.[3] Zumindest personell hatte das Jahr 1945 für die Geschichtslehre an der TH also keine Bedeutung: Weder bestand die Notwendigkeit, sich von belasteten Historikern zu trennen, noch musste die TH für etwaige Publikationen oder Dissertationen die moralische Verantwortung übernehmen. Umso erstaunlicher erscheint es daher, dass im Rahmen der

---

1 Dieser Beitrag basiert auf einer im Wintersemester 2012/13 an der TU Darmstadt verfassten Hausarbeit. Für die vielen Ratschläge und Hilfestellungen während der Erstellung und Überarbeitung möchte ich an dieser Stelle Prof. Dr. Christof Dipper und Dr. Isabel Schmidt recht herzlich danken.
2 Das ergab eine Durchsicht der Vorlesungsverzeichnisse der TH Darmstadt.
3 Arnold Berger, habilitierter Literaturwissenschaftler, war seit Wintersemester 1905/06 Ordinarius für Literaturgeschichte und Geschichte und „angesehener Lutherspezialist" (Aretin, Karl Otmar von: Das Institut für Geschichte der Technischen Hochschule, in: Hundert Jahre Technische Hochschule Darmstadt, Darmstadt 1977 [= Jahrbuch ‚76/77], S. 146–151, hier S. 147), der dafür 1917 von der Universität Gießen den theologischen Ehrendoktor erhalten hatte. Berger las zum letzten Mal im Sommersemester 1935; die Streichung seines Lehrstuhls aus Ersparnisgründen war schon 1932 beschlossen worden.

Neuformierung der Geschichtslehre ab den frühen 1950er Jahren nicht die Gelegenheit genutzt wurde, sich nun mittels personalpolitischer Entscheidungen auch *aktiv* vom Geist des Nationalsozialismus zu distanzieren. Das Gegenteil war der Fall: Mit Walther Kienast, Hellmut Rößler und Wilhelm Schüßler fanden drei Historiker Anstellung, die alle mehr oder weniger stark durch Mitwirkung an der NS-Geschichtspolitik belastet waren.

Der folgende Beitrag zielt darauf ab, ein Bild des Darmstädter Geschichtspersonals der unmittelbaren Nachkriegszeit zu zeichnen und somit eine Vorstellung über die 1964 von Karl Otmar von Aretin vorgefundenen Zustände zu ermöglichen. Hierzu werden nach einer kurzen Überblicksdarstellung die Biographien, das Wirken in der Zeit des ‚Dritten Reiches' und das wissenschaftliche Werk der ersten Darmstädter Nachkriegshistoriker untersucht.[4] Nach den Einzelcharakterisierungen soll der Versuch unternommen werden, die zeitgenössischen informellen und institutionalisierten Netzwerke der deutschen Historikerschaft zu rekonstruieren, um so die Verknüpfung der Darmstädter Geschichtsprofessoren mit anderen ehemaligen nationalsozialistischen Historikern darzustellen.

Einrichtung einer Diätendozentur für Geschichte 1953

In der Einrichtung einer Diätendozentur für Geschichte im Studienjahr 1953/54 lässt sich der Versuch erkennen, der Geschichtswissenschaft an der TH erstmals nach dem Zweiten Weltkrieg eine institutionelle Basis zu verschaffen.[5] Mit Walther Kienast konnte für deren Besetzung ein erfahrener und durchaus prominenter Historiker gewonnen werden. Kienast, der bis zu seiner politisch bedingten Entlassung 1945 eine ordentliche Professur an der Universität Graz innehatte, tat sich in der Zeit des ‚Dritten Reiches' besonders durch seine Rolle als Mitherausgeber der Historischen Zeitschrift (HZ) hervor.[6] Dieses Amt bekleidete er von 1935 bis 1943. Bedeutung erhält die Tätigkeit, wenn sie in den Kontext der damaligen Umbruchphase der HZ

---

4 Über den Inhalt ihrer Lehre an der TH Darmstadt kann keine Aussagen getroffen werden, weil hierzu außer mehr oder weniger aussagekräftigen Veranstaltungstiteln kein Quellenmaterial vorliegt.
5 Universitätsarchiv Darmstadt (UA): TH 25/01 Band II 591/2, Blatt 1.
6 Schulze, Winfried: Deutsche Geschichtswissenschaft nach 1945, München 1989 (= Historische Zeitschrift, Beiheft 10), S. 126.

gestellt wird. Kienasts Berufung fiel mit der politisch motivierten Entlassung Friedrich Meineckes aus der Herausgeberschaft der Zeitschrift und der Einsetzung des sich dezidiert zur nationalsozialistischen Ideologie bekennenden Karl Alexander von Müllers als dessen Nachfolger zusammen.[7] Auch wenn Kienast, seit 1933 Mitglied der NSDAP, nie als scharfzüngiger Ideologe in Erscheinung trat und ihn der Historiker Helmut Heiber im Nachhinein als politisch eher „farblos" charakterisierte – ihm sogar das Verdienst zusprach, er habe durch seine neutrale Weltanschauung und politische Zurückhaltung wesentlich dazu beigetragen, dass die HZ nicht gänzlich der nationalsozialistischen Ideologie anheimgefallen sei – bleiben Restzweifel an der politischen und moralischen Integrität Kienasts.[8] Bei der Lektüre eines seiner Werke aus dem Jahr 1943 stechen zeittypische Vokabeln ins Auge.[9] Wenn er etwa den Lothringern attestiert, sie seien „dem germanischen Mutterschoß entsprungen, zweifellos rassisch gemischt, jedoch nach Blut und Herkunft viel gleichartiger als die Bestandteile, aus denen das französische Volk sich bilden sollte", fällt eine Verortung im zeitgenössisch-völkischem Diskurs nicht schwer.[10] An anderer Stelle hielt er fest: „Das deutsche Kaiserreich war die Ordnungsmacht des Abendlandes. Nicht Unterdrückung [...] war sein Inhalt, sondern Führung [...]. Nicht Weltherrschaft, sondern Weltdienst."[11] Ähnliche Aussagen über die ‚Ordnungsaufgabe' des Deutschen Reiches in Europa finden sich zuhauf in den Werken anderer nationalistisch gesinnter Autoren. Angesichts der nur kurzen Verweildauer Kienasts in Darmstadt – schon zum Wintersemester 1953 verließ er die Technische Hochschule in Richtung Frankfurt – darf sein Einfluss insgesamt aber wohl nicht zu hoch bemessen werden.

---

7 Heiber, Helmut: Walter Frank und sein Reichsinstitut für Geschichte des neuen Deutschlands, Stuttgart 1966 (= Quellen und Darstellungen zur Zeitgeschichte 13), S. 279ff.
8 Schulze (1989): Geschichtswissenschaft, S. 34; Heiber (1966): Walter Frank, S. 295.
9 Kienast, Walther: Deutschland und Frankreich in der Kaiserzeit, Leipzig 1943 (= Das Reich und Europa).
10 Kienast (1943): Deutschland, S. 23.
11 Kienast (1943): Deutschland, S. 97.

Umwandlung in ein außerordentliches Ordinariat und Berufung Hellmuth Rößlers

Kienasts Weggang bedeutete zugleich das Ende der kurz zuvor eingerichteten Diätendozentur, denn sie konnte nach längeren Verhandlungen in ein außerordentliches Ordinariat für Neuere Geschichte umgewandelt werden.[12] Zum ersten Inhaber dieses Lehrstuhls wurde im Wintersemester 1954/55 der Historiker und promovierte Jurist Hellmuth Rößler berufen.[13]

Rößler, 1910 in Dresden geboren, studierte ab 1929 Rechts- und Staatswissenschaften sowie Geschichte an den Universitäten Erlangen, Wien und Leipzig. 1932 begann er sein juristisches Referendariat bei der Staatsanwaltschaft am Landgericht Dresden. Seine Dissertation wurde im November 1933 von der juristischen Fakultät der Universität Leipzig angenommen.[14] Nach Beendigung seines Referendariats 1935 war Rößler juristischer Sachbearbeiter beim *Hauptamt für Volkswohlfahrt* der NSDAP-Reichsleitung und bemühte sich mit Erfolg 1937 um einen Forschungsauftrag des *Reichsinstituts für Geschichte des neuen Deutschlands*. Ergebnis war sein Werk *Österreichs Kampf um Deutschlands Befreiung*, auf dessen Grundlage er am 29. März 1941 von der philosophischen Fakultät der Universität Wien (Gutachter waren Heinrich Ritter von Srbik, Wilhelm Bauer und Otto Brunner) habilitiert wurde.[15] Nach Ableistung seines Wehrdienstes 1941 bis 1942 lehrte er als Universitätsdozent an der Universität Wien, bis er im November 1943 als

---

12 UA Darmstadt: TH 25/01 Band II 591/2, Blatt 1.
13 UA Darmstadt: TH 25/01 Band II 591/2, Blatt 12. Vielfach, z. B. in den Nachrufen seiner Freunde Günther Franz im Historisch-Politischen Buch 1968 und Friedrich-Wilhelm Euler im Archiv für Sippenforschung 1969/70, ist zu lesen, dass Rößler zwei Doktortitel gehabt habe, neben dem juristischen auch den philosophischen. Das ist jedoch falsch. Rößler selbst hat das im amtlichen Verkehr nie behauptet. Er erklärte dagegen seine Hinwendung zur Geschichtswissenschaft mit seiner Chancenlosigkeit als Jurist aufgrund seiner scharfen Kritik am ‚Dritten Reich'; deshalb sei auch seine Examensnote herabgesetzt worden. So steht das auch im Berufungsbericht.
14 Rößler, Hellmuth: Fragen aus der preussischen Grundpfandgesetzgebung im 17. und 18. Jahrhundert vor dem Jahre 1780, Dresden 1933.
15 Rößler wurde auf eigenen Antrag und mit Genehmigung des Reichserziehungsministeriums zum Dr. jur. habil. habilitiert und erhielt dann auf weiteren Antrag schließlich am 8. Juni 1942 die Lehrbefugnis für Neuere Geschichte. UA Wien: PH PA 3062 (frdl. Mitt. Mag. Thomas Maisel, 9.6.2015).

planmäßiger außerordentlicher Professor an die Universität Innsbruck berufen wurde. Am 30.6.1945 wurde er dort wie alle reichsdeutschen Wissenschaftler aus dem österreichischen Staatsdienst entlassen.[16] Bevor er ab 1948 mit Genehmigung der amerikanischen Militärregierung private Nachholkurse für Studenten der Geschichte in Erlangen abhalten konnte, wirkte er in den ersten Nachkriegsjahren in München an der Konzeption der *Neuen Deutschen Biographie* mit.[17] Von der Universität Erlangen wurde er im September 1950 zum Privatdozenten für Neuere und Neueste Geschichte und später zum außerplanmäßigen Professor ernannt. Seit dem Studienjahr 1954/55 hatte Rößler das außerordentliche Ordinariat für Neuere Geschichte an der TH Darmstadt inne.

Rößler und die TH Darmstadt

Hellmuth Rößlers Verbindung zur TH war schon einige Jahre vor seiner Berufung zustande gekommen. Bereits 1948 sollte ihm ein Lehrauftrag für *Wissenschaftliche Politik* erteilt werden[18] und als im Jahr 1949 der neu zu errichtende Lehrstuhl für dieses Fach besetzt werden sollte, war er kurzzeitig auch dafür im Gespräch. Als hinderlich erschien jedoch die schiere Tatsache, dass Rößler im Zuge seines Entnazifizierungsverfahrens am 3.10.1947 von der Spruchkammer Erlangen-Stadt in die Gruppe IV der „Mitläufer" eingestuft worden war.[19] Wie aus dem Protokoll der Fakultätssitzung vom 12.5.1949 hervorgeht, wurde Rößler zuvor insbesondere von Wilhelm Schüßler befürwortet,[20] der außerdem die beiden Historiker Fritz Valjavec und

---

16 UA Darmstadt: TH25/01, Band II 591/2, Blätter 2 und 3.
17 UA Darmstadt: TH25/01, Band II 591/2, Blatt 10 der Erlanger Akten.
18 UA Darmstadt: 200/376, Ordinariat Neuere Geschichte, Zeitgeschichte 1949–71, Brief von Dekan Kogon an den hessischen Minister für Erziehung und Volksbildung vom 19. Februar 1954.
19 Staatsarchiv Nürnberg: Spruchkammer Erlangen-Stadt R 132 Hellmuth Rößler, Sühnebescheid der Spruchkammer Stadtkreis Erlangen vom 14.10.1947. Die Spruchkammer verurteilte Rößler zudem zu einer Geldsühne von 100 Reichsmark.
20 UA Darmstadt: 200/369 (276), Berufung A-Z. Lehrstuhl für wissenschaftliche Politik 1949–1961 (Teil 1), Protokoll der Fakultätssitzung vom 12.5.1949.

Erwin Hölzle empfahl.[21] Alle drei hatten 1945 ihre Stellen verloren. Ohne vorweg greifen zu wollen, kann gesagt werden, dass allein diese Empfehlungen viel über die Ansichten und persönlichen Netzwerke Wilhelm Schüßlers aussagen.[22] Der Lehrstuhl wurde dann aber mit Eugen Kogon besetzt, weil das Kultusministerium in dieser neuen Disziplin nur völlig unbelastete Personen haben wollte.

Rößler, der bekanntlich in der Zwischenzeit eine Anstellung an der Universität Erlangen gefunden hatte, kam wieder ins Spiel, als es um die Besetzung des neu eingerichteten Extraordinariats für Neuere Geschichte ging. Formell erfüllte Rößler nun die hessischen Anforderungen: Zuvor als ‚Mitläufer' eingestuft, hatte die Berufungshauptkammer Nürnberg dieses Urteil am 17. Oktober 1949 revidiert.[23] Nunmehr der Gruppe der „Entlasteten" zugeordnet, erhielt er darüber hinaus 1952 als nach Artikel 131 des Grundgesetzes „anspruchsberechtigter Amtsverdrängter" einen Unterbringungsschein, der ihm die Wiederverwendung im öffentlichen Dienst ermöglichte.[24] Im Rahmen

---

21 UA Darmstadt: 200/369 (276), Berufung A-Z. Lehrstuhl für wissenschaftliche Politik 1949–1961 (Teil 1), Brief Wilhelm Schüßlers an den Dekan der Fakultät vom 7.3.1949.
22 Fritz Valjavec war nicht nur ein prononciert nationalsozialistischer Historiker, sondern wahrscheinlich auch unmittelbar an der Ermordung von Minderheiten in Südosteuropa beteiligt. Vgl.: Haar, Ingo: Fritz Valjavec. Ein Historikerleben zwischen den Wiener Schiedssprüchen und der Dokumentation der Vertreibung, in: Scherzberg, Lucia (Hg.): Theologie und Vergangenheitsbewältigung. Eine kritische Bestandsaufnahme im interdisziplinären Vergleich, Paderborn 2005, S. 103–119, hier S. 106ff. Auch Erwin Hölzle, wie Rößler bei Srbik habilitiert, war als Mitarbeiter der *Arbeitsgemeinschaft zur Erforschung der bolschewistischen Weltgefahr* (Amt Rosenberg) mehr als nur oberflächlich mit dem NS-Regime verbunden. Vgl.: Klee, Ernst: Das Personenlexikon zum Dritten Reich. Wer war was vor und nach 1945, Frankfurt 2003, S. 262.
23 Staatsarchiv Nürnberg: Spruchkammer Erlangen-Stadt R 132 Hellmuth Rößler, Entscheid der Hauptberufungskammer Nürnberg vom 17.10.49.
24 UA Darmstadt: TH 25/01, Band II 591/2, Blatt 3. Artikel 131 des Grundgesetzes von 1951 betraf Personen, die am 8. Mai 1945 dem öffentlichen Dienst angehörten und „aus anderen als beamten- oder tarifrechtlichen Gründen ausgeschieden" waren. Waren damit ursprünglich Personen gemeint, die vor diesem Datum in den verlorengegangenen Reichsgebieten tätig waren, so schloss er faktisch auch all jene ein, die unter alliierter Verantwortlichkeit entnazifiziert worden waren. Im Prinzip nahm er dem größten Teil der Entnazifizierungsurteile die Wirkung. Vgl. Schulze (1989): Geschichtswissenschaft, S. 124–125.

der Beratungen um die Besetzung des neu geschaffenen Extraordinariats für Neuere Geschichte entwickelte sich Rößler schnell zum Wunschkandidaten des Berufungsausschusses und auch des Dekans der Fakultät für Kultur- und Staatswissenschaften, Eugen Kogon.[25] In einem Brief an den hessischen Minister für Erziehung und Volksbildung lobte Kogon Rößler als Wissenschaftler, der „in vorzüglicher Weise" die Erwartungen der Fakultät erfülle.[26] Im angehängten Bericht des Berufungsausschusses heißt es: „Die Fachurteile über Herrn Professor Rößler sind durchaus positiv, so vor allem das des emeritierten Universitätsprofessors Dr. Wilhelm Schüßler, des seinerzeitigen Nachfolgers von Friedrich Meinecke an der Universität Berlin."[27] Bei genauerer Betrachtung der Berufungsverhandlungen fällt auf, dass an der endgültigen Entscheidung nur drei Personen beteiligt waren: der damalige Rektor der Hochschule, Kurt Klöppel, der Professor für Philosophie Karl Schlechta und der Fakultätsdekan und Professor für Wissenschaftliche Politik, Eugen Kogon.[28] Nachdem auf Ersuchen der Hochschule Rößler zunächst mit seiner eigenen Vertretung beauftragt wurde, konnte dieser seine Tätigkeit in Darmstadt im November 1954 aufnehmen, wo er bis zu seinem frühen Tod mit nur 58 Jahren im August 1968 verblieb.[29]

Hellmuth Rößlers Rolle im Nationalsozialismus

Seit 1933 war Hellmuth Rößler Mitglied der SA, von 1940 an Parteigenosse der NSDAP.[30] Entgegen seinen späteren Schutzbehauptungen, aus beruflichen

---

25 Dieses Extraordinariat war übrigens eine Forderung von Rößler selbst, der als Erlanger beamteter apl. Professor sich nicht mit der Stelle eines planmäßigen Diätendozenten begnügen wollte. Vgl.: UA Darmstadt: 200/376, Brief Rößlers an den Dekan der Fakultät.
26 UA Darmstadt: 200/376, Brief Kogons an den hessischen Minister für Erziehung und Volksbildung vom 19.2.1954.
27 UA Darmstadt: 200/376, Bericht des Berufungsausschusses. Anzumerken ist, dass Schüßler nicht der direkte Nachfolger Meineckes war, zum Zeitpunkt seines Empfehlungsschreibens kein Universitätsprofessor war und auch keineswegs den Status eines Emeritus innehatte.
28 UA Darmstadt: 200/376, Bericht des Berufungsausschusses, 19.2.1954. Es handelte sich um eine *unico loco*-Liste.
29 UA Darmstadt: TH 25/01, Band II 591/2, Blatt 39.
30 Schmidt, Isabel: Die TH Darmstadt in der Nachkriegszeit (1945–1960), phil. Diss. masch., Technische Universität Darmstadt 2014, S. 343.

Gründen zum Parteibeitritt genötigt worden zu sein,[31] lässt sich ein aktives Drängen auf Aufnahme schon seit August 1937, d. h. bald nach der Lockerung der Mitgliedersperre, erkennen. Darüber hinaus war Rößler Mitglied diverser NS-Organisationen, wie etwa des *Nationalsozialistischen Altherrenbundes*[32] und des *Nationalsozialistischen Rechtswahrerbundes.*[33] Auch sonst lässt sich eine institutionelle Etablierung feststellen: Er war, wie oben berichtet, seit 1935 Angestellter einer Parteiorganisation der NSDAP[34] und wurde seit 1937 vom *Reichsinstitut für Geschichte des neuen Deutschlands* mit einem Forschungsstipendium gefördert, das ihm den Wechsel in die Geschichtswissenschaft erlaubte. Nach der Ableistung eines kurzen Wehrdienstes und einer anschließenden Lehrtätigkeit an der Universität Wien wurde er Ende 1943 als planmäßiger außerordentlicher Professor für Allgemeine Geschichte der Neuzeit an die Universität Innsbruck berufen.

Nationalsozialistische Versatzstücke: Eine Analyse von Rößlers Werk

Aufschluss über persönliche Einstellungen und Denkmuster können diese biographischen Daten freilich nicht geben; hierzu ist es dienlich, sich des umfangreichen wissenschaftlichen Nachlasses Rößlers zu bedienen. Finden sich in seiner Dissertationsschrift von 1933 noch keine Hinweise auf eine nationalsozialistisch geprägte Einstellung, ändert sich das bei der

---

31 Schüßler schrieb Kogon, Rößler sei „wahrscheinlich ‚Zwangs-PG'" geworden, um sich zu habilitieren; Brief vom 14.4.1954; UA Darmstadt: TH 25/01, Band II 591/2. Es ist zwar richtig, dass nach 1938 kaum noch eine Habilitation oder Berufung ohne Parteimitgliedschaft möglich war, aber Rößler stand dem NS-Regime mit Sicherheit nicht fern.

32 In Erlangen hatte Rößler vier Semester lang dem Corps Baruthia im Kösener S.C. Verband angehört.

33 Staatsarchiv Nürnberg: Spruchkammer Erlangen-Stadt R 132 Hellmuth Rößler, Arbeitsblätter der Spruchkammer Erlangen, Sühnebescheid vom 14.10.1938.

34 Das wurde nach 1945 stets verheimlicht, weil das mit seiner angeblichen Widerständigkeit und Unbeugsamkeit nicht zusammenpasste. In Eulers Nachruf heißt es z. B., es habe sich „eine Zusammenarbeit mit der staatlichen Exekutive in Sachsen sehr bald als unmöglich erwiesen"; Euler, Friedrich-Wilhelm: Nachruf, in: Archiv für Sippenforschung 34/35 (1969/70), S. 73–77, hier S. 73. Seine von der NSDAP geführte und deshalb im ehemaligen BDC liegende Personalakte ist jedoch der unwiderlegliche Beweis.

Betrachtung eines von Rößler mitverfassten Buches von 1939. Zusammen mit dem Oberverwaltungsgerichtsrat von Hausen erstellte Rößler, seit dem 23.9.1935 beim Hauptamt für Volkswohlfahrt in Berlin angestellt, einen *Grundriß der Deutschen Wohlfahrtspflege*.[35] Zweifellos waren sie an die bestehenden Rechtsverhältnisse gebunden, dennoch sind sie als Verfasser für die Inhalte und die Schärfe der Formulierungen verantwortlich. Unter dem Überpunkt *Öffentliche Fürsorge für Juden* ist zu lesen:

> Die Juden bilden einen Fremdkörper im deutschen Volke. Die Reinerhaltung des deutschen Blutes als Voraussetzung gesunder Entwicklung des deutschen Volkes und der Schutz der deutschen Kultur vor der zersetzenden Einwirkung des artfremden jüdischen Geistes machen die allmähliche völlige Ausscheidung des Judentums notwendig.[36]

In seinem bereits 1934 erschienenen Werk *Der Soldat des Reiches Prinz Eugen* kann ein anderer Ansatz erkannt werden, der zudem noch nach dem Zweiten Weltkrieg prägend für Rößlers Werk war: religiöse Deutung der Geschichte, gepaart mit dem Anspruch auf deutsche Vorherrschaft. Der allererste Satz des ersten historischen Werkes Rößlers lautet: „Als Gott Europa schuf, schuf er Deutschland und Frankreich, um in sich rein darzustellen die großen Gegensätze europäischen Seelentums, Gegenspieler von Natur."[37] Die Charakterisierung der Deutschen als gottgewollt überlegen, schloss er in der 1944 erschienenen Neuauflage mit den Worten:

> Das deutsche Volk ist durch Eugen zum Mittler dieser Völker [Anm. des Verf.: Rößler bezog sich auf verschiedene Volksgruppen Osteuropas] berufen worden. Ihnen allen Führer zu sein in diese Zukunft und das Begonnene zu vollenden, das ist das große Recht, das uns der jetzt zum Reich zurückgekehrte österreichische Bruderstamm aus dem Erbe seiner Geschichte mitbringt, das ist die Verpflichtung, die uns aus diesem Leben Eugens erwächst.[38]

Mit dem Versuch der geschichtlichen Legitimation einer „Ordnungsaufgabe" des Deutschen Reiches im Osten Europas betrat Rößler einen zeittypischen

---

35 Staatsarchiv Nürnberg: Spruchkammer Erlangen-Stadt R 132 Hellmuth Rößler, Korrespondenz der Hauptkammer Nürnberg AZ. HKN. 20600 PÜ/E; von Hausen, H.-E./ Rößler, Hellmuth: Grundriß der Deutschen Wohlfahrtspflege, Leipzig 1939 (= Neugestaltung von Recht und Wirtschaft 11).
36 von Hausen/ Rößler (1939): Grundriß, S. 38.
37 Rößler, Hellmuth: Der Soldat des Reiches Prinz Eugen, Berlin 1934, S. 7.
38 Rößler, Hellmuth: Der Soldat des Reiches Prinz Eugen, Berlin ²1943, S. 283.

Weg. Seine religiöse Fundamentierung wirkt jedoch sogar im Vergleich mit anderer zeitgenössischer Literatur äußerst unseriös. Kann gegen all diese Beispiele immer noch das Gegenargument vorgebracht werden, der Verfasser habe nur unter dem Zwang eines allgemein vorherrschenden Zeitgeistes gehandelt, lassen Aussagen dieser Art nach 1945 eine solche Rechtfertigung nicht mehr zu. Umso deutlicher treten in den Nachkriegswerken Rößlers dessen eigene Überzeugungen hervor, etwa in seiner 1955 erschienenen Monographie *Größe und Tragik des christlichen Europa*.[39] Schon im Vorwort wird klar, dass hier ein Historiker schreibt, der sich mit den politischen Ereignissen seit 1945 nicht anfreunden konnte. Rößlers Ansicht, „romantische Sehnsucht nach einem ungebrochenen Leben" finde „leichter Befriedigung im Mittelalter mit seiner kirchlichen Einheit des Abendlandes", spricht Bände und klingt dabei noch unfassbar naiv.[40] Noch deutlicher wird sein Verdruss, wenn er 1945 als „Endzeit der neuzeitlichen Kultur" bezeichnet.[41] Eindeutige Stellung bezog Rößler im letzten Kapitel *Auflösung Europas 1920–1950*: Die Aussage: „[e]r [Anm. des Verf.: Hitler] wie die sich ihm anschließenden berufslos gewordenen Offiziere waren durch den Krieg zum rücksichtslosen Gebrauch aller Kampfmittel erzogen worden; sie hatten deshalb den Brachialterror der SPD und KPD, durch den sie in ihrer politischen Meinungsäußerung bedroht wurden, durch den Einsatz von SA und SS gebrochen", ist wohl an dreister Verfälschung und einseitiger Darstellung kaum zu übertreffen.[42] Die „deutsche Erbgesundheitspflege" und den „Kampf gegen den dekadenten Intellektualismus im deutschen Bürgertum" stellte er positiv (er sprach davon, dass Hitler „all die fruchtbaren Ideen seiner Zeit benutzte") als konsequente politische Umsetzung der Philosophie Nietzsches dar.[43] Auch zehn Jahre nach dem Krieg konnte sich Rößler also nicht von der ideologisch verquasten Nietzsche-Rezeption des Nationalsozialismus trennen. Seine Neigung, die Geschichte immerfort nach religiösen Deutungsmöglichkeiten zu durchkämmen, wird ebenso in diesem Werk auf beinahe jeder Seite

---

39 Rößler, Hellmuth: Größe und Tragik des christlichen Europa. Europäische Gestalten und Kräfte der deutschen Geschichte vom Spätmittelalter bis zur Gegenwart, Frankfurt 1955.
40 Rößler (1955): Größe, S. V.
41 Rößler (1955): Größe, S. VI.
42 Rößler (1955): Größe, S. 748.
43 Rößler (1955): Größe, S. 749.

erkennbar. Schon zeitgenössische Rezensionen griffen dies auf: Ernst Schütte, der später als hessischer Kultusminister noch Einfluss auf Rößler nehmen sollte, resümierte etwa: „Das Buch verspricht in seinem Titel Aussagen über das ‚christliche Europa'. In Wahrheit zeigt es nur die fatale Neigung, immer und überall, koste es was es wolle, geschichtliche Ereignisse religiös zu deuten".[44] Exemplarisch hierfür:

> Am Ende des ersten Weltkrieges urteilte Papst Benedikt XV. mit Recht: ‚Diesen Krieg hat Luther verloren.' Die Calviner Lloyd George und Wilson wie der Freimaurer Clémenceau hatten sich mit dem Katholiken Foch und dem genuin katholischen Italien in gleicher ideologischer Programmpolitik zusammengefunden, um Bismarcks Werk, eine Leistung lutherischer Realpolitik, zu vernichten.[45]

Rößler ließ selbst antisemitische und rassistische Ressentiments nicht zu kurz kommen: „In der zweiten Hälfte des 19. Jahrhunderts", schrieb er über die Juden, „brandete nun ihr mächtiger Einfluß in Anwaltschaft, Literatur, Schule, Presse und Bankwesen gegen die letzten Hindernisse an, durchsetzte den Adel wie das Offizierscorps biologisch und ethisch durch Geldheiraten."[46] Hitlers Selbstmord erhob er gar zur ‚Heldentat':

> Als das Volk, das ihm immer mehr zum bloßen Werkzeug seiner Selbstverwirklichung geworden war, sich ihm zuletzt versagte, vollzog er die von Jaspers als höchste existentielle Leistung bezeichnete Wiederholung aller tragischen Größe der Geschichte für sich allein; im Scheitern der politischen Katastrophe stieß er durch zur letzten existentiellen Unbedingheit, zum Tod durch eigene Hand. Abgestoßen durch das bloße widerspruchsvolle ‚Da-Sein' ‚transzendierte' er selbst die Grenze.[47]

Vielleicht trifft es eine Wendung aus Schüttes Kritik am besten: „Wohl selten gibt es so viel Unsinn auf so engem Raum!"[48] Zu Mitteln des Geschichtsrelativismus griff Rößler, als er die Methoden der völkerrechtswidrigen Aneignung des Protektorates Böhmen und Mähren als „nicht besser und nicht schlechter als die Methoden Masaryks 1919" bezeichnete.[49] Diese absurde Aussage wird nur noch von der Gleichsetzung der NS-Verbrechen mit den

---

44 Schütte, Ernst: Ressentiment als Geschichtsschreibung, in: Neue Deutsche Schule 8 (1956), S. 218–222.
45 Rößler (1955): Größe, S. 726.
46 Rößler (1955): Größe, S. 618.
47 Rößler (1955): Größe, S. 753.
48 Schütte (1956): Ressentiment, S. 218.
49 Rößler (1955): Größe, S. 753.

„barbarischen Beschlüssen" des Morgenthauplans von 1944 übertroffen.[50] Der Morgenthauplan, benannt nach dem seinerzeitigen amerikanischen Finanzminister Henry Morgenthau, sah für die Zeit nach dem Krieg einige einschneidende Reformen, wie etwa Gebietsabtretungen Deutschlands an seine Nachbarländer und die Zerteilung des Reichsgebietes in drei selbständige, weitgehend agrarisch strukturierte Staaten vor. Der Plan, der offensichtlich niemals über den Status eines Gedankenspiels hinauskam, gelangte im Prinzip nur durch die nationalsozialistische Propaganda zu Berühmtheit. Den Nazis spielte dabei zusätzlich Henry Morgenthaus jüdische Abstammung in die Hände. Auch heute noch zählt die ‚Morgenthau-Legende' zu den Gemeinplätzen der neonazistischen Geschichtsdeutung. Dem Historiker Johannes Heil zufolge, fügt sich diese Legende logisch in das von Antisemiten seit Jahrhunderten heraufbeschworene Bild der „jüdischen Weltverschwörung" ein. Im Laufe der Zeit entwickelte sich rund um diese Verschwörungstheorie ein eigener Jargon. So kam es, dass, vor allem bedingt durch die nationalsozialistische Propaganda, die Begriffe „Jude", „Freimaurer" und „Bolschewist" im Prinzip synonym verwendet wurden.[51] Rößler verwendete diese Worte auffallend oft in seinen (Nachkriegs-) Publikationen.

Auch andere Werke Rößlers verschleiern kaum dessen politische und weltanschauliche Ansichten. Ein gutes Beispiel dafür bietet das *Biographische Wörterbuch zur deutschen Geschichte*, das Rößler 1953 zusammen mit dem, ebenfalls eindeutig der nationalsozialistischen Denkschule zuzuordnenden Günther Franz verfasste. Der Historiker und ehemalige Vorsitzende der Ranke-Gesellschaft Michael Salewski konstatierte, dass „das von Rößler und Franz in unglaublicher Fleißarbeit verfasste Biographische Wörterbuch zur deutschen Geschichte [...] nichts weniger als der Versuch [war], das ,Personal' der deutschen Geschichte nach dem Ende des ,Dritten Reiches' gleichsam neu aufzustellen und zu rangieren."[52] Dass die Verfasser es trotz

---

50 Rößler (1955): Größe, S. 756.
51 Heil, Johannes: Matthaeus Parisiensis, Henry Morgenthau und die „Jüdische Weltverschwörung", in: Benz, Wolfgang/ Reif-Spirek, Peter (Hg.): Geschichtsmythen. Legenden über den Nationalsozialismus, Berlin 2003, S. 131–150, hier S. 129.
52 Salewski. Michael: Die Ranke-Gesellschaft und ein halbes Jahrhundert, in: Elvert, Jürgen/ Krauß, Susanne (Hg.): Historische Debatten und Kontroversen im

ihrer ‚unglaublichen Fleißarbeit' versäumten, in ihren biographischen Ausführungen auf die Jahre nach 1933 einzugehen, erklärt sich wohl tatsächlich aus deren Absicht, das ‚Personal' des ‚Dritten Reiches' in ihrem Sinne ‚neu aufzustellen und zu rangieren'. So erstreckt sich etwa der Beitrag zu Adolf Hitler über zwei Spalten, in der die Entwicklung Hitlers und der NSDAP bis 1933 völlig unkritisch dargestellt wird. Dem Zeitraum ab 1933 widmeten die Verfasser dabei ganze sechs Zeilen, in denen kein Wort über die totalitären Methoden der Diktatur oder die NS-Verbrechen fällt.[53] Auch der Artikel zu Joseph Goebbels fasst die Zeit von 1933 bis 1945 kurz und knapp zusammen: „1933 wurde G. Rmin für Volksaufklärung und Propaganda. Er starb am 1. Mai 1945 von eigener Hand."[54]

In der Tradition des *Biographischen Wörterbuches* steht das 1958 publizierte *Sachwörterbuch zur deutschen Geschichte*.[55] Der Artikel über das ‚Dritte Reich' geht mit keinem Wort auf die Geschehnisse zwischen 1933 und 1945 ein.[56] Stattdessen lieferten die Verfasser eine religiöse Deutung der bisherigen ‚Reiche' der ‚Deutschen' seit dem 11. Jahrhundert. Auffallend ist die Verwendung des von den Nationalsozialisten eingeführten und verächtlich genutzten Begriffs „Weimarer Zwischenreich".[57]

Rößler bediente sich in seinen schriftlichen Werken also durchaus eines nationalsozialistisch geprägten Vokabulars. Darüber hinaus lassen sich Zusammenhänge erkennen, die darauf schließen lassen, dass er zudem mit einiger Sicherheit der dahinterstehenden Ideologie nicht abgeneigt war. Indizien hierfür, etwa völkisches Denken, Rassismus, Antisemitismus und der

---

19. und 20. Jahrhundert, Alzey 2003 (= Historische Mitteilungen im Auftrage der Ranke-Gesellschaft 46), S. 124–142, hier S. 139.
53 Rößler, Hellmuth/ Franz, Günther: Biographisches Wörterbuch zur deutschen Geschichte, München 1953, S. 359–360.
54 Rößler/ Günther (1953): Wörterbuch, S. 264.
55 Rößler, Hellmuth/ Franz, Günther: Sachwörterbuch zur deutschen Geschichte, München 1958.
56 Rößler/ Günther (1958): Sachwörterbuch, S. 226.
57 Schmitz-Berning, Cornelia: Vokabular des Nationalsozialismus, Berlin 1998, S. 710: „Die Nationalsozialisten bezeichneten die Weimarer Republik verächtlich als *Zwischenreich* zwischen dem ‚Zweiten Reich' Bismarcks und dem *Dritten Reich* Hitlers."

Anspruch einer deutschen Vormachtstellung in Europa finden sich zuhauf in Rößlers schriftlichem Werk.[58]

Rößlers Auftreten innerhalb und außerhalb der Universität

Zeitgenössischer Kritik ausgesetzt sah sich Rößler aber vor allem wegen seiner teilweise sehr provokanten Äußerungen bei öffentlichen Auftritten. So erregte etwa sein Vortrag zum Thema „Polen und Deutschland" im Januar 1966 überregionale Empörung. Das *Darmstädter Echo* berichtete am 17.1.1966, Rößler vertrete die Ansicht, Deutschland habe ein Recht auf polnische Gebiete. Er begründe dies damit, dass diese Gebiete den Polen sowieso nicht von Nutzen seien, da ihre Kriegsverluste von über fünf Millionen Menschen den Platzbedarf verringert hätten.[59] Als sich weder Rößler noch ein verantwortlicher Hochschulangehöriger von diesen Aussagen distanzierten, sah sich der Chefredakteur des Darmstädter Echos, Hans Reinowski, genötigt, das Thema wieder aufzugreifen. Am 12.3.1966 schrieb er in einem Kommentar:

> Ein deutscher Hochschullehrer, Erzieher und Bildner der Jugend in der Bundesrepublik Deutschland erklärt sinngemäß: ‚Was wollt ihr Polen denn überhaupt. Wir haben ja, wie ihr selber behauptet, fünf Millionen polnische Menschen umgebracht. Wieso braucht ihr dann noch Land von uns'.[60]

Als sich Rößler auch dazu nicht äußerte, intervenierte der Hessische Kultusminister Ernst Schütte.[61] Rößler jedoch ließ sich nicht zu einer Gegendarstellung bewegen, vielmehr bekräftigte er in einem Brief an den damaligen Rektor Marguerre seinen Standpunkt.[62] Kultusminister Schütte wandte sich noch fast ein Jahr nach dem Vortrag in einem privaten Brief an Rößler. Er

---

58 Es sagt darum mehr über Schüßler als über Rößler aus, was jener im Laufe des Berufungsverfahrens an Kogon schrieb: „Ich kenne ihn [Rößler] gut genug, um sagen zu können, daß er als höchst sensibler und geistiger Mensch natürlich niemals ‚Nazi' im eigentlichen Sinn gewesen ist"; Brief vom 14.4.1954 (Anm. 30).
59 Reinowski, Hans: Polen und Deutschland, in: Darmstädter Echo, 17.1.1966.
60 Reinowski, Hans: Zur deutschen Frage, in: Darmstädter Echo, 12.3.1966.
61 Schütte war bereits vorher durch seine kritische Rezension von „Größe und Tragik des christlichen Europa" in Erscheinung getreten (vgl. Anm. 43). Die beiden kannten sich vom Studium in Leipzig.
62 UA Darmstadt: 105/640, Brief Rößlers an den Rektor Marguerre vom 5.10.1966.

schrieb, er weigere sich, „zu glauben, ein Mensch der nicht geistig und moralisch völlig verrottet ist, könnte dergleichen gesagt haben."[63] Rößler trat bis zuletzt nicht von seinen Aussagen zurück. Anstoß erregte Rößlers Auftreten aber auch hochschulintern. In einem Briefwechsel über das Dekanat ist eine Auseinandersetzung Rößlers mit Karl Otmar von Aretin im Jahr 1968 gut dokumentiert. Aus der harmlos anmutenden Frage, wer für die Durchführung der Hauptprüfungen in der Gewerbelehrerausbildung zuständig sei, entwickelte sich eine Grundsatzdiskussion. Hauptstreitpunkt war die Frage nach der ‚Objektivierbarkeit' der Geschichte. Rößler führte in einem Brief an Dekan Naumann vom 10.7.1968 an, seiner Meinung nach sei die Geschichte im Allgemeinen nicht objektivierbar. Er schloss seine Ausführungen mit der Aussage:

> Noch weniger ‚objektivierbar' sind anerkanntermaßen Darstellungen der Zeitgeschichte ab 1918, schon da hier der Großteil der wichtigen Quellen mit Ausnahme der deutschen nicht erschlossen ist und subjektive Vorstellungen wegen der größeren zeitlichen Nähe einen erheblich größeren Raum einnehmen.[64]

Von Aretin erkannte hierin die übliche Strategie, mit der viele ehemalige Nationalsozialisten, „unbequemen Forschungsergebnisse[n]" der zeitgeschichtlichen Forschung begegneten. In diesem Zusammenhang führte er aus:

> Ich kann es nur als höchst bemerkenswert bezeichnen, daß es im Jahr 1968 ein Ordinarius für Neuere Geschichte wagt, derartige Ansichten zum Besten zu geben. [...] Ich weiß nicht, wie ein Herr mit diesen Ansichten den Studenten die historische Methode vorurteilsloser Wahrheitsfindung beibringen und sie darin prüfen will.[65]

Es ist äußerst unwahrscheinlich, dass von Aretins Ärger einzig von der Stellung Rößlers zur ‚Objektivierbarkeit' herrührte. Wahrscheinlicher ist, dass Rößlers Auftreten neben und während seiner Lehrtätigkeit seinen geringen Abstand zum Nationalsozialismus nicht wirklich verleugnete und so schon länger den Unmut von Aretins auf sich gezogen hatte.

---

63 UA Darmstadt: 105/640, Brief Schüttes an Rößler vom 3.1.1967.
64 UA Darmstadt: Dekanatsakte der Fakultät für Kultur- und Staatswissenschaften, Brief Rößlers an Dekan Naumann vom 10.7.1968.
65 UA Darmstadt: Dekanatsakte der Fakultät für Kultur- und Staatswissenschaften, Schreiben von Aretins an Dekan Naumann vom 11.07.1968.

Ein Freundschaftsdienst? Wilhelm Schüßlers Berufung

Während anzunehmen ist, dass Rößlers Auftreten neben und auch während seiner Lehrtätigkeit nicht nur bei Freiherr von Aretin Anstoß erregte, kann überdies davon ausgegangen werden, dass Rößlers – zu diesem Zeitpunkt bereits verstorbener – Professorenkollege Wilhelm Schüßler geringere Probleme mit dessen provokativen Aussagen gehabt hätte.

Dass Wilhelm Schüßler Anfang 1959 überhaupt an die Technische Hochschule berufen wurde, hat er wohl ausschließlich seiner persönlichen Beziehung zu Hellmuth Rößler zu verdanken.[66] Auch die Tatsache, dass Schüßler zu diesem Zeitpunkt schon über 70 Jahre alt war und somit direkt den Status eines Emeritus erhielt, nährt den Verdacht, dass es sich hier um eine kollegiale, wenn nicht freundschaftliche Gefälligkeit handelte. Schüßler, der Anfang der 1920er Jahre bereits einmal einer kurzen Lehrtätigkeit an der TH Darmstadt nachgegangen war, konnte auf eine bewegte Wissenschaftskarriere zurückblicken, die ihn im Laufe der Jahre unter anderem an die Universitäten Rostock, Würzburg und Berlin geführt hatte. Nachdem er im Sommer 1945 aus dem Universitätsdienst entlassen worden war, beteiligte er sich 1948 an der Gründung der von mehreren evangelischen Landeskirchen getragenen Forschungsakademie Christophorus-Stift in Hemer.[67] In seinem Bewerbungsschreiben an die TH Darmstadt führte er zudem an, dass er 1949 von der damals neu gegründeten Freien Universität Berlin einen Lehrstuhl für Neuere Geschichte angeboten bekommen habe, dieses Angebot allerdings aus gesundheitlichen Gründen ablehnen musste.[68] Am 12.8.1952 wurde Wilhelm Schüßler vom nordrhein-westfälischen Innenminister aus „zwingenden Gründen seines Gesundheitszustandes" in den Ruhestand versetzt.[69] Dass dies vor Vollendung seines 65. Lebensjahres geschah, bewirkte einerseits, dass Schüßler nur ein

---

66 An dieser Stelle sei noch einmal kurz an Schüßlers Empfehlungsschreiben für Rößler erinnert (vgl. Anm. 57).
67 Schüßler, Wilhelm: Um das Geschichtsbild, Gladbeck 1953.
68 UA Darmstadt: 666/10, Bewerbungsschreiben Schüßlers. Die Wahrheit dürfte sein, dass Schüssler nicht entnazifiziert war, weil das die Kirchen in Eigenregie machen durften und dabei große Freiheit hatten.
69 UA Darmstadt: 666/10, Brief von Dr. von Bila vom hessischen Ministerium für Erziehung und Volksbildung an den Dekan der Fakultät für Kultur-und Staatswissenschaften vom 07.10.1957.

relativ geringes Ruhegehalt bekam, andererseits erschwerte es sein Erstreben, von der TH Darmstadt emeritiert zu werden. Doch seine hartnäckigen Bemühungen zahlten sich aus, sodass er schließlich am 1.2.1959 vom hessischen Minister für Erziehung und Volksbildung, Ernst Schütte, offiziell emeritiert wurde.[70] Schüßler starb am 11.11.1965 in Heidelberg.

Wilhelm Schüßlers nationalsozialistische Vergangenheit

Wie seine Tätigkeit im Christophorus-Stift nahelegt, war Schüßlers Werk – wie auch das Rößlers – durchzogen von religiösen Bezügen. Diese Religiosität diente dem Verfasser des Nachrufs in den Darmstädter Hochschulnachrichten auch als Grundlage für die Behauptung, Schüßler hätte schon aus innerer Überzeugung niemals eine Beziehung zur nationalsozialistischen Ideologie eingehen können.[71] Dass diese Idealisierung mitnichten der Realität entsprach, soll im Folgenden aufgezeigt werden. Schüßler, seit 1933 NSDAP-Mitglied, saß ab August 1935 im Sachverständigenbeirat der Forschungsabteilung *Nachkrieg* des von Walter Frank gegründeten Reichsinstituts für Geschichte des neuen Deutschlands. Ähnlich wie auch dem von Alfred Rosenberg geleiteten Amt zur Überwachung der geistigen und weltanschaulichen Erziehung der NSDAP kam diesem die Aufgabe zu, an einer geschichtlichen Fundamentierung der nationalsozialistischen Politik zu arbeiten.[72] Schüßlers, von Zeitgenossen als besonders politisch orientiert empfundene Geschichtsschreibung dürfte einer der Gründe gewesen sein, warum er Aufnahme in das Reichsinstitut fand.[73] Gesteigertes politisches Interesse lässt sich schon in Schüßlers schriftlichem Frühwerk feststellen, beispielsweise in einem, unter dem Titel *Die Parteien* veröffentlichen Manuskript eines öffentlichen Vortrages, den er 1918 in Darmstadt hielt.[74] Hierin bezeichnete er die Demokratie

---

70 UA Darmstadt: 666/10. Aus der Akte geht hervor, dass Schüßler seit spätestens November 1955 in Kontakt mit der TH Darmstadt stand.
71 N. N.: Nekrolog, in: Darmstädter Hochschulnachrichten 1/1966.
72 Schulze, Hagen: Walter Frank, in: Wehler, Hans-Ulrich: Deutsche Historiker, Band VII, Göttingen 1980, S. 69–81, hier S. 76.
73 Lerchenmüller, Joachim: Die Geschichtswissenschaft in den Planungen des Sicherheitsdienstes der SS, Bonn 2001 (= Archiv für Sozialgeschichte, Beiheft 21), S. 263.
74 Schüßler, Wilhelm: Die Parteien, Darmstadt 1918 (= Aufklärungsschriften der Deutschen Volkspartei). Die Veröffentlichung als „Aufklärungsschrift" der DVP

als „Despotismus mit umgekehrten Vorzeichen", der dem Liberalismus (also auch der Deutschen Volkspartei [DVP], der Schüßler mutmaßlich angehörte) „unerträglich" sei.[75] Über die Ziele der DVP wusste er zu sagen:

> Getreu ihren Traditionen will die Partei die Wahrung der deutschen Einheit, aber jetzt mit Einschluß Deutsch-Österreichs. Sie fordert eine gleichberechtigte Stellung Deutschlands unter den Völkern der Welt. [...] Jedenfalls wird die Deutsche Volkspartei, ebenso wie die alte nationalliberale, ihre Daseinsberechtigung auch im neuen Deutschland erweisen, solange es Deutsche gibt, die ein starkes, nach außen achtunggebietendes Deutschland wollen [...].[76]

Stresemanns ‚Erfüllungspolitik' hat ihn wohl dieser Partei entfremdet. Im Vorwort seines 1936 publizierten Buches *Adolf Lüderitz* stellte er fest, dass nun „wieder wie damals [...] das ‚Volk ohne Raum' seinen Anteil an der kolonialen Welt" fordere, „und wieder wie vor einem halben Jahrhundert [...] eine starke Regierung vorhanden [sei], die diesen Willen gestalten [könne]."[77] Beide Schriften lassen erahnen, dass Schüßler sich für eine ‚großdeutsche Lösung', die Hitler zwar nicht angestrebt, aber bei sich bietender Gelegenheit realisiert hat, einsetzte. Schüßler musste dies mit einer derartigen Vehemenz getan haben, dass sich der Historiker und Mitarbeiter des *SD* Hermann Löffler zu der Aussage verleiten ließ, Schüßler sei der „preußische Srbik".[78] Auf Srbiks Leitlinien bezog sich Schüßler unter anderem bei seinem Vortrag auf dem Historikertag 1937 in Erfurt. Er referierte, dass Mitteleuropa erst dann sinnvoll gestaltet werden könne, „wenn in diesem Raum der Reichsgedanke, der Staatsgedanke und der Volksgedanke eine Verschmelzung eingehen zu einer höheren Wirklichkeit, auf die das

---

und einige Formulierungen, insbesondere die klar „parteiische" Darstellung der DVP weisen darauf hin, dass Schüßler, entgegen seiner Aussage in der Autobiographie, er sei niemals Mitglied einer Partei gewesen, Mitglied dieser Partei war. Später war er natürlich auch Mitglied der NSDAP.
75 Schüßler (1918): Parteien, S. 17.
76 Schüßler (1918): Parteien, S. 16.
77 Schüßler, Wilhelm: Adolf Lüderitz. Ein deutscher Kampf um Südafrika 1883–1886, Bremen 1936, S. 10.
78 Lerchenmüller (2001): Sicherheitsdienst, S. 214. Löffler nahm Bezug auf den österreichischen Historiker Heinrich Ritter von Srbik, einen prominenten Vertreter der ‚großdeutschen Lösung'.

deutsche Schicksal seit einem Jahrtausend" weise.[79] Den Begriff ,Mitteleuropa' verwendete er hier synonym zu ,großdeutsch'.[80] Zurück zu Schüßlers Schriften: Prononciert nationalistische Aussagen finden sich in der 1940 vom *Reichsinstitut für Geschichte des neuen Deutschlands* herausgegebenen Monographie *Deutschland zwischen Rußland und England*.[81] Sätze wie, „als im Spätherbst 1918 das Unfaßbare geschah, daß Deutschland nach viereinhalbjährigem Heldenkampfe zusammenbrach und das Elend von Versailles über die Besiegten kam"[82] oder „[...] wir wissen nur zu gut, daß sich England trotz dieses Abkommens [Anm. des Verf.: englisch-deutsches Flottenabkommen von 1935] von Jahr zu Jahr mehr der deutschen Auferstehung entgegenstemmte [...]", sprechen eine eindeutige Sprache.[83] Ohne genuin nationalsozialistisch zu sein, lässt sich Schüßlers Vorkriegswerk problemlos im nationalsozialistischen Ideologiekosmos verorten. Und eben dies erlaubte ihm nach 1945 – im Gegensatz zu Hellmuth Rößler – die schlichte Fortsetzung seiner Tätigkeit innerhalb einer Disziplin, die noch gut eineinhalb Jahrzehnte mehrheitlich an ihren Traditionen festhielt. Das schloss eine eher pessimistische Bewertung der bundesrepublikanischen Verhältnisse ein, in der sich beide wie viele andere Kollegen einig waren.

Historikernetzwerke vor und nach 1945

Um den Standpunkt eines Historikers einschätzen zu können, lohnt es, seine institutionellen Bindungen und persönlichen Netzwerke zu untersuchen. Wie schon dargelegt, waren sowohl Rößler als auch Schüßler für das *Reichsinstitut für Geschichte des neuen Deutschland* tätig, Schüßler als Beirat der Forschungsabteilung *Nachkrieg* seit der Gründung 1935, Rößler als Stipendiat ab 1937 zu Forschungszwecken hinsichtlich der Politik der nationalen

---

79 Zit. Elvert, Jürgen: Geschichtswissenschaft, in: Hausmann, Frank-Rutger (Hg.): Die Rolle der Geisteswissenschaften im Dritten Reich 1933–1945, München 2009, S. 87–136, hier S. 125.
80 Elvert (2009): Geschichtswissenschaft, S. 125.
81 Schüßler, Wilhelm: Deutschland zwischen Rußland und England. Studien zur Außenpolitik des Bismarckschen Reiches 1879–1814, Leipzig 1940 (= Schriften des Reichsinstituts für Geschichte des neuen Deutschlands).
82 Schüßler (1940): Deutschland, S. 172.
83 Schüßler (1940): Deutschland, S. 174.

Führer Österreichs im frühen 19. Jahrhundert und seit 1941 ebenfalls als Beirat.[84] Dass Rößler überhaupt einen Forschungsauftrag vom Reichsinstitut erhielt, hatte er wohl vor allem Wilhelm Schüßler zu verdanken, der ihn, gemeinsam mit Heinrich Ritter von Srbik, dem Institut empfahl.[85] Schüßlers Beziehung zu Srbik bestand schon länger; sie ergab sich zwanglos aus der gemeinsamen großdeutschen Thematik. Wie hingegen der Kontakt zu Rößler zustande kam, geht aus den Quellen und der Literatur nicht hervor. Fest steht aber, dass Rößlers Bindung zu Srbik denselben Grund hatte, wie damals überhaupt viele Nachwuchshistoriker den Weg zu einem der damals angesehensten Wissenschaftler suchten. Auch eine Verbindung von Schüßler zu Walther Kienast lässt sich rekonstruieren, hatte Kienast Schüßler doch schon 1935 Karl Alexander von Müller als Mitherausgeber der HZ empfohlen.[86] Als einer der Verantwortlichen der HZ hatte Kienast darüber hinaus auch geschäftliche Kontakte zum Reichsinstitut, welches anfänglich sogar beabsichtigte, die HZ als inoffizielles Publikationsorgan zu nutzen.[87] Selbst wenn es dazu nicht kam, hatte das Reichsinstitut dennoch fast so etwas wie eine eigene „Rubrik" in der HZ. Darin wurden vor allem Tagungsberichte des Reichsinstituts und Aufsätze von dessen Mitarbeitern veröffentlicht.

Die hier natürlich nur oberflächlich skizzierten Historikernetzwerke hatten schon deshalb auch nach 1945 Bestand – anfangs noch eher auf informeller Ebene, doch schon rasch wieder in institutionalisierter Form –, weil viele ihrer Mitglieder ihre Stelle verloren hatten. Der Historiker Wolfgang Behringer zitiert einen ehemaligen Mitarbeiter des *SD* mit den Worten:

> Alle ehemaligen Angehörigen der einstigen Parteiorganisationen […] fühlten sich irgendwie miteinander verbunden und halfen einander, soweit sie konnten. Es war wie eine neue Form der Freimaurerei, die da wirksam wurde, ohne daß es dazu einer festen Organisation bedurft hätte.[88]

---

84 Heiber (1966): Walter Frank, S. 609.
85 UA Darmstadt: TH 25/01, Band II 591/2, Blatt 205.
86 Heiber (1966): Walter Frank, S. 296.
87 Heiber (1966): Walter Frank, S. 279.
88 Zit. Behringer, Wolfgang: Bauern-Franz und Rassen-Günther. Die politische Geschichte des Agrarhistorikers Günther Franz, in: Schulze, Winfried/ Oexle, Otto Gerhard (Hg.): Deutsche Historiker im Nationalsozialismus, Frankfurt 1999, S. 114–141, hier S. 129.

Diese persönlichen Beziehungen kamen vorzugsweise bei den Entnazifizierungsverfahren nach dem Krieg zum Tragen, auch im Falle Hellmuth Rößlers. Wie weiter oben gezeigt, wurde dieser in seinem ersten Verfahren in die Gruppe der ‚Mitläufer' eingestuft. Um sich von dieser Belastung ‚reinzuwaschen', sammelte Rößler in den darauffolgenden Jahren Entlastungsschreiben ehemaliger Kollegen und Bekannter und legte dann der Berufungskammer diese ‚neuen Beweismittel' vor, die belegen sollten, dass ihm Unrecht widerfahren war. Und tatsächlich wurde er nicht nur freigesprochen, die Richter kamen sogar zu dem Schluss, dass Rößler „sich nicht nur positiv verhalten" habe, sondern darüber hinaus „im vollen Bewußtsein der Gefahr seines Tuns [...] aufgetreten [sei] und [...] dadurch auch Nachteile erlitten [habe]".[89] Rößlers Entnazifizierungsverfahren steht nicht nur beispielhaft für die positiven Auswirkungen weitreichender persönlicher Netzwerke, sondern auch dafür, wie grandios das ganze Entnazifizierungsvorhaben scheiterte.

Die Ranke-Gesellschaft als zentrale Schnittstelle

Nachdem also in den Anfangsjahren der Bundesrepublik die Historikernetzwerke des ‚Dritten Reiches' nur informell existierten, änderte sich dies spätestens im Mai 1950, als in Hamburg die *Ranke-Gesellschaft* gegründet wurde.[90] Zu den Gründungsmitgliedern des auf eine Initiative des Hamburger Historikers Gustav Adolf Rein zurückgehenden Vereins zählte auch Wilhelm Schüßler.[91] Rein, in der Zeit von 1934 bis 1938 Rektor der Hamburger Universität, war seit 1933 NSDAP-Mitglied[92] und bekannte sich eindeutig

---

89 Staatsarchiv Nürnberg: Spruchkammer Erlangen-Stadt R 132 Hellmuth Rößler, Entscheid der Hauptberufungskammer Nürnberg vom 17.10.49. Die angeführten „Nachteile" manifestierten sich für Rößler (laut eigener Aussage, die er wortwörtlich so in mehreren „Persilscheinen" bestätigt bekam) erstens darin, dass die Note seiner 2. juristischen Staatsprüfung auf „befriedigend" abgesenkt wurde und zweitens darin, dass er an der Universität Innsbruck nicht, wie mündlich zugesagt, zum ordentlichen Professor befördert wurde. Beides erklärt er sich daraus, dass Anstoß an Äußerungen seinerseits genommen wurde (Vgl.: UA Darmstadt: TH 25/01, Band II 591/2, Blatt 10.).
90 Salewski (2003): Ranke-Gesellschaft, S. 124.
91 Salewski (2003): Ranke-Gesellschaft, S. 124.
92 Grüttner (2004): Lexikon, S. 136.

zu einer völkisch geprägten politischen Ausrichtung der Geschichtslehre.[93] Dies musste aufgrund seiner exponierten Stellung als ehemaliger Rektor einer großen deutschen Universität allgemein bekannt gewesen sein. Folglich ist davon auszugehen, dass seine Vereinsmitglieder dies zumindest billigend in Kauf nahmen. Auch das erklärte Ziel der Ranke-Gesellschaft, den „Kampf gegen die lügenhaft verzerrten Geschichtsbilder von Versailles und Nürnberg" aufzunehmen,[94] wurde schon deswegen von allen bereitwillig mitgetragen, weil sie ausnahmslos 1945 ihre Stelle verloren hatten und mit Hilfe dieses Vereins hofften, wieder in Wissenschaft und Öffentlichkeit Fuß zu fassen. Neben Schüßler und Hellmuth Rößler (der zeitweilig sogar geschäftsführender Vorsitzender der Gesellschaft war), finden sich dementsprechend viele mehr oder weniger nationalsozialistisch gesinnte Historiker in der ersten Mitgliedsgeneration, beispielsweise Ernst Anrich, Erwin Hölzle, Günther Franz oder der ‚Kronjurist des Dritten Reiches' Carl Schmitt.[95] In der Rückschau erscheint die Ranke-Gesellschaft als Schnittstelle diverser Netzwerke ehemaliger NS-Historiker: Das im Auftrag der Gesellschaft erscheinende *Historisch-Politische Buch* wurde im Göttinger *Musterschmidt-Verlag* herausgegeben. Dieser Verlag wiederum wurde 1947 von Gustav Adolf Rein persönlich gegründet.[96] Die Reihe *Persönlichkeit und Geschichte*, in der Wilhelm Schüßler 1962 seine Monographie *Kaiser Wilhelm II.* erscheinen ließ,[97] wurde passenderweise von Rein und Günther Franz herausgegeben.

---

93 Goede, Arnt: Adolf Rein. Von der ‚Politischen Universität' zur Ranke-Gesellschaft, in: Nicolaysen, Rainer/ Schildt, Axel (Hg.): 100 Jahre Geschichtswissenschaft in Hamburg, Berlin 2011 (= Hamburger Beiträge zur Wissenschaftsgeschichte 18), S. 161–180, hier S. 164.
94 Zit. Lerchenmüller (2001): Sicherheitsdienst, S. 179.
95 Salewski (2003): Ranke-Gesellschaft, S. 126–127. Eine Übersicht über das jeweilige Wirken von Ernst Anrich, Günther Franz und Carl Schmitt im Dritten Reich bietet Grüttner, Michael: Biographisches Lexikon zur nationalsozialistischen Wissenschaftspolitik, Heidelberg 2004 (Anrich: S. 14; Franz: S. 51; Schmitt: S. 151). Informationen zu Erwin Hölzle finden sich in: Klee (2003): Personenlexikon, S. 262.
96 Behringer (1999): Bauern-Franz, S. 129.
97 Schüßler, Wilhelm: Wilhelm II. Schicksal und Schuld, Göttingen 1962 (= Persönlichkeit und Geschichte 26/27). Schüßler stellt hierin etwa die These auf, dass die Siegerstaaten des Ersten Weltkrieges durch Abschaffung der deutschen Monarchie die Entwicklung der 1930er Jahre zu verantworten hätten (S. 129).

Franz' Habilitationsschrift, in der er sich zu den „ewigen Werten von Blut und Boden" bekannte und die ihm den Beinamen ‚Bauern-Franz' einbrachte, wurde nach dem Krieg neu aufgelegt, und zwar von der 1949 von Ernst Anrich begründeten *Wissenschaftlichen Buchgesellschaft* (WBG) in Darmstadt.[98] Anrich, ebenfalls Mitglied der *Ranke-Gesellschaft* und als Rektor der *Reichsuniversität Straßburg* tief in die nationalsozialistische Wissenschaftspolitik verwickelt, gehörte zu den verbitterten Unbelehrbaren und Unangepassten; er war beispielsweise seit 1966 Mitglied der NPD und galt zeitweise als deren „Chefideologe".[99] Im Verlag der WBG erschienen auch die *Schriften zur Problematik der deutschen Führungsschichten in der Neuzeit*, die im Auftrag der Ranke-Gesellschaft von Hellmuth Rößler herausgegeben wurden. Der erste Band dieser Reihe fasste die Ergebnisse der *Büdinger Vorträge* 1963 zusammen, einer Vortragsreihe, die von Rößler initiiert und unter anderem auch von Günther Franz bereichert wurde.[100]

Fazit

Festzuhalten ist, dass alle Darmstädter Historiker der unmittelbaren Nachkriegszeit nicht nur institutionell an den Nationalsozialismus gebunden, sondern auch mehr oder weniger überzeugte Anhänger nationalsozialistischer oder zumindest nationalistischer Ideen waren. In der Analyse ihrer persönlichen Beziehungen und institutionellen Netzwerke treten übergeordnete personelle und ideelle Kontinuitäten ans Licht, die erklären können, warum auch solchermaßen belastete Historiker wie Hellmuth Rößler relativ schnell beruflichen Anschluss finden konnten. Zugleich wurden hier die äußerst schwierigen Bedingungen offenbar, denen sich der Mensch und Historiker von Aretin seit seiner Berufung nach Darmstadt 1964 zu stellen hatte. Seiner Funktion als ‚ideologisches Gegengewicht' musste er von da an die nächsten Jahre nachkommen, bis schließlich im Jahre 1968 mit Hellmuth Rößler der letzte Darmstädter Vertreter der vom Nationalsozialismus geprägten

---

98 Behringer (1999): Bauern-Franz, S. 115.
99 Grüttner (2004): Lexikon, S. 14.
100 Schulze (1989): Geschichtswissenschaft, S. 129.

Historikerschule mit nur 58 Jahren plötzlich verstarb. Während also – wie zu Beginn gezeigt – das Kriegsende 1945 keine weitere Bedeutung für die Darmstädter Geschichtslehre hatte, kann das Jahr 1968 mit Sicherheit als Zäsur in der Geschichte der Darmstädter Geschichtswissenschaft gelten.

Lutz Raphael
Das Institut für Geschichte der TU Darmstadt 1964–2014. Ein wissenschaftsgeschichtlicher Rückblick auf den Spuren Karl Otmar Freiherr von Aretins

Eine wissenschaftshistorische Würdigung Karl Otmar Freiherr von Aretins kommt nicht aus ohne einen Blick auf seine vielfältigen wissenschafts- und geschichtspolitischen Initiativen.[1] Neben dem Institut für Europäische Geschichte in Mainz darf dabei das Darmstädter Institut für Geschichte nicht vergessen werden, dessen Gründung und Entwicklung der Münchener Historiker maßgeblich gestaltet hat. Mit dem Darmstädter Institut, seinem Personal, seinem Forschungs- und Lehrbetrieb werden auch die vielfältigen Verbindungen sichtbar, die von Aretin geknüpft und in denen er seine eigene Arbeit als Hochschullehrer, Historiker und Wissenschaftsorganisator vollzogen hat. Zeittypische politische, intellektuelle Prägungen, aber auch personelle Konstellationen werden so erkennbar. Diese Zusammenhänge sichtbar zu machen, ist das Ziel des folgenden Beitrags. Er ist ein Versuch, die Einzelbiographie von Aretins in größere institutionelle und generationelle Zusammenhänge zu stellen. Für einen solchen Brückenschlag von der biographischen zu einer institutionellen Perspektive stehen in der Wissenschafts- und Historiographiegeschichte unterschiedliche Methoden bereit. Alle haben ihre Vorteile und Nebenwirkungen. Deshalb werden im Folgenden ganz pragmatisch vier unterschiedliche methodische Zugriffe genutzt,

---

1 Siehe die Beiträge von Jens Ivo Engels und Anja Pinkowsky über Aretin als Herausgeber der Neuen Politischen Literatur und von Claus Scharf über die Leitung des Instituts für Europäische Geschichte Mainz in diesem Band, sowie Karl Otmar Freiherr von Aretin: Die deutsch-sowjetischen Historikerkolloquien in den Jahren 1971–1982. Ein Erfahrungsbericht, in: Jahrbuch für Europäische Geschichte 3 (2002), S. 185–203.

um ein Profil des Darmstädter Instituts für Geschichte herauszuarbeiten und damit eine weitere Facette von Aretins Wirken zu beleuchten.[2]

Die ereignisgeschichtliche Perspektive

Das Darmstädter Institut hat 2013 selbst als Erinnerungskollektiv das Ereignis geschaffen, von dem aus die damals fünfzigjährige Geschichte dieses Instituts erinnert werden sollte, und die Darmstädter Historiker haben damit die Geschichte ihrer eigenen Institution aufs engste mit der Person Aretins verbunden, der 1963 einen Ruf an die TU Darmstadt erhielt und von 1964 bis zu seiner Emeritierung 1988 dort gewirkt hat. Dass die Berufung des damals vierzigjährigen Privatdozenten Karl Otmar Freiherr von Aretin auf eine Professur für Zeitgeschichte an die Technische Hochschule (TH) Darmstadt im Jahr 1964 jene Entwicklungen auslösten, die dann zur formalen Gründung des Instituts im Jahr 1970 führten, war zunächst keineswegs sicher. Man sollte nicht vergessen, dass sich solche akademischen Vorkommnisse wie Berufungen selten zu Ereignissen im Sinne der Geschichtswissenschaft entwickeln. Dazu gehört bekanntlich mehr als der schlichte Tatbestand des Geschehenseins. Was rückt dieses Ereignis – oder besser die Kette von politischen und persönlichen Entscheidungen, Gremienabstimmungen und daran anschließenden Rechtsakten – in jene Klasse von kleinsten ‚Einheiten' der Geschichte? Was machte also die Berufung des Privatdozenten aus Göttingen zur Geburtsstunde des Darmstädter Instituts?

---

2 Der folgende Text basiert auf dem Vortrag „Geschichtswissenschaft im Zeichen der (technischen) Moderne. 50 Jahre Institut für Geschichte der TU Darmstadt", den der Verfasser aus Anlass der Jubiläumsfeier des Instituts am 13. Juli 2013 gehalten hat. Für den folgenden Beitrag sind dem Verfasser die Ergebnisse der Übung „Geschichtswissenschaft in Darmstadt nach dem Zweiten Weltkrieg", die im Sommersemester 2012/13 am Institut für Geschichte der TU Darmstadt von Christof Dipper und Isabel Schmidt angeboten worden ist, zur Verfügung gestellt worden. Dazu gehörten insbesondere die „Liste der Professuren für Geschichte", eine chronologische „Liste der Dissertationen am Institut für Geschichte" sowie die Seminararbeiten von Karoline Tisjé: Die geschichtlichen Lehrveranstaltungen von 1918 bis 1945, Sarah Lange: Geschichte als Studienfach. Die Lehrveranstaltungen 1970–1988 und Kristof Lukitsch: Die „braunen" Anfänge der Geschichtswissenschaft an der Technischen Universität Darmstadt nach dem Zweiten Weltkrieg. Den Autoren sowie den beiden Dozenten sei an dieser Stelle ganz herzlich gedankt.

Dazu mussten wie bei allen historischen Ereignissen, die dieses Namens würdig sind, einige Dinge zusammenkommen: Zuerst einmal gehört eine Ausgangssituation dazu. Ohne die nationalsozialistische Einfärbung der Darmstädter Geschichtswissenschaft seit den 1930er Jahren wäre Aretins Berufung nicht zu einer solchen Zäsur geworden. Aus Gründen, die an anderer Stelle in diesem Band untersucht werden,[3] hatte sich das immer national-patriotisch gestimmte Bildungsfach Geschichte an der damaligen TH Darmstadt zwischen 1914 und 1945 recht konsequent in Richtung eines immer entschiedeneren völkisch aufgeladenen Geschichtsbildes entwickelt und sich als Teil einer wie es zeitgenössisch emphatisch hieß „kämpfenden Wissenschaft für Volk und Vaterland" verstanden. Darin lagen die Historiker an der TH einfach im Trend und waren auch nicht weiter auffällig in ihrem akademischen Umfeld.[4] Das änderte sich aber nach dem Zusammenbruch des NS-Regimes. Denn Darmstadt wurde in den Nachkriegsjahren zu einem Zufluchtsort großdeutsch-völkisch gestimmter Traditionalisten, deren Wirken zunächst im Konsens einer christlich verbrämten Abendland-Ideologie geduldet, auch wohl verharmlost wurde, dann aber immer störender und irritierender wurde.

Es war nicht die Hochschule selbst, es war das Hessische Staatsministerium, welches für Abhilfe sorgte: Die Berufung von Karl Otmar von Aretin war ein geschichtspolitisches Zeichen und gewissermaßen die Notbremse. Mit ihm wurde ein Historiker berufen, der sich bereits einen Namen als zeithistorischer Aufklärer im Umgang mit den gern verharmlosten braunen zwölf Jahren gemacht hatte, also eine damals noch keineswegs überall zufriedenstellende, gegenwartstaugliche Zeitgeschichte vertrat[5] und der sich

---

3 Siehe dazu den Beitrag von Kristof Lukitsch in diesem Band.
4 Zur TH Darmstadt in der NS-Zeit: Hanel, Melanie: Normalität unter Ausnahmebedingungen. Die TH Darmstadt im Nationalsozialismus, Darmstadt 2014.
5 Zu Aretin als Zeithistoriker bis 1964 siehe den Beitrag von Christof Dipper in diesem Band. Zu den Anfängen der westdeutschen Zeitgeschichte: Schulze, Winfried: Hans Rothfels und die deutsche Geschichtswissenschaft nach 1945, in: Jansen, Christian/ Niethammer, Lutz/ Weisbrod, Bernd (Hg.): Von der Aufgabe der Freiheit. Politische Verantwortung und bürgerliche Gesellschaft im 19. und 20. Jahrhundert. Festschrift für Hans Mommsen zum 5. November 1995, Berlin 1995, S. 83–98.; Ders.: Deutsche Geschichtswissenschaft nach 1945, München 1989, S. 228–242; Eckel, Jan: Hans Rothfels. Eine intellektuelle Biographie im 20. Jahrhundert, Göttingen 2005, S. 322–327, 357–375.

aber bereits einen Namen als Historiker des Alten Reiches gemacht hatte. Von Aretin hatte diese Zeitgeschichte aus direkter Nähe erlebt, sein Vater bekämpfte als Redakteur der *Münchener Neuesten Nachrichten* die heraufziehende nationalsozialistische Gefahr, war dafür 1933/34 vierzehn Monate in Dachau interniert und wurde für den Rest der zwölf langen Regimejahre von der Gestapo überwacht. Der Schwiegervater Aretins war Henning von Tresckow, einer der zentralen Verschwörer des 20. Juli. Aretin hatte seit seiner Promotion bei Franz Schnabel 1952 in München in der Öffentlichkeit für eine kritische zeitgeschichtliche Auseinandersetzung mit der jüngsten deutschen Geschichte gestritten. Er verband zum Zeitpunkt seiner Berufung höchste fachliche Reputation mit öffentlichem Engagement in dem, was damals noch „Vergangenheitsbewältigung" hieß und immer wichtiger für die Weiterentwicklung der jungen westdeutschen Demokratie wurde.

Aus wissenschaftspolitischen Maßnahmen, und seien sie wie in diesem Fall noch so klug, werden nicht immer Ereignisse. Dazu bedurfte es in diesem Fall noch weiterer Vorkommnisse in Gestalt einer Studienreform, nämlich des Darmstädter Modells der Gewerbelehrerausbildung mit dem Pflichtteil Zeitgeschichte. Das so erfolgreiche duale Ausbildungssystem benötigte universitär ausgebildete Berufsschullehrer. Diese Lehrer, so die Überzeugung des Darmstädter Politikwissenschaftlers Eugen Kogon, durften keine apolitischen Fachidioten sein. Diese grundsätzliche Entscheidung wurde bereits lange vor der praktischen Umsetzung getroffen, nämlich 1958. Aber die vergangenheitspolitischen Umstände waren zunächst alles andere als günstig und verhinderten die rasche Umsetzung dieser bildungspolitischen Beschlüsse. Das Bildungsfach Geschichte wurde aber mit der Besetzung des Ordinariats für Zeitgeschichte zum Studienfach an der TH Darmstadt und die Zeitgeschichte wurde zum Schlüsselfach, das die Demokratiefestigkeit künftiger Gewerbelehrer durch professionelle Aufklärung über die deutsche Diktatur sicherzustellen hatte. Aretin wurde also berufen, um dieses Studienfach aufzubauen, und das hat er mit Geschick und Erfolg getan.

Dabei hat ihm, wie so häufig bei historischen Ereignissen bleibenden Werts, der Zufall geholfen: nämlich ein Todesfall, derjenige des ja immer noch tätigen Professors für Neuere Geschichte Hellmuth Rößler, Vertreter der braunen Vergangenheit des Faches und eifriger Vermittler ihrer postdiktatorialen Deutungsreste. Dessen frühzeitiger Todesfall 1968 machte Platz für einen nunmehr vollständigen Neuanfang. Rasche Neuberufungen und die Einrichtung vollwertiger Studiengänge im Fach Geschichte 1969/70 schufen in nur drei Jahren eine ganz neue Lage im zweiten Stock des wiederhergestellten Darmstädter Residenzschlosses, in dem sich die Büros der Historiker befanden. Und es kam noch etwas hinzu: 1968 wurde der junge Ordinarius Aretin auch Direktor der universalhistorischen Abteilung des Instituts für Europäische Geschichte in Mainz[6] und damit entstand eine Verbindung, welche die weitere Entwicklung der Darmstädter Geschichtswissenschaft in vielerlei Hinsicht beeinflusst, vor allem bereichert hat.

Um den Titel einer bekannten britischen Filmkomödie zu variieren: Vier glückliche Entscheidungen und ein Todesfall identifiziert der Ereignishistoriker als die Geburtsstunde dieses Instituts. Dessen formaler Gründungsakt mit der Umsetzung des Hessischen Hochschulgesetzes und konkret der Auflösung der Fakultät für Kultur- und Staatswissenschaften ereignete sich erst im Jahr 1970. Danach sieht der Ereignishistoriker nur noch eine unendliche Kette von Mikro-Ereignissen: Berufungen, Emeritierungen, Promotionen, Habilitationen, welche die zweigetaktete jährliche Wiederholungsstruktur des Lehrbetriebs unterbrachen. Hier fördert nun die *histoire événementielle* für das tiefere Verständnis dieser Geschichte nichts mehr zutage.

Die institutionengeschichtliche Perspektive

Es wird also Zeit, die Perspektive zu wechseln und die Brille des Institutionenhistorikers aufzusetzen. Dieser fragt kraft Neigung und Auftrag nach dem Dauerhaften jenseits des biographisch Zufälligem und Anekdotisch-Ereignishaften.

Rasch gelang nach Gründung des Instituts der Ausbau der Professuren zu jener Mindestgröße, von der ab von einem veritablen Historischen Seminar oder Institut gesprochen werden kann. Seit 1972 war diese Grundausstattung in Gestalt von fünf Professuren komplett. Neben den üblichen Professuren für Alte, Mittelalterliche und Neuere Geschichte gehörte in Darmstadt zum einen die Zeitgeschichte, zum andern die Technikgeschichte dazu, zunächst als Technik- und Wirtschaftsgeschichte. Diese Professuren

---

6 Zum Institut in Mainz siehe den Beitrag von Claus Scharf in diesem Band sowie die Dokumentation Institut für Europäische Geschichte Mainz (Hg.): Institut für Europäische Geschichte Mainz 1950–2000, Mainz 2000.

wurden durch eine wechselnde Zahl von Mitarbeiterstellen verstärkt. Vor allem in den 1970er und 1980er Jahren waren noch mehrere (genau drei) dieser Stellen Dauerstellen. Damit war eine Mindestausstattung erreicht, die im Wechselspiel von Berufungen, Bleibeverhandlungen und Stellenkürzungen auf Hochschulebene mal zufriedenstellende, mal knappe Personalsituationen schuf. Die Sicherung des Lehrangebots für eine anhaltend hohe Nachfrage in den Lehramts- und dann auch Magisterstudiengängen stand dabei immer im Mittelpunkt der Geschäftsführung. Frühzeitig etablierte sich in Darmstadt eine quasi zweihöckrige Neuzeit: Frühneuzeit bzw. Sattelzeit und Zeitgeschichte wurden zu den beiden Eckpfeilern Darmstädter Geschichtsforschung. Ich nenne hier nur die vielfältigen Forschungen und Studien Karl Otmar von Aretins zum „Alten Reich", zum aufgeklärten Absolutismus, zu Reichsitalien, später die von Christof Dipper zur Übergangsgesellschaft, zur Agrar- und Begriffsgeschichte der Sattelzeit sowie die Studien von Hans-Christoph Schröder zu den beiden frühneuzeitlichen Revolutionen in England und Amerika.[7] Gleichzeitig blieb die Geschichte der Weimarer Republik, des NS-Regimes und der Nachkriegszeit im Zentrum des Darmstädter Lehrbetriebs und ist Gegenstand zahlreicher Forschungen geworden. Das Übergewicht der Neueren und Neuesten Geschichte, verstärkt noch durch die Präsenz einer Technikgeschichte, deren Schwerpunkt in der kritischen Untersuchung der Industrialisierung und der modernen Technik liegt, ist jedenfalls aus institutionengeschichtlichen Außensicht in den Strukturen angelegt. Althistoriker und Mediävisten lernten in Darmstadt im Schatten der technischen Moderne zu leben und zu forschen.

---

7 Exemplarisch seien an dieser Stelle genannt: Aretin, Karl Otmar Freiherr von: Heiliges Römisches Reich 1776–1805. Reichsverfassung und Staatssouveränität, 2 Bde., Wiesbaden 1967; Ders. (Hg.): Aufgeklärter Absolutismus, Köln 1974; Ders.: Das Alte Reich 1648–1806, 4 Bde., Stuttgart 1993–2000; Dipper, Christof: Die Bauernbefreiung in Deutschland 1790–1850, Stuttgart 1980; Ders.: Deutsche Geschichte 1648–1789, Frankfurt a. M. 1991; Ders.: Übergangsgesellschaft. Die ländliche Sozialordnung im Mitteleuropa um 1800, in: Zeitschrift für historische Forschung 23 (1996), S. 57–87; Ders.: Die geschichtlichen Grundbegriffe. Von der Begriffsgeschichte zur Theorie der historischen Zeiten, in: Historische Zeitschrift 270 (2000), S. 281–300; Schröder, Hans-Christoph: Die Revolutionen Englands im 17. Jahrhundert, Frankfurt a. M. 1986; Ders.: Die Amerikanische Revolution. Eine Einführung, München 1982.

Das Institut für Geschichte der TU Darmstadt 1964–2014

Karte 1:

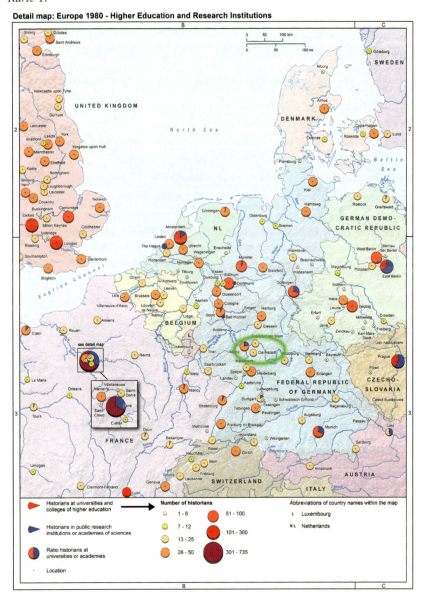

Die Karte 1 für das Jahr 1980 rückt nun das Darmstädter Institut in den größeren europäischen Kontext der Universitätsgeschichte, wenn hier auch nur ausschnittsweise in den mittel- und westeuropäischen Rahmen. Es handelt sich um einen Ausschnitt aus dem *Atlas of Modern European Historiography*.[8] Er zeigt den Zustand der personellen Ausstattung von Hochschulen und außeruniversitären Einrichtungen des Faches Geschichte im Jahr 1980. Die gewählten Größenklassen zeigen, dass Darmstadt nach zehn Jahren Institutsaufbau einen festen Platz im Ensemble universitärer Institute gefunden hatte: Es gehörte nicht mehr in die Kategorie der Mini-Institute oder geschichtswissenschaftlicher Single-Professuren, sondern in die nächste Kategorie kleiner Einrichtungen mit vollem fachwissenschaftlichem Lehrangebot. Zählt man die dieser Karte zugrundeliegende Datenbank aus und sortiert alle west- und ostdeutschen Universitätsstandorte nach ihrer Größe, so steht Darmstadt 1980 auf Rangplatz 37 von 51 Hochschulstandorten mit dem Fach Geschichte. Es gehörte seiner personellen Ausstattung nach damit in das dritte Viertel universitärer Standorte.

---

[8] Porciani, Ilaria/ Raphael, Lutz (Hg.): Atlas of Modern European Historiography. The Making of a Profession, Houndsmills/ Basingstoke 2010, S. 52 (Ausschnitt), S. 66 (Ausschnitt).

Das Institut für Geschichte der TU Darmstadt 1964–2014

Karte 2:

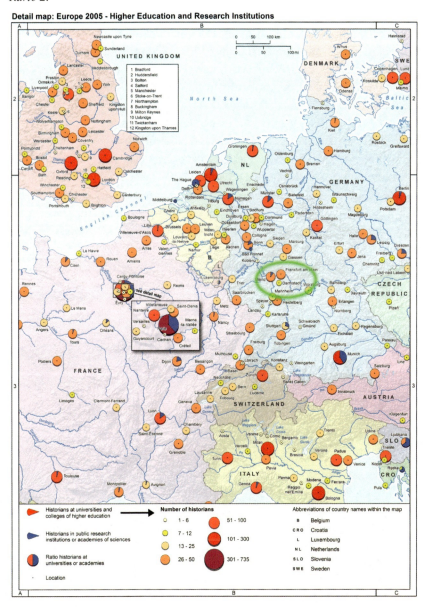

Die Karte 2 für das Jahr 2005 zeigt, dass 25 Jahre später bereits die Grenzen des Wachstums erreicht worden waren, ja ein Schrumpfen eingesetzt hatte. 2005 hatte Darmstadt nur noch Platz 59 von mittlerweile 67 geschichtswissenschaftlichen Universitätsstandorten inne. Das Institut war inzwischen in das letzte Viertel der Größenklassen gewechselt. Der ‚Rückbau' nach einer Phase der raschen Expansion findet in diesen Zahlen seinen Niederschlag. Anzumerken ist, dass auch darin die Darmstädter Situation keine Ausnahme ist. Der Aufwuchs des wissenschaftlichen Personals bis zu einer Mindestausstattung (in der Regel 4–5 Professuren, 1–2 Dozentenstellen plus eine variable Zahl Wissenschaftlicher Mitarbeiter/Assistenten) war durchaus typisch für die Entwicklung des Faches Geschichte an Technischen Universitäten der Bundesrepublik im Zuge des Universitätsausbaus der 1970er und, bereits viel bescheidener, der 1980er Jahre. „Klein, aber fein" musste deshalb nach dem Ende des Ausbaus die Maxime des Instituts lauten. Denn anders als diese Karten suggerieren könnten, stieg die wissenschaftliche Produktivität des Instituts gemessen an der Zahl der Qualifikationsarbeiten seit 1980 weiter kontinuierlich an. Die Tabelle 1 zeigt dies in aller Deutlichkeit.

Tabelle 1: Anzahl der Dissertationen und Habilitationen

Dissertationen/ Habilitationen chronologisch	
1980–1984	7
1985–1989	6
1990–1994	14
1995–1999	9
2000–2004	15
2005–2009	10
Seit 2010	10

Denn seit 1980 stieg die Zahl der Promotionen und Habilitationen. Die hier gewählten Einheiten von jeweils fünf Jahren geben ein bewegteres Bild wieder, bestätigen aber den Grundtrend. Schließlich gehört zu diesem Bild intensiver Forschung auch der Ausbau der drittmittelfinanzierten, insbesondere durch die Deutsche Forschungsgemeinschaft (DFG) geförderten Forschungsvorhaben. Hier seien nur beispielhaft die Graduiertenkollegs *Technisierung und Gesellschaft*, *Topologie der Technik* und das deutsch-französische Forschungsprojekt *Korruption in der politischen Moderne* genannt.

Das Institut für Geschichte der TU Darmstadt 1964–2014 183

Für die Geschichte einer Institution ist es wiederum aufschlussreich, nach den Verbindungen und Netzwerken zu fragen, welche seine Mitglieder geknüpft haben. Das ist besonders für das deutsche Universitätssystem sehr aussagekräftig, weil es ein national integriertes, aber föderal-dezentrales Netzwerk von Standorten ausgeprägt hat, das durch wechselnde Reputationshierarchien ständig in Bewegung gehalten wird. Ich bin diesem Ansatz gefolgt und habe nach den Verbindungen gefragt, welche durch Berufungen zustande kamen. Hierbei gilt es sowohl die ankommenden wie die abwandernden Wissenschaftler zu beachten. In der Gründungsphase der späten 1960er und frühen 1970er Jahre waren es die renommierten Universitäten Göttingen, Tübingen und Marburg, die allein fünf Dozenten ‚lieferten'. Stuttgart und Hamburg ergänzten dann das professorale Personaltableau in Darmstadt. Bis 1990 konnte Darmstadt seinerseits drei eigene Privatdozenten auf Professuren platzieren: in München (an einer anderen TU), in Bern und in Nürnberg-Erlangen. Seit 1990 hat sich die Landschaft erheblich gewandelt: Alle seither berufenen Professoren kamen von anderen Unis nach Darmstadt, entsprechend länger wird die Liste der Orte: Heidelberg, Hannover, Trondheim, Leicester, Trier, Düsseldorf, Freiburg, Berlin, Göttingen. Bemerkenswert ist, dass Universitätsstandorte außerhalb des deutschen Sprachraums auftauchen. Dies ist ein Hinweis auf die frühe internationale Öffnung des Instituts. Aufschlussreich sind andersherum natürlich auch die Berufungen der in Darmstadt Habilitierten: Die Liste ist seit den 1990er Jahren deutlich länger geworden und umfasst sieben Orte: Hamburg, Hannover, Essen, Trier, Heidelberg, München und Leicester.

Die Integration eines Instituts in das wissenschaftliche Leben des eigenen Faches lässt sich schließlich an der Herausgeberschaft von Fachzeitschriften messen. Auch in diesem Fall hat die Gründungsgeschichte den Weg gewiesen: Der neu berufene Professor für Zeitgeschichte von Aretin übernahm außerdem die Patenschaft für eine interdisziplinäre, aber dezidiert zeitgeschichtliche Zeitschrift, das Rezensionsorgan Neue Politische Literatur (NPL).[9] Auf die geschichtspolitischen Implikationen dieser Herausgeberschaft wird später noch einmal zurückzukommen sein. Die NPL ist seit nunmehr fünf Jahrzehnten dem Institut für Geschichte eng verbunden, inzwischen sind

---

9 Siehe den Beitrag von Jens Ivo Engels und Anja Pinkowsky in diesem Band.

aber weitere Herausgeberschaften von Fachzeitschriften hinzugekommen: Der 1969 als Nachfolger von Rössler berufene Professor für Neuere Geschichte und langjährige Präsident der TU Darmstadt Helmut Böhme war Mitherausgeber der *Alten Stadt*. Dieses stadtgeschichtliche Profil ist auch von seinem Nachfolger Dieter Schott weitergeführt worden mit der Herausgabe der *Informationen zur modernen Stadtgeschichte*. Mikael Hård wiederum ist Mitherausgeber der *NTM – Zeitschrift für Geschichte der Wissenschaften, Technik und Medizin*.

Nicht zuletzt sind institutionengeschichtlich die regionalen und lokalen Vernetzungen von Gewicht. Sie können bei Universitätsinstituten stärker oder schwächer ausfallen, im Darmstädter Fall waren und sind die Verbindungen stark: zum einen zum Hessischen Staatsarchiv, dessen Leiter als außerplanmäßige Professoren regen Anteil am Lehr- und Forschungsbetrieb des Instituts nahmen und nehmen, zu den Einrichtungen der Evangelischen Landeskirche und zum Hessischen Wirtschaftsarchiv. Diese regionale und lokale Einbindung hat sich in einer entsprechend breiten regionalgeschichtlichen Forschung niedergeschlagen, die kontinuierlich am Institut für Geschichte gepflegt wurde: Von den insgesamt 73 Dissertationen und Habilitationen, deren Autoren und Titel seit den 1970er Jahren erfasst worden sind, haben vierzehn die hessische Geschichte zum Gegenstand.

Die generationengeschichtliche Perspektive

Genug der Zahlen und Indikatoren. Viel mehr ist mit den Methoden einer strukturgeschichtlichen Institutionengeschichte an sicheren Erkenntnissen nicht zu gewinnen. Neue Zusammenhänge werden jedoch sichtbar, wenn man nach generationenspezifischen Prägungen fragt.

Die Generationengeschichte ist anders als die beiden vorher gewählten Zugriffe nicht unumstritten, ihre Grundkategorie „Generation" alles andere als eindeutig.[10] Dennoch hat sie sich, mit Augenmaß angewandt, gerade in der Historiographiegeschichte bewährt, wie dies etwa Barbara Stambolis'

---

10 Weisbrod, Bernd (Hg.): Historische Beiträge zur Generationsforschung, Göttingen 2009; Berghoff, Hartmut/ Jensen, Uffa et al. (Hg.): History by Generations. Generational Dynamics in Modern History, Göttingen 2013.

Studien zur Generation der 1943 geborenen Historiker belegen.[11] Auffällig ist der generationelle Zusammenhang in zwei Phasen der Institutsgeschichte: zum einen in der langen Aufbauphase von den späten 1960er Jahren bis 1988. Als Ende dieser ersten Phase bietet sich das Jahr 1988 als Jahr der Emeritierung des Gründervaters Aretin an.

Tabelle 2: Die sozialliberale Generation

Professur	Inhaber	Dienstzeit
Zeitgeschichte	K. O. v. Aretin	1964–1988
Zeitgeschichte	E. Viefhaus	1972–1984
Zeitgeschichte	F. Kallenberg	1972–1988
Neuere Geschichte	H. Böhme	1969–1971
Neuere Geschichte	H.-Ch. Schröder	1973–1998
Technik- und Wirtschaftsgeschichte	A. Paulinyi	1976–1997
Mittelalterliche Geschichte	L. Graf zu Dohna	1972–1989
Alte Geschichte	K. Bringmann	1971–1982

Dieser als „Generationseffekt" vermutete Zusammenhalt der zwischen 1964 und 1976 berufenen Historiker beruhte sicherlich auch darauf, dass die Gründergeneration, zunächst Aretin allein, dann zusammen mit Helmut Böhme, Kollegen berief, die sie als kompetent und zu sich passend empfanden. Die Passung verstärkte sich in der gemeinsamen Aufbauarbeit und in der kollegialen Zusammenarbeit. Sie war aber, so die These, vor allem geschichtspolitisch geprägt: Die in der dargestellte Generation ist nämlich keineswegs durch Gemeinsamkeiten in methodischen und konzeptionellen Grundüberzeugungen, Mitgliedschaft in ‚Schulen' oder gar durch Zugehörigkeit zu akademischen Seilschaften geprägt. Sie ist vielmehr durch gemeinsame geschichtspolitische Grundpositionen verbunden, die man als sozialliberal bezeichnen kann: Sie einte die Distanz zum damals noch dominierenden nationalkonservativen Mainstream im Fach. Dessen Unfähigkeit, mit dem Nationalsozialismus als Gegenwart und als Vergangenheit angemessen umzugehen, war ja *raison d'être* des Darmstädter Instituts. Diesem

---

11 Stambolis, Barbara: Leben mit und in der Geschichte: deutsche Historiker Jahrgang 1943, Essen 2010.

Prinzip blieb die erste Generation verbunden. Dabei stand das Darmstädter Institut nicht zuletzt dank der liberalen Positionen seines Gründers von Aretin in den 1970er und 1980er Jahren zugleich fachlich und politisch für eine Öffnung. Diese konnte in jenem Fall nur nach ‚links' gehen, denn vor allem dort wurden neue Forschungsansätze formuliert und vor allem die zeitgeschichtliche Aufarbeitung der deutschen Vergangenheit weiter vorangetrieben. Diese sozialliberale Position war nach innen offen für eine Vielzahl ganz unterschiedlicher fachlicher Positionen.

In der fachpolitischen Öffentlichkeit war aber Darmstadt nicht zuletzt dank der vielfältigen Ämter seines Gründers von Aretin fest als Ort liberaler Positionen in den damaligen Historikerkontroversen verankert, von den Auseinandersetzungen über die Ostverträge bis zum Historikerstreit 1986/87. Es ist sicherlich eines der besonderen Verdienste und Talente des Institutsgründers Aretin, zu beiden sich formierenden Flügeln der westdeutschen Geschichtswissenschaft, dem fachlich und methodisch konservativen, konfessionell vielfach katholischen Flügel und dem in diesen beiden Jahrzehnten dynamisch wachsenden sozialdemokratisch-sozialhistorischen Flügel, gute Beziehungen zu unterhalten und nicht zuletzt auch im Historikerverband ausgleichend gewirkt zu haben. Zugleich einte diese Generation aber auch die kämpferische Abwehr jener bildungspolitischen Zumutungen, die aus der Ehe zwischen sozialdemokratischer Emanzipationsprogrammatik und Modernisierungstheorie hervorgegangen waren und zeitgenössisch den Streit um die hessischen Rahmenrichtlinien für die Schulen auslösten. Grundlage dieses sozialliberalen Grundkonsenses waren je unterschiedliche persönliche Erfahrungen. Alle Vertreter dieser Generation haben noch in ihrer Kindheit und Jugend Diktatur und Krieg erlebt und verdankten ihr fachwissenschaftliches Profil den Aufbaujahren der 1950er und den ersten Aufbrüchen der frühen 1960er Jahre. Sie umfasst die Alterskohorten der zwischen 1923 und 1934 Geborenen.

Generationshistorisch ist erst in der jüngsten Vergangenheit wieder eine Konstellation eingetreten, die in ihrer (relativen) Geschlossenheit mit der Situation der 1970er und 1980er Jahre vergleichbar wäre.

Tabelle 3: Die kulturgeschichtliche Generation

Professur	Inhaber	Dienstzeit
Neuere und Neueste Geschichte	J. I. Engels	seit 2008
Neuere Geschichte	D. Schott	seit 2004
Technikgeschichte	M. Hård	seit 1998
Mittelalterliche Geschichte	G. J. Schenk	seit 2009
Alte Geschichte	E. Hartmann	Seit 2011

Tabelle 3 zeigt die Liste der 2015 am Institut tätigen Professorinnen und Professoren. Sie sind alle zwischen 1954 und 1971 geboren worden. Anders als bei den älteren Kollegen scheint mir aber diesmal nicht die politische bzw. geschichtspolitische Konstellation Zusammenhalt herzustellen, sondern ein fachlicher Konsens. Sie sind alle Zeitgenossen oder Kinder des *cultural turn*, vertreten in je spezifischer, individueller Weise eine konstruktivistisch-kulturhistorische Perspektive und orientieren sich damit, wenn auch in ganz anderer Weise als die sozialliberale Generation in exponierter Weise am aktuellen Trend des Faches.[12]

Die Generationengeschichte folgt keinem quasi naturgeschichtlichen Schema, kennt also keinen demographischen Automatismus der Generationsbildung. Mit Koselleck wissen wir, dass Generativität, also die beständige

---

12 Siehe exemplarisch: Schott, Dieter: Die Vernetzung der Stadt, Darmstadt 1999; Ders.: Resilienz oder Niedergang? Zur Bedeutung von Naturkatastrophen für Städte in der Neuzeit, in: Wagner, Ulrich (Hg.): Stadt und Stadtverderben, Ostfildern 2012, S. 11–32; Ders./ Toyka-Seid, Michael (Hg.): Die europäische Stadt und ihre Umwelt, Darmstadt 2008; Schenk, Gerrit Jasper: Zeremoniell und Politik. Herrschereinzüge im spätmittelalterlichen Reich, Köln/ Weimar/ Wien 2003; Ders./ Engels, Jens Ivo (Hg.): Historical Disaster Research. Historical Social Research 121, Köln 2007; Hartmann, Elke: Heirat, Hetärentum und Konkubinat im klassischen Athen, Frankfurt a. M. 2002; Hård, Mikael: Hubris and Hybrids. A cultural History of Technology and Science, New York 2005, Ders.: Machines are Frozen Spirit, Frankfurt a. M./ Boulder Col. 1994; Engels, Jens Ivo: Königsbilder. Sprechen, Singen und Schreiben über den französischen König in der ersten Hälfte des achtzehnten Jahrhunderts, Bonn 2000; Ders.: Naturpolitik in der Bundesrepublik. Ideenwelt und politische Verhaltensstile in Naturschutz und Umweltbewegung 1950–1980, Paderborn 2006.

Generationenfolge, nur eine Möglichkeit für eine spezifische erfahrungsbasierte Strukturbildung in der Geschichte ist.[13] Es bedarf wiederum besonderer Konstellationen, um aus dieser bloßen Möglichkeit ein einflussreiches Element der historischen Realität zu machen. Zwischen 1988 und 2004 vermag ich keine derartige generationsspezifische Prägung zu erkennen.

Der im Fach Geschichte so prominent vertretene Jahrgang 1943 hat mit Christof Dipper auch in Darmstadt seine Spuren hinterlassen. Aber mit Blick auf die hier thematisierten geschichtspolitischen und fachkulturellen Dimensionen wäre mit Jürgen Osterhammel, selbst Jahrgang 1950, von einer Übergangsgeneration zu sprechen. Übergangsgeneration deshalb, weil sie vielfältige sowohl politische, aber auch methodische und konzeptionelle Verbindungen mit der sozialliberalen Generation aufweist, Historiker dieser Alterskohorten zugleich jedoch auch den manchmal etwas gewundenen Weg durch den intellektuellen Canyon der *turns* mitgegangen sind oder diesen Weg geebnet haben, vom *linguistic* vorbei am *cultural* bis hin zum *spatial* und *global turn*. Das hat sich konkret nicht zuletzt im Darmstädter Engagement für ein kulturgeschichtlich fundiertes Verständnis der Moderne niedergeschlagen.[14]

Die historiographiegeschichtliche Perspektive

Die Generationengeschichte hat bereits einen weiten Horizont politischer und fachlicher Bezüge für das Institut aufgespannt und erlaubt, seine Akteure und deren Forschungen in einem größeren zeitgeschichtlichen Kontext zu platzieren. Diese Einsichten sollen mit dem vierten Zugriff, der historiographiegeschichtlichen Perspektive, vertieft und ausgeweitet werden. Welche Themen, Methoden, Problemstellungen bewegten die Darmstädter Historiker während der nunmehr fünfzigjährigen Geschichte ihrer Forschungen?

Aus den Ergebnissen der ereignis- und wissenschaftshistorischen Ansätze haben wir bereits einige Hinweise gewonnen, die es zunächst einmal zu vertiefen gilt. Das Institut war seiner ersten Zielbestimmung nach vergangenheitspolitisch ausgerichtet und so ist es auch nicht verwunderlich, dass

---

13 Koselleck, Reinhart: Historik und Hermeneutik, in: Ders.: Zeitschichten: Studien zur Historik, Frankfurt a. M. 2000, S. 107.
14 Der klassische Text hierzu ist Dipper, Christof: Moderne Version: 1.0, in: Docupedia-Zeitgeschichte, 25.08.2010.

Themen der Zeitgeschichte in Lehre und Forschung dominierten. Ordnet man die Darmstädter Dissertationen und Habilitationen nach den Untersuchungszeiträumen, ergibt sich folgendes Bild:

Tabelle 4:

Qualifikationsarbeiten nach Epochen	
Alte Geschichte	4
Mittelalter	5
Frühe Neuzeit	6
Sattelzeit	9
1789–1914	5
1850–1914	6
20. Jahrhundert	3
1914–1945	17
Nach 1945	10

35 von 73 Arbeiten widmeten sich in engerem Sinne zeitgeschichtlichen Themen, die ‚ältere' Neuzeit wurde von 21 Autorinnen und Autoren bearbeitet, die beiden davor liegenden Epochen steuerten neun Qualifikationsarbeiten bei. Mit der zeitgeschichtlichen Schwerpunktbildung einher ging ein anhaltendes Interesse für die Politikgeschichte in Forschung und Lehre. Diese Kategorie ist in diesem Fall weit gefasst und reicht von der Untersuchung historischer Ereignisse bis zu Studien zur Verfassungsgeschichte. Die von Jacques Le Goff 1971 provokant gemeinte Frage: „Is Politics still the backbone of history?"[15] wurde in Darmstadt bis in die jüngste Zeit ohne Einschränkungen mit ja beantwortet, wenn man dazu setzt, dass diese Dominanz die Existenz anderer Themen und Fragestellungen nicht ausschloss. Darmstadt war in diesem Sinn zu keinem Zeitpunkt Hort einer eng verstandenen Politikgeschichte, sondern ihre Vertreter erweiterten die Perspektiven einer Geschichte des Politischen in ganz unterschiedliche Richtungen.

---

15 Le Goff, Jacques: Is Politics still the Backbone of History?, in: Daedalus Vol. 100, No. 1 (Winter, 1971), S. 1–19.

Tabelle 5:

Qualifikationsarbeiten nach Themen	
Historiographie	2
Kirche, Religion	3
Stadt	7
Kultur, Medien	11
Wirtschaft	4
Technik	10
Soziale Gruppen	5
Politik, Institutionen	29

Exemplarisch für diese Erweiterungen seien hier Karl Otmar Freiherr von Aretin und Hans-Christoph Schröder genannt: Der Gründer des Instituts hat immer wieder Studien zur historischen Ereignisgeschichte vorgelegt, für seinen eigenen Stil prägender wurden aber seine biographischen Studien zu Staatsmännern und Politikern, exemplarisch genannt seien seine Biographie über Friedrich den Großen, die Studie zum bayerischen Zentrumspolitiker Franckenstein oder sein letztes Buch zu drei prominenten Mitgliedern seiner eigenen Familie.[16] Schule gemacht und die Historiographie der Frühen Neuzeit nachhaltig geprägt hat er durch die Verbindung von Verfassungs-, Institutionen- und Ereignisgeschichte. Aus dem Zusammenspiel dieser drei Perspektiven erst hat von Aretin seine Neubewertung des „Alten Reiches" als einer europäisch angelegten Friedensordnung, als ein ganz spezifisches Konstrukt föderal-hierarchisch geordneter und kontrollierter Staatlichkeit und als prekäres Kompromissgebilde widerstreitender politischer Machtinteressen entwickelt. Voraussetzung für diese Neubewertung war der Bruch mit der kleindeutsch-borussischen Abwertung des frühneuzeitlichen Reiches, der von Aretin, hierin sicherlich begünstigt durch seine bayerische Herkunft und seine Lebenserfahrungen im ‚Dritten Reich', viel früher als die meisten seiner Fachkollegen den Rücken kehrte.[17] Aretins Arbeiten zur Geschichte

---

16 Aretin, Karl Otmar Freiherr von: Friedrich der Große, Freiburg 1985; Ders.: Franckenstein. Eine politische Karriere zwischen Bismarck und Ludwig II., Stuttgart 2003; Ders.: Drei Leben für die bayerische Krone: Adam, Georg und Christoph von Aretin, Regensburg 2013.
17 Vgl. hierzu auch den Beitrag von Winfried Schulze in diesem Band.

des „Alten Reiches" haben den Weg bereitet für eine Geschichte von Politik und Staatlichkeit in der Frühen Neuzeit, die sich gelöst hat von den Fesseln, welche eine eng gefasste Entwicklungs- und Erfolgsgeschichte des modernen Territorialstaats und der machtstaatlichen Souveränität geschnürt hatten.[18]

Schröders Erweiterungen der Politikgeschichte gingen andere Wege, aber auch seine Forschungsinteressen galten in Darmstadt zunächst einem klassischen Gegenstand der etablierten neuzeitlichen Politikgeschichte, den frühneuzeitlichen Revolutionen, konkret der amerikanischen und englischen Revolution. In diesem Fall waren es die Auseinandersetzungen mit den zeitgenössisch so erfolgreichen sozialgeschichtlichen Erklärungsansätzen, die die Erweiterung der Politikgeschichte in Richtung auf die Wirkungsgeschichte religiöser und politischer Ideen lenkten, ein Thema, das wiederum vielfältige Anknüpfungspunkte an die angloamerikanische Forschung bot.[19]

Solche Verbindungen zwischen Ideengeschichte und Politikgeschichte wurden zudem in den Forschungen von Christof Dipper untersucht, in diesem Fall waren es die Ansätze der Begriffsgeschichte, welche immer wieder neue Fragen und Antworten hervorgerufen haben.[20]

Die Politikgeschichte, so also unser zweiter Befund, entfernte sich in Darmstädter Auslegung rasch von ihrer orthodoxen Gestalt. Aber sie dominierte – auch dies wird bei einem nochmaligen Blick ganz deutlich. 29 von 73 Qualifikationsarbeiten widmeten sich diesem Thema. In jüngster Zeit hat

---

18 Aretin (1967): Heiliges Römisches Reich; Ders. (1993–2000): Das Alte Reich 1648–1806.
19 Neben den beiden Monographien in FN 7 siehe: Schröder, Hans-Christoph: Die Levellers und das Problem der Republik in der englischen Revolution, in: Geschichte und Gesellschaft 10 (1984), S. 461–497; Ders.: Max Weber und der Puritanismus, in: Geschichte und Gesellschaft 21 (1995), S. 459–478; Ders.: Ungleiche Gentlemen. Adel und Bürgertum im England des 19. Jahrhunderts, in: Schneider, Ute/ Raphael, Lutz (Hg.): Dimensionen der Moderne, Frankfurt a. M. 2008, S. 605–666.
20 Dipper, Christof: Réforme, in: Reichardt, Rolf/ Lüsebrink, Hans-Jürgen (Hg.): Handbuch politisch-sozialer Grundbegriffe in Frankreich 1680–1820, Heft 19/20, München 2000, S. 115–139; Ders.: Freiheit, VII. Der Freiheitsbegriff im 19. Jahrhundert, in: Brunner, Otto/ Conze, Werner/ Koselleck, Reinhart (Hg.): Geschichtliche Grundbegriffe, Bd. 2, Stuttgart 1975, S. 488–538; Ders.: Sozialreform. Geschichte eines umstrittenen Begriffs, in: Archiv für Sozialgeschichte 32 (1992), S. 323–351.

sich die Politikgeschichte vor allem für Fragen der Kulturgeschichte geöffnet und sich in Darmstadt immer stärker hin zu einer Kulturgeschichte des Politischen gewandelt. Daneben, so zeigt Tab 3, behaupteten andere Zugriffe und Themen ihr Recht. Ich möchte hier nur zwei Bereiche ansprechen, deren besondere Pflege auch dem Standort des Instituts, nämlich seiner Existenz an einer Technischen Universität zu verdanken ist.

Da ist zum einen die Technikgeschichte zu nennen, deren Verbindungen zur Wirtschaftsgeschichte naturgemäß eng sind, deren Verbindung zur Wissens- und Kulturgeschichte jedoch in den letzten Jahrzehnten immer stärker geworden ist. Die Entwicklung von Technikstilen im Kontext von Industrialisierung, die soziale und kulturelle Aneignung von Technik im Bereich von Produktion und Konsum sind Themen, die im Darmstädter Institut kontinuierlich erforscht worden sind. Ähnliche Kontinuität bestimmt auch die Entwicklung der stadtgeschichtlichen Forschungen. Hier war es die Hinwendung des langjährigen Präsidenten der TU Darmstadt Helmut Böhme zur Stadt- und Architekturgeschichte, welche eine Tradition Darmstädter stadtgeschichtlicher Forschungen begründet hat. In deren Blick gerieten vor allem die Entwicklungen im Städtebau und der Infrastrukturen, aber auch kultur- und sozialgeschichtliche Aspekte moderner Stadtentwicklungen.

Beide Themenfelder haben sich in enger Beziehung zu ihrem interdisziplinären Umfeld an einer Technischen Universität entwickelt: Kontakte zu Fachbereichen wie Architektur, Maschinenbau usw., die sonst nicht üblich oder erst gar nicht möglich wären, haben hier immer wieder für Impulse gesorgt. In diesem Sinn ist der Bezug zur technischen Moderne als eine Chance zur Profilierung genutzt worden.

Fazit

Von Aretins Wirken im Darmstädter Institut für Geschichte hat aus Sicht des Verfassers drei wesentliche Ergebnisse gehabt:

Erstens hat er das Institut fest in den auch fachpolitisch vielfältigen Aufbrüchen der sozialliberalen Ära verankert, dabei aber für das Institut Distanz zu den sich herausbildenden Schulen und Fraktionierungen der westdeutschen Geschichtswissenschaft halten können.

Zweitens hat von Aretin dazu beigetragen, dass das Darmstädter Institut frühzeitig ein eigenständiges Forschungsprofil entwickelt hat und so die

Sichtbarkeit eines nach den quantitativen Parametern eher unauffälligen Ortes historischer Forschung und Lehre deutlich erhöht. Mit der Geschichte des „Alten Reiches" und der Zeitgeschichte, Technik- und Stadtgeschichte wurden Themenfelder erfolgreich ‚besetzt' und mit dem Standort Darmstadt verbunden.

Drittens ist es nicht zuletzt das Verdienst von Aretins, dass das Darmstädter Institut fest in die Kommunikationsnetzwerke des Faches eingebunden worden ist und nicht zuletzt durch die Verbindungen mit dem Institut für Europäische Geschichte in Mainz zudem internationale Kontakte aufbauen konnte.

Andreas Göller

Von der Archivstelle zum Hochschularchiv
Karl Otmar von Aretin als Gründer des Universitätsarchivs der TU Darmstadt

> Im Übrigen habe ich heute mit Magnifizenz ausgemacht, daß diese Stelle offiziell den Titel ‚Technische Hochschule Darmstadt, Archivstelle, Schloß' erhält.

Mit dieser eher beiläufigen Bemerkung in einem Schreiben an die Haushaltsstelle markierte Karl Otmar von Aretin am 17. Mai 1965 einen Meilenstein in der Archivgeschichte der TU Darmstadt.[1] Seine Mitwirkung an der Institutionalisierung des Darmstädter Hochschularchivs ist sicher nur ein untergeordneter Aspekt in der Biographie des vielseitigen Wissenschaftlers. Dennoch zeigt sie sein außerordentliches Engagement und die Bereitschaft, auch ad hoc Verantwortung für die Hochschule zu übernehmen. Als ihm die Aufgabe angetragen wurde, stellte er sich umgehend zur Verfügung. Die Gründung der Archivstelle war nur ein erster, kleiner Schritt auf dem langen Weg zur Etablierung einer eigenständigen Gedächtnisinstitution an der Hochschule, der sich über mehrere Jahrzehnte erstrecken sollte. Der langwierige Institutionalisierungsprozess ist nur zu verstehen vor dem Hintergrund der besonderen geschichtspolitischen Konstellation an den Technischen Hochschulen, deren Genese und Etablierung sich in weitaus komplexeren Zusammenhängen vollzog, als dies bei den traditionellen Hochschulgründungen des Mittelalters und der Neuzeit der Fall war.

Die Hochschulgeschichte und die Geschichtswissenschaft an der TH Darmstadt bis 1945

Die Geschichte der Technischen Hochschule (TH) Darmstadt steht geradezu exemplarisch für den Akademisierungsprozess der technischen Bildung im 19. Jahrhundert. In einem Zeitraum von etwa 40 bis 60 Jahren wurde in einem zum Teil existentiellen Spannungsverhältnis zwischen dem Land als

---

1 Universitätsarchiv (künftig: UA) Darmstadt 110, unverz. Rt 140.

Träger der Einrichtung, der Stadt Darmstadt als Standort und Akteuren aus Wirtschaft, Wissenschaft und Politik eine Bildungsinstitution geformt, die schließlich 1877 als Großherzoglich-hessische Technische Hochschule auf ein akademisches Niveau gehoben wurde. Dieses Jahr gilt heute in der offiziellen Geschichtsschreibung der TU Darmstadt als das Gründungsjahr der Vorgängerin,[2] wenngleich erste Ansätze bis in das Jahr 1812 zurückreichen. Wirkungsmächtiger als die 1812 gegründete Architektenschule wurde die 1836 neben der Realschule errichtete Höhere Gewerbeschule: Sie hatte bis zur Umwandlung in eine Technische Schule 1864 Bestand und konnte daher 1861 mit einer Festveranstaltung auf ihr Silbernes Jubiläum zurückblicken. Damit war eine Tradition begründet, die in den Jahren 1886 und 1936 mit aufwändigen Festivitäten, in kleinerem Rahmen außerdem 1911, fortgesetzt wurde. Mit dem Bezug auf die Höhere Gewerbeschule befand sich die TH Darmstadt in bester Gesellschaft: Auch die Hochschulen in Karlsruhe, Dresden und Stuttgart beriefen sich auf vergleichbare Schulen, mit der Folge, dass die Hochschuljubiläen der älteren Technischen Hochschulen zumeist parallel in einem Zeitkorridor von etwas mehr als einem Jahrzehnt durchgeführt wurden.

Zu den elementaren Ausdrucksformen der Darmstädter Hochschuljubiläen zählten von Beginn an neben Veranstaltungen und Memorabilien die institutionellen Festschriften, später auch weitere Publikationen wie das 1885/86 vorgelegte Adressverzeichnis der Darmstädter Absolventen. Als konstitutiver Bestandteil erweist sich der historische Rückblick auf die vergangenen Jahre, der ausnahmslos von Angehörigen des Lehrkörpers verfasst wurde.[3] Es spricht für das Selbstverständnis der Technikwissenschaftler und die ausgeprägte Identifikation mit der eigenen Hochschule, dass sie ebenfalls auf dem Gebiet der Geschichtsschreibung die Reflexions- und Deutungshoheit für sich beanspruchten. Fachhistoriker spielten in der Frühzeit der

---

2 1977 wurde zum zweiten Mal, nach 1936, eine Hundertjahrfeier veranstaltet. Gegenwärtig finden Vorbereitungen für eine 140-Jahrfeier im Jahr 2017 statt.
3 Landsberg, Theodor/ Sonne, Eduard: Geschichtliche Entwickelung der Grossherzoglichen Technischen Hochschule zu Darmstadt, in: Festschrift zu der Jubelfeier des fünfzigjährigen Bestehens der Grossherzoglichen Technischen Hochschule zu Darmstadt, Darmstadt 1886, S. III–XL.

Darmstädter Hochschulgeschichtsschreibung und noch bis weit in die Zeit nach dem Zweiten Weltkrieg keine Rolle.[4]

Gleichwohl gewannen die historischen Wissenschaften an den Technischen Hochschulen in den letzten Jahrzehnten des 19. Jahrhunderts an Bedeutung. In dem Bewusstsein, mit den Absolventen der traditionellen Universitäten gesellschaftlich konkurrieren zu müssen, bildeten allgemeinbildende Lehrveranstaltungen einen wesentlichen Bestandteil der ingenieurwissenschaftlichen Curricula. In Darmstadt mündeten diese Bestrebungen schon 1868/69 in die Berufung des Literaturwissenschaftlers Otto Roquette auf den neu eingerichteten Lehrstuhl für Geschichte und Literatur. In dem technik- und naturwissenschaftlichem Umfeld konzentrierten sich die Geisteswissenschaftler auf Überblicksvorlesungen und Reflektionen über anerkannte Geistesgrößen und Dichterfürsten. Spezifische technikbezogene Inhalte, wie sie durch die räumliche und organisatorische Nähe zu den Mehrheitsfakultäten nahe gelegen hätten, wurden von dieser Seite aus nicht beleuchtet. Es waren, wie schon zuvor bei der Etablierung der Geisteswissenschaften an den technischen Hochschulen, erneut die Ingenieure selbst, die sich der Auseinandersetzung mit der eigenen Vergangenheit verschrieben. Aus dem Verein Deutscher Ingenieure (VDI) heraus wurde gegen Ende des 19. Jahrhunderts das Fachgebiet der Technikgeschichte entworfen – eine Entwicklung, die untrennbar mit dem Namen des Berliner Professors Conrad Matschoss verbunden war. Zuvor hatte der Industrielle Theodor Beck seit seiner Darmstädter Habilitation 1886 zahlreiche Beiträge zur Geschichte der Technik veröffentlicht, die zum Teil 1899 mit Unterstützung des VDI in einem Sammelband erneut herausgegeben wurden.[5] Zu einer

---

4 Otto Roquettes Beitrag zur Festschrift von 1886 lautete: Goethe und die Gartenkunst, in: Festschrift (1886), S. 129–137.
5 Lackner, Helmut: Von der Geschichte der Technik zur Technikgeschichte. Die erste Hälfte des 20. Jahrhunderts, in: König, Wolfgang/ Schneider, Helmuth (Hg.): Die technikhistorische Forschung in Deutschland von 1800 bis zur Gegenwart, Kassel, 2007, S. 35–61, hier S. 39–40; Schneider, Helmuth: Von Hugo Blümner bis Franz Maria Feldhaus. Die Erforschung der antiken Technik zwischen 1874 und 1938, in: König/ Schneider (2007): Technikhistorische Forschung, S. 85–115, hier S. 107–109. Zur Person siehe Klinckowstroem, Carl Graf von: Beck, Theodor, in: Neue Deutsche Biographie, Bd. 1, Berlin 1953, S. 699f. [Onlinefassung], URL: http://www.deutsche-biographie.de/ppn116102101.html(10.07.2015).

festen Größe wurde die Technikgeschichte erst 1919, als die Abteilung für Maschinenbau auch für Darmstadt ein permanentes Lehrangebot zur Geschichte und Kultur der Technik forderte - und sich dabei ausdrücklich an die Vorlesungen Matschoss' in Berlin anlehnte. Der Vorschlag wurde in die Tat umgesetzt, indem der Frankfurter Patentanwalt Carl Weihe einen Lehrauftrag zum Thema „Geschichte der Technik und ihrer Beziehung zur Entwicklung der Kultur" erhielt. Allerdings blieben die Besuchszahlen der Veranstaltungen weit hinter den Erwartungen zurück.[6]

Obwohl damit bereits seit 1868 durchgehend Fachwissenschaftler an der TH Darmstadt zur Verfügung standen, blieb die Darstellung der eigenen Institutionen- und Fächergeschichte in den Händen von Nichthistorikern. Diese übernahmen auch über die Festschriften hinaus die Beiträge zur Geschichte und Entwicklung der Hochschule in den allgemeinen Darstellungen zur Stadt und deren Kultureinrichtungen und nicht zuletzt sogar im Darmstädter Adressbuch des Jahres 1936.

Die Hochschulgeschichtsschreibung nach dem Zweiten Weltkrieg

Nach dem Zweiten Weltkrieg kam es nur zu einer zögerlichen Beschäftigung mit der unmittelbaren Vergangenheit. Fragen des Wiederaufbaus und der Fortführung des Hochschulbetriebs standen im Vordergrund, darunter auch das Problem der Integration politisch belasteter Hochschullehrer in den Wissenschaftsbetrieb. Als Reaktion auf die Selbstmobilisierung der Darmstädter Professoren innerhalb des NS-Staates wurde 1947 ein Internationaler Kongress veranstaltet, der sich u. a. mit der gesellschaftlichen Verantwortung der Ingenieure im Krieg auseinandersetzte, hinsichtlich seiner Wirkung jedoch als ‚Alibiveranstaltung' gewertet werden kann.[7] Der Anstoß, eine Hochschulgeschichte zu verfassen, kam von außen und verfolgte keineswegs das Ziel, die lokalen Geschehnisse in der NS-Zeit systematisch und kritisch aufzuarbeiten. Anlass und Zweck waren vielmehr profaner Natur: Mit der Feier ihres 125-jährigen Bestehens setzte die Technische Hochschule Karlsruhe 1950

---

6   UA Darmstadt TH 25/01 Personalakte Carl Weihe.
7   Schmidt, Isabel: Nach dem Nationalsozialismus. Die TH Darmstadt zwischen Vergangenheitspolitik und Zukunftsmanagement (1945–1960), Darmstadt 2015, S. 442.

ein Signal, das auch in Darmstadt aufgenommen wurde. Zuletzt hatte die TH Darmstadt 1936 in einer gemeinsamen Veranstaltung mit dem VDI das hundertjährige Jubiläum mit großem Aufwand begangen. Seinerzeit hatte der Mechanikprofessor Wilhelm Schlink ein „Bild ihres Werdens und Wirkens" entworfen, in dem die Vorkriegssituation der Hochschule und ihrer Institute ausführlich beschrieben wurden.[8] Anknüpfend an diese Darstellung sollte bis 1961 ein neuer Band entstehen. 1960 befasste sich der Senat mit dem Publikationsprojekt, woraufhin die Pressestelle den Plan fasste, „eine fundierte Festschrift durch Herrn Professor Dr. Schüssler anfertigen zu lassen" – ein Vorhaben, das sich der Rektor Heinrich Bartmann am 3. Juni 1960 zu eigen machte.[9] Demnach sollte die Festschrift zwei Teile enthalten: erstens einen historischen Rückblick mit besonderem Schwerpunkt auf den letzten 25 Jahren und damit gleichermaßen eine Fortschreibung der Festschrift des Jahres 1936 und zweitens eine Bibliographie der wissenschaftlichen Veröffentlichungen seit der Wiedereröffnung der Hochschule.[10] Es ist zu vermuten, dass der besondere Rechtsstatus Schüsslers[11] als Emeritus ihn für diese Aufgabe empfahl, da er in geringerem Ausmaß als seine aktiven Kollegen durch Lehrverpflichtungen gebunden war. Dennoch ist es erstaunlich, dass hier nicht nur erstmals ein qualifizierter Fachhistoriker angesprochen wurde, sondern zugleich eine Persönlichkeit, die erst seit 1959 zum Personalbestand der Hochschule gehörte und somit nicht auf eigene Erfahrungen mit dem Untersuchungsgegenstand zurückgreifen konnte. Es führt sicher zu weit, in der Auswahl Schüsslers die bewusste Entscheidung für eine unabhängige Außenperspektive zu sehen, zumal er aufgrund seines Werdegangs gerade für die Erforschung zeitgeschichtlicher Fragestellungen einige Probleme aufwarf. Aus unbekannten Gründen wurde das Publikationsvorhaben nicht verwirklicht.

---

8 Schlink, Wilhelm: Hundert Jahre Technische Hochschule Darmstadt 1836 bis 1936. Ein Bild ihres Werdens und Wirkens, Darmstadt 1936, URL: http://tudigit. ulb.tu-darmstadt.de/show/44-A-84 (10.07.2015).
9 Besprechungsprotokoll vom 3.6.1960, UA Darmstadt 105 Nr. 225.
10 Bibliographien der wissenschaftlichen Veröffentlichungen der TH Darmstadt waren zuvor bereits 1936 und nachfolgend für die Berichtsjahre 1937 bis 1938 von der *Vereinigung der Freunde und Förderer* herausgegeben worden, so dass sie der Forschungsleistung in den Friedensjahren der NS-Zeit bereits ausreichend dokumentiert vorlagen.
11 Zu Schüssler siehe den Beitrag von Kristof Lukitsch in diesem Band.

Dies fiel kaum ins Gewicht, da das Jubiläum im universitären Alltag keine besondere Aufmerksamkeit erfuhr. Selbst im Jahresbericht des Rektors blieb es bei einem kurzen Verweis auf das Gedenken im Rahmen „einer schlichten Feier, die [...] im Rahmen der Hauptversammlung der *Vereinigung von Freunden der Technischen Hochschule* stattfand".[12] Bei dieser Gelegenheit wurde von verschiedenen Rednern die Aufbauleistung der TH Darmstadt nach dem Krieg gewürdigt, bevor mit dem 1928 nach Darmstadt berufenen Alwin Walther nicht nur ein Zeitzeuge, sondern zudem einer jener Professoren das Wort erhielt, deren Forschungstätigkeit 1933 bis 1945 eine besonders intensive Förderung erfahren hatte.[13] In einem 19 Manuskriptseiten umfassenden Vortrag berichtete er aus eigener Anschauung sowohl über die Feierlichkeiten des Jahres 1936 wie auch über Kriegsforschung und -zerstörung sowie den Wiederaufbau.[14] Auf diese Weise konnte sich abermals die Binnenperspektive des Lehrkörpers durchsetzen. Angesichts seiner engen Zusammenarbeit mit militärischen Dienststellen des NS-Staates und seiner aktiven Beteiligung an kriegswichtigen Forschungsaufgaben, u. a. im Rahmen der V-Waffen-Entwicklung, war eine Auseinandersetzung mit der jüngsten Vergangenheit nicht zu erwarten. In der vertrauten Umgebung der Hochschulgesellschaft, der Walther viele Jahre als Funktionär und seit 1950 als Ehrenmitglied angehörte, waren kritische Stimmen ohnedies nicht erwünscht. Obwohl der Text in der für Walther typischen maschinenschriftlichen Ausfertigung vorliegt, gibt es keinerlei Anzeichen für eine geplante Veröffentlichung.

---

12 Witte, Helmut: Jahresbericht des Rektors, in: Feierliche Übergabe des Rektorates für das Jahr 1961–1962, Darmstadt 1961, S. 3–17, hier S. 8, URL: http://tudigit.ulb.tu-darmstadt.de/show/tua-rere-1961 (10.07.2015).

13 Alwin Walther, Professor für Praktische Mathematik, zählte zu den forschungsstärksten Wissenschaftlern der TH Darmstadt in der NS-Zeit, der seine Forschungen erfolgreich in der Bundesrepublik fortsetzen konnte, vgl. Hashagen, Ulf: Rechner für die Wissenschaft, „Scientific Computing" und Informatik im deutschen Wissenschaftssystem 1870–1970, in: Hashagen, Ulf/ Hellige, Hans Dieter (Hg.): Rechnende Maschinen im Wandel: Mathematik, Technik, Gesellschaft. Festschrift für Hartmut Petzold zum 65. Geburtstag, München 2011 (= Deutsches Museum Preprint 3), S. 111–152; Hanel, Melanie: Normalität unter Ausnahmebedingungen. Die TH Darmstadt im Nationalsozialismus, Darmstadt 2014, S. 314–320.

14 UA Darmstadt 105 Nr. 224.

Überlegungen zur Einrichtung eines Hochschularchivs

Nachdem die Hochschulgeschichte bislang fast ausschließlich im Rahmen von Jubiläumsfeierlichkeiten zur Sprache kam, erhielt sie während des Rektorats des Volkswirtschaftlers Adam Horn 1962/63 eine eigenständige, identitätsstiftende Funktion zugewiesen. Eine erste Maßnahme war die konzeptionelle Neuausrichtung der Publikationstätigkeit der Pressestelle. Das bisherige Nachrichtenblatt,[15] das überwiegend Personalnachrichten enthalten hatte, ersetzte Horn durch die „Darmstädter Hochschulnachrichten",[16] einem zweimal jährlich erscheinenden Heft mit redaktionellen Beiträgen, Personalmitteilungen, Nachrufen und Berichten aus der Studentenschaft. In der im Frühjahr 1963 erschienenen ersten Ausgabe ermunterte er ausdrücklich zur Beschäftigung mit der Hochschulgeschichte:

> Neben der Dokumentation des gegenwärtigen Lebens können die Nachrichten dazu beitragen, den Blick in die Vergangenheit zu lenken und in Beiträgen über die Entwicklung der Disziplinen und Lehrstühle das historische Bewußtsein für die Entfaltung geistigen Lebens zu wecken und zu verstärken.[17]

Für eine fachliche Einschätzung wandte sich Horn an den Lehrstuhlinhaber für Neuere Geschichte, Hellmuth Rößler, der dem Rektor am 17. April 1963 die „erbetenen Bemerkungen, auf welche Weise zunächst einmal die Erforschung der Geschichte unserer Hochschule aktiviert werden könn[t]e," übermittelte.[18] Hier wurde erstmals ein systematisches Vorgehen empfohlen, das der Forschung die Erfassung der vorhandenen Quellen vorschaltete. Rößler, der sich vor seiner Antwort an den Rektor mit dem Leiter des Hessischen Staatsarchivs Darmstadt, Friedrich Knöpp,[19] abgestimmt hatte, kam zunächst zu der Annahme, dass das Archivmaterial des Staatsarchivs und der Technischen Hochschule „1944/45 vollkommen vernichtet zu sein scheint." Diese

---

15 URL: http://tudigit.ulb.tu-darmstadt.de/show/Zb-4500-1951-62 (10.07.2015).
16 URL: http://tudigit.ulb.tu-darmstadt.de/show/Zb-4495-1963-69 (10.07.2015).
17 URL: http://tudigit.ulb.tu-darmstadt.de/show/Zb-4495-1963-69/0004 (10.07. 2015).
18 Schreiben Rößlers an den Rektor vom 17.04.1963, UA Darmstadt 110, unverz., Rt 140.
19 Zur Person siehe den Nachruf von Franz, Eckhart G.: Friedrich Knöpp †, geb. Darmstadt 24.6.1904, gest. Darmstadt 30.11.1995, in: Der Archivar 49 (1996), S. 521–522.

hier noch mit Vorsicht geäußerte Hypothese erlangte in den folgenden Jahren geradezu einen paradigmatischen Rang und wurde regelmäßig wiederholt, wenn es darum ging, mangelndes Engagement bei der Vergangenheitsbewältigung zu legitimieren. Schon Rößler entwarf daraufhin ein Konzept, wie dieser Umstand durch den gezielten Aufbau einer Ersatzüberlieferung geheilt werden könne. Angedacht war die Sammlung von Druckschriften, Presseausschnitten, Nachlässen, dem Schriftgut der studentischen Korporationen, wissenschaftlichen Artikeln der Hochschullehrer und vielen weiteren zerstreuten Einzelzeugnissen. Angesichts der dürftigen Schriftquellen sprach er sich zudem für Interviews (‚Enquête') mit den „ältesten, bereits emeritierten Professoren" aus, um deren „Kenntnisse über die innere Entwicklung der Hochschule bzw. einzelner Fakultäten festzuhalten." Diese Aufgabe sollte „von einem Herrn durchgeführt werden, der die Kenntnis des betreffenden Fachgebietes besitzt." Aus den knappen Bemerkungen des Historikers lässt sich leicht ein Bild von der geplanten Einrichtung gewinnen: eine Dokumentationsstelle, deren Sammlung von Daten allein dem Zweck der raschen Auswertung dienen sollte. Archivfachliche Fragen zur Bestandsbildung und -erhaltung, zur Authentizität und Integrität von Informationen und ihren Trägern wurden dagegen nicht thematisiert. Diese Stoßrichtung schlug sich zudem in der vorgesehenen Ausstattung der Sammlungsstelle nieder: Die einzustellende Hilfskraft sollte über Kompetenz auf dem Gebiet der an der TH vertretenen Fächer verfügen, nicht aber über eine Qualifikation als Historiker. Neben einem Arbeitsraum mit üblicher Büroausstattung wurde als einzige technische Infrastruktur die Anschaffung eines Photokopiergerätes für sinnvoll erachtet.

Aus den bisherigen Problemen bei der Erstellung einer fachlichen Ansprüchen genügenden Hochschulgeschichte zog der Rektor die Konsequenz, die gewünschte baldige Herausgabe einer Publikation über die Hochschule von der Quellensammlung zu trennen. Am 22. April 1963 erläuterte Horn im Kleinen Senat das weitere Vorgehen:[20] Wegen der „Monographie der Technischen Hochschule Darmstadt" verhandelte er mit dem Länderdienst-Verlag, der seit den 1950er Jahren Einzeldarstellungen zu mehreren Universitäten

---

20 Protokollauszug der Sitzung vom 22.04.1963, UA Darmstadt 110, unverz., Rt 140.

vorgelegt hatte.[21] Daneben konnte der Rektor unter dem Tagesordnungspunkt „Archiv der Hochschule" vermelden, dass die *Vereinigung der Freunde* 10.000 D-Mark für Archivarbeiten in Aussicht gestellt hatte. Zur Koordinierung weiterer Maßnahmen regte er im Senat die Bildung einer Kommission an, in die vermutlich die späteren Akteure berufen wurden. Mit der Bewilligung der Gelder auf der Jahreshauptversammlung der Freunde am 24. Mai 1963 waren die Weichen für die Einrichtung eines Archivs gestellt.[22]

Dennoch dauerte es über ein weiteres Jahr, bis das Vorhaben an Konturen gewann. Mit einem Glückwunschschreiben des nunmehrigen Rektors Gerhard Frühauf zum 60. Geburtstag des Staatsarchivdirektors wurde der Faden im Sommer 1964 wieder aufgegriffen. In seiner Antwort äußerte Knöpp die Bereitschaft, aufbauend auf ältere eigene Vorträge selbst eine Geschichte der Hochschule zu verfassen und mahnte zum raschen Aufbau einer Ersatzüberlieferung als Kompensation des „völligen Verlustes der Aktenüberlieferung".[23] Sein Interesse am Hochschularchiv wurde umgehend erwidert. Der Rektor lud für den 13. August 1964 zu einer Besprechung unter seinem Vorsitz, an der neben dem Prorektor Horn und dem designierten Rektor Adolf Küntzel der Verwaltungsdirektor Hans-Georg Wilke und die Professoren Arcadius Gurland und Alfred Mehmel teilnahmen, während Archivdirektor Knöpp das Staatsarchiv vertrat. Auch Rößlers Anwesenheit war zunächst vorgesehen, doch konnte er den Termin urlaubsbedingt nicht wahrnehmen. Damit endete seine Beteiligung an den Archivplanungen. Die Besprechung brachte endgültig Klarheit über die unterschiedlichen Ziele der zuvor oft miteinander verknüpften Publikationsvorhaben. Hochschulnachrichten und Monographie, die als „Visitenkarte" viel „weniger historische als moderne Aspekte enthalten" sollte, wurden als eigenständige Vorhaben weitergeführt und die Sammlung historischer Unterlagen wurde als „eine kontinuierliche Arbeit, die sich über Jahre erstrecken wird", anerkannt.[24]

---

21 U. a. Schneider, Wolfgang: Die Technische Hochschule Braunschweig, Berlin 1963.
22 UA Darmstadt 110, unverz., Rt 140.
23 Schreiben von Friedrich Knöpp an den Rektor vom 20.07.1964, UA Darmstadt 110, unverz., Rt 140.
24 Über den Inhalt der Besprechung liegen Berichte des Rektorats und des Verwaltungsdirektors vor. Die Darstellung stützt sich auf die Aktennotiz des Rektorats vom 13.08.1964, UA Darmstadt 110, unverz., Rt 140.

Mit der Trennung von Forschung und Publikation einerseits und der Bestandsbildung andererseits wurde erstmals der Weg in Richtung eines dokumentarischen Ansatzes eingeschlagen. Die Aufgabe des Archivs wurde explizit ergebnisoffen definiert: „das Suchen und Zusammentragen alter Akten, die dann in Auszügen in Form von Karteikarten oder Mikrofilmen festzuhalten sind." Regelmäßige Veröffentlichungen aus dem Archiv nach dem Vorbild der „Heidelberger Jahrbücher" wurden aufgrund finanzieller Erwägungen dagegen sehr kritisch bewertet. Beginnend mit der Verwaltung und dem Sekretariat sollten bei den Stellen der Hochschule Nachforschungen nach historischen Quellen betrieben werden. Die Erhebung relevanter Bestände bei den einzelnen Instituten wurde Archivdirektor Knöpp übertragen, dem zudem die Sichtung und Bewertung der eingegangenen Unterlagen obliegen sollte. In gleichem Maße hatte er die Interviews mit den ehemaligen Hochschullehrern zu führen und gegebenenfalls auf Tonbändern zu sichern. Blieb so die Datenauswahl eindeutig auf der Seite des Leiters des Staatsarchivs, so sollten die weiteren Arbeitsschritte in Räumen und mit dem Personal der Hochschule bestritten werden. Für den Anfang hielt Knöpp eine Arbeitskraft im mittleren Dienst oder einen Inspektor für ausreichend, wohingegen aus dem Kreis der Hochschulvertreter die Einstellung eines wissenschaftlichen Mitarbeiters ins Gespräch gebracht wurde, der ohne Habilitationsabsicht langfristig im Mittelbau beschäftigt werden könnte. Diese weitreichenden Vorstellungen stießen umgehend an die Grenzen der Finanzierungsmöglichkeiten. Gurland verwendete sich für die Etatisierung des Archivs im Hochschulhaushalt – eine Planung, die der Verwaltungsdirektor als unrealistisch einstufte. Als Lösung wurde die Anbindung des Archivs an einen der historischen Lehrstühle propagiert, idealerweise an die noch einzurichtende Professur für Geschichte der Technik, wofür jedoch frühestens 1966 Haushaltsmittel erwartet wurden. Bis dahin sollte die Finanzierung über die *Vereinigung der Freunde und Förderer* erfolgen, deren Unterstützungsbeiträge allerdings bereits für die Hochschulnachrichten benötigt wurden. Auf der Suche nach potentiellen Geldgebern wurde daher in Erwägung gezogen, auch die Stadt Darmstadt anzusprechen, zumal der Oberbürgermeister Ludwig Engel Interesse an dem Archiv bekundet hatte. Vor dem Hintergrund der beschränkten finanziellen Möglichkeiten wurde die Einstellung einer „Abiturientin o. ä." beschlossen, wobei die Personalauswahl im Zusammenspiel von Rektor und Archivdirektor erfolgen sollte.

Schon am 22. August erschien im Darmstädter Echo eine Anzeige, in der eine Mitarbeiter(in) mit Primareife gesucht wurde, die über Büro- und Stenografiekenntnissen verfügen und zudem das Verfilmen und Erstellen von Vergrößerungen erlernen sollte. Die Resonanz war überschaubar, insgesamt bewarben sich vier Kandidaten im Alter von etwa 52 bis 60 Jahren auf die Stelle, bis schließlich eine weitere Bewerbung aus der Hochschule eintraf. Susanne Bauer, zuvor Sekretärin am Lehrstuhl des Maschinenbauprofessors Franz Nikolaus Scheubel, war bereit, vorübergehend aus dem Landesdienst auszutreten, um in einem Privatdienstverhältnis in das Archiv zu wechseln. Unterdessen drängte die *Vereinigung der Freunde* seit Januar 1965 auf eine Erklärung über den Einsatz der bewilligten Mittel. Nachdem im Februar 1965 die Personalie geklärt war, stand allein die Entscheidung über die organisatorische Zuordnung noch aus. Am 12. März, nur 19 Tage vor der geplanten Einstellung der Sekretärin, erteilte Karl Otmar Freiherr von Aretin telefonisch seine Zustimmung zur Anbindung des Archivs an seinen Lehrstuhl. Ohne bislang in die Entscheidungsprozesse eingebunden worden zu sein, übernahm er eine für ihn völlig neue Aufgabe mit unbekanntem Personal, einer unsicheren Drittmittelfinanzierung und einer komplexen Position zwischen Staatsarchiv und Hochschule. Als Susanne Bauer ihre Stelle zum 1. April 1965 antrat, stand sie vor dem Nichts. Noch im Mai wurde ihr von der Beschaffungsstelle der TH Büromaterial mit der Begründung verweigert, im Hochschuletat seien hierfür keine Mittel vorgesehen. Es bedurfte einer Klarstellung des Verwaltungsdirektors, dass nun beim Lehrstuhl für Zeitgeschichte ein einschlägiger Haushaltstitel bereitstand, um die fälligen Anschaffungen in die Wege zu leiten. Diese administrativ-organisatorischen Maßnahmen fielen nicht zuletzt auf den Lehrstuhlinhaber zurück. So äußerte er sich gleichfalls im Mai 1965 skeptisch, ob die Anschaffung eines kostspieligen Mikrofilm-Aufnahmegeräts und eines Vergrößerungsgeräts erforderlich wären, und schlug vor, eventuell innerhalb der Hochschule vorhandene Geräte mitzunutzen, da diese im Archiv nur vorübergehend benötigt würden. Nach langen Anlaufschwierigkeiten war die Archivstelle im August arbeitsfähig, sah sich aber immer noch einer unsicheren finanziellen Zukunft ausgesetzt. Den Wiederholungsanträgen des Rektors begegnete die *Vereinigung der Freunde* zunehmend kritisch, da man Wert darauf legte, „dass aus der vorläufigen Unterstützung der Archivarbeiten keine Dauereinrichtung gemacht wird." Vielmehr sahen die Freunde hierin „eine Aufgabe, deren Erfüllung in erster Linie zu den Pflichten des Landes gehören dürfte."[25]

In den nächsten Jahren bemühte sich die Archivstelle, Druckschriften und Materialien zur Hochschulgeschichte zu sammeln.[26] Vorlesungsverzeichnisse, Fotos und nicht zuletzt Teile der Personaldokumentation im heutigen Universitätsarchiv tragen den grünen Besitzstempel der Archivstelle und das Handzeichen Bauers. Eine Verfilmung von Materialien hat dagegen wohl nicht stattgefunden. Unter den in dieser Zeit erworbenen Unterlagen fremder Provenienz zählt ferner ein Konvolut aus dem Stadtarchiv Gießen mit Schriftwechseln und Unterlagen zur Mitgliedschaft der Stadt in der der *Vereinigung der Freunde*, so dass die Archivstelle hier eine wertvolle Überlieferung zur Geschichte ihres wichtigsten Mäzens aufbauen konnte.[27]

Wie ist der Beitrag Karl Otmar Freiherr v. Aretins für das Archivwesen der TU Darmstadt zu bewerten?

Angesichts der widrigen Umstände kann das Verdienst des Lehrstuhlinhabers für die Sicherung des historischen Erbes der Hochschule nicht hoch genug bewertet werden. Von ihrer Zielsetzung blieb die Archivstelle eine Dokumentationsstelle, der die unmittelbare, verwaltungsmäßige Verzahnung mit den Überlieferungsbildnern fehlte. Selbst Knöpp, der zumindest dem Ausgangskonzept zufolge in den Bestandsaufbau eingebunden war, sah hier den Vorrang der Dokumentation über die Archivierung. Insbesondere rechtliche Implikationen des Bestandsaufbaus und der Archivnutzung wurden, im Unterschied zum nur wenige Jahre später an der Rheinisch-Westfälischen Technischen Hochschule (RWTH) Aachen stattfindenden Institutionalisierungsprozess,[28] an der TH Darmstadt zu keinem Zeitpunkt

---

25 Schreiben der *Vereinigung* an den Rektor vom 01.09.1965, UA Darmstadt 105, unverz. Az. 07–14.
26 Schreiben von Aretins an das Rektorat vom 11.01.1966 [(sic!) = 1967], UA Darmstadt 110, unverz., Rt 140.
27 Die hier enthaltene Mitgliedskarte der Stadt Gießen für die Vorgängervereinigung, die *Ernst-Ludwig-Hochschulgesellschaft*, wurde 2008 ein zentrales Bildmotiv der 90-Jahrfeier der Gesellschaft.
28 Oeben, Marcel: Geschichte des Hochschularchivs, in: Roll, Christine/ Graf, Klaus (Hg.): 40 Jahre Hochschularchiv der RWTH Aachen, Aachen 2010, S. 36–49, hier: S. 39. Vgl. etwa zur Geschichte der Universitätsarchive in Karlsruhe und

diskutiert. Die von Beginn an als Provisorium gedachte Anbindung an den zeitgeschichtlichen Lehrstuhl blieb in der Tat eine Episode, wenn auch mit anderem Ausgang als ursprünglich vorgesehen. Nach der Einführung der Präsidialverfassung Anfang der 1970er Jahre wurde die Archivstelle als Hochschularchiv in die neugeschaffene zentrale Verwaltungsstruktur integriert und dort zu einem aktiven Träger der Öffentlichkeitsarbeit der Hochschule. Eine institutionelle Weiterentwicklung, wie die vom Hessischen Staatsarchiv gelegentlich vorgeschlagene Einrichtung eines fachlich geführten öffentlichen Archivs, wurde in der Regel mit Verweis auf knappe Finanzmittel oder fehlende Rechtsgrundlagen von der Hochschulleitung abgelehnt.[29] Hieraus resultierte bis 1993/94 eine Konkurrenz zwischen Staatsarchiv und Hochschularchiv um die Übernahme des amtlichen Schriftguts der Hochschule, für das weiterhin das Staatsarchiv zuständig war.[30] Diese Diskrepanz zwischen dem politischen Willen der Hochschule, historische Unterlagen für hochschulgeschichtliche Fragestellungen nutzbar zu machen, und der fehlenden Bereitschaft, archivfachlichen Standards zu genügen, bekam wohl auch von Aretin zu spüren. Das Paradigma des totalen Überlieferungsverlustes während der sogenannten Darmstädter Brandnacht 1944 wurde erst in den 1970er Jahren kritisch hinterfragt,[31] konnte aber allen gegenläufigen Indizien zum Trotz noch bis in die 1990er Jahre als Schutzbehauptung für ein mangelndes archivisches bzw. historisches Engagement der Hochschule tradiert werden. Insbesondere die Verwaltung der Hochschule hatte zeitweilig nur ein geringes Interesse an der systematischen Aussonderung älterer Unterlagen. Der Schriftwechsel zwischen

---

Stuttgart Nippert (2013): Archiv, S. 83–109; Becker (2013): Universitätsarchiv, S. 175–191.

29 U. a. 1976/77 im Vorfeld der 100-Jahrfeier der TH Darmstadt. Vgl. Briefwechsel zwischen dem Leiter des Hessischen Staatsarchivs Darmstadt und dem Präsidenten der TH Darmstadt, HStAD H 59 A Nr. 771.

30 Mit dem Umzug von Hochschul- und Staatsarchiv in das als Gemeinschaftseinrichtung genutzte Haus der Geschichte wurde der bisherige Bestand H 55 TH Darmstadt des Staatsarchivs an das Hochschularchiv übergeben.

31 Archivdirektor Eckhart G. Franz an den Präsidenten Helmut Böhme am 17.12.1976: „Zum einen sind die trotz der schwerwiegenden Verluste offenbar immer noch recht umfänglichen Restbestände an Hochschulschriftgut der Vorkriegsjahre bisher wohl nur unzulänglich geordnet und erfaßt." HStAD H 59 A Nr. 771.

dem Hessischen Staatsarchiv Darmstadt und der Kasse der TH Darmstadt zwischen 1957 und 1962 legt nahe, dass in diesem Zeitraum Vorkriegsakten noch in größerem Umfang vorhanden waren als heute. 1957 wurden so allein 250 Ordner Rechnungen und Kassenbelege der Jahre 1943 bis 1948 (,Reichsmarkzeit') zur Bewertung angeboten und danach wohl vernichtet. Eine ausdrückliche Kassationsfreigabe wurde vom Staatsarchiv für ältere Anmelderegister erteilt, da man die Mitteilung erhalten hatte, die dazugehörigen Matrikel aus den Jahren 1932 bis 1942 seien vorhanden.[32] Da von diesen Matrikeln heute kaum mehr nennenswerte Splitter existieren, scheint hier zu einem späteren Zeitpunkt eine fast vollständige „wilde" Kassation stattgefunden zu haben.[33] 1962 äußerte sich der damals in Darmstadt wirkende Archivar Hellmuth Gensicke nach einem Besuch in der Hochschulkasse positiv über die weitgehend vollständigen Serien der Matrikel und Prüfungsakten.[34] Mittlerweile ist bekannt, dass sowohl aus den Instituten (u. a. der Fächer Physik oder Eisenbahnwesen) wie auch aus der zentralen Hochschulverwaltung (u. a. Personalakten) weitere Überlieferung die Kriegszerstörungen überdauert hat. Hier macht die teilweise willkürliche Zusammensetzung ebenfalls Vernichtungen in der Nachkriegszeit wahrscheinlich. Es ist daher anzunehmen, dass von Aretin in weiten Teilen der Hochschule nur mit wenig Entgegenkommen und Verständnis rechnen konnte. Letztendlich stand somit nur ein kleiner Teil der vorhandenen Quellen zur Verfügung. Ob von Aretin über die organisatorische Betreuung des Archivs hinaus wissenschaftliche Absichten hegte, ist aus den Quellen nicht ersichtlich. Die Darmstädter Hochschulgeschichte lag abseits seiner Forschungsschwerpunkte und so ist mir nur eine einzige Arbeit bekannt, in der er sich, allerdings erst etliche Jahre nach seinem Engagement für die

---

32 HStAD H 59 A Nr. 771.
33 In den Studentenakten der Jahre 1945–1957 sind gelegentlich ältere Vorgänge zu solchen Studierenden enthalten, die ihr Studium nach 1945 fortgesetzt haben. Aufgrund dieser merkwürdigen Konstellation ist davon auszugehen, dass die Studentenakten nach Aktualitätskriterien aufgestellt waren und ältere Jahrgänge möglicherweise in Vergessenheit gerieten und später verloren gingen.
34 Aktenvermerk vom 02.05.1962, HStAD H 59 A Nr. 771.

Archivstelle, zur Vergangenheit der Hochschule äußerte: In der Festschrift zur Hundertjahrfeier 1977 skizzierte er auf wenigen Seiten die Entwicklung des Faches Geschichte von den Anfängen bis zur Gegenwart und trat damit ein in den Kreis der Fachwissenschaftler, die sich der Analyse der eigenen Disziplingeschichte widmeten.[35]

---

35 Aretin, Karl Otmar Frhr. von: Das Institut für Geschichte der Technischen Hochschule, in: Jahrbuch THD (1976/1977), S. 146–150.

Abstracts der Beiträge

Der Zeithistoriker Aretin oder: Wer war Aretin bei seiner Berufung 1964? by Christof Dipper
The article presents the exceptional character of Aretin's contributions to current history which were as unconventional as clear sighted and accompanied by critical analyses of present times published mostly in newspapers and non-scientific journals. But it was just this democratic perspective of historiography which earned him the sympathy of Eugen Kogon, the political scientist in search of a valuable counterbalance to a fellow-historian in the Faculty whose papers and books became more and more scandalous. So Aretin was appointed to a full professorship of contemporary history without any publication in university-based journals and without any 'serious' book on current history. Yet Aretin soon met Kogon's expectations and thus became the founding-father of the Department of History at the Technische Hochschule Darmstadt.

Karl Otmar von Aretins Bedeutung für die Frühneuzeitforschung by Winfried Schulze
The article tries to examine more closely the importance of Karl Otmar von Aretin with regard to research in modern history. To begin with one has to evaluate his role within the group of scholars headed by Franz Schnabel who re-assessed the era of reform in South-West Germany in the beginning of 19th century. An overall view concludes that von Aretin's scientific work on the Holy Roman Empire gave access to the whole range of early modern German history: history of the Empire and of the single territories, history of the Church and of the denominations, the history of the German dualism as well as that of so-called "Third Germany". Thus a perception of history has become accepted which no longer is limited to particular territories or partial aspects but in principle takes into account the whole of German history. In addition his history of the Holy Empire includes an option to reflect a European peace framework which deserves to be developed further.

Aretin und die Münchener Historische Kommission by Heinz Duchhardt

The article deals with Aretin's membership to the Munich "Historische Kommission" founded by Ranke in mid-19th century. Having applied unsuccessfully for a post as researcher in the project of the "Deutsche Reichstagsakten", Aretin was elected member of the Commission nearly three decades later and started with quite a number of activities, among which the project of the edition of documents on the reforms in the states of the Napoleonic Rheinbund was most successful. He was appointed editor-in-chief of the "Neue Deutsche Biographie" and fought long battles to convince the Commission to start an edition on the German Diet in the second half of the 18th century. The regularity of his participation in the plenary sessions of the Commission mirrors that this was a real completion to his academic career as University teacher and director of a research institute.

Aretin als Herausgeber der NPL by Jens Ivo Engels and Anja Pinkowsky

The contribution relates Aretin's role as an editor of the review-journal Neue politische Literatur. It details his achievements concerning the consolidation of the editorial staff at Technische Hochschule Darmstadt in collaboration with the president of this institution and highlights power struggles within the editorial board. His contributions to the journal as an author are mentioned.

Karl Otmar von Aretin als akademischer Lehrer im Kontext der geschichtswissenschaftlichen Lehre in der Bundesrepublik Deutschland 1960–2000 by Karl Härter

The article reconstructs Aretin's long-time function as an academic teacher at the TH Darmstadt in comparison to general features of academic teaching. Although Aretin generally followed the common model of a "teaching researcher", he developed an individual teaching style characterised by his own historical experiences, journalistic practice, a preference for empirical research and sources, historical judgement expressed in strong opinions as well as liberality, tolerance and support in regard to his students. Surprisingly, the topics of his courses do not fully coincide with his research focus but are strongly related to his professorship of contemporary history.

‚Braune Anfänge': Die Darmstädter Geschichtswissenschaft der Nachkriegszeit by Kristof Lukitsch
The article examines the postwar development of the Department of History at TH Darmstadt and its staff's former involvement in National Socialism. To this end, it details the biographies and personal networks of the Darmstadt historians Walther Kienast, Hellmuth Rößler, and Wilhelm Schüßler who all had been implicated in the Nazi regime. Thus, Karl Otmar v. Aretin had to work in a somewhat hostile environment until the death of Rößler in 1968.

Das Institut für Geschichte der TU Darmstadt 1964–2014. Ein wissenschaftsgeschichtlicher Rückblick auf den Spuren Karl Otmar Freiherr von Aretins by Lutz Raphael
The contribution analyzes the development of the Institute of History at Technische Hochschule Darmstadt (staff, publications) and relates to Aretin's role as its founder during the first twenty years. It argues that Aretin's main achievements in shaping the profile of the Institute were its strong research profiles in Early Modern and Contemporary History, the social-liberal consensus among the first generation of historians and the institutional consolidation as a small but comprehensive unit of research.

Geschichtswissenschaft als gesellschaftliche und transnationale Kommunikation by Claus Scharf
From 1968 to 1994, professor von Aretin was director of the Institute for European History in Mainz, a non-university research institute. The contribution mentions the innovations in the Institute's fields of research under Aretin's leadership but reflects also the break in the Institute's history after his directorship in 2012.

Karl Otmar von Aretin und die transalpine Erweiterung der Reichsgeschichte. Die „Entdeckung" Reichsitaliens by Matthias Schnettger
The article summarizes Aretin's main writings on Reichsitalien. For him the Italian fiefs formed an integral part of the Holy Roman Empire by participating in the Imperial legal system. Although the study of Reichsitalien still isn't a main field of research of neither the German and Austrian nor the

Italian historiography, of course, Aretin has nevertheless inspired several scholars who continue his research.

Von der Archivstelle zum Hochschularchiv. Karl Otmar von Aretin als Gründer des Universitätsarchivs der TU Darmstadt by Andreas Göller
The contribution focuses on the history of university history writing and its impact on the collection of historical documents at the Technische Hochschule Darmstadt. With Aretin in charge, the university archives were established in 1965.

Kurzbiographien der Autoren

Christof Dipper, bis 2008 Professor für Neuere und Neueste Geschichte an der TU Darmstadt und Nachfolger Karl Otmar von Aretins. Forschungsschwerpunkte sind u. a. Geschichte der Moderne, Begriffsgeschichte, Theoriefragen und Geschichte der historischen Disziplin sowie italienische Geschichte.

Heinz Duchhardt, nach Professuren in Bayreuth und Münster bis 2011 Direktor des Instituts für Europäische Geschichte Mainz, bis 2015 Präsident der Max Weber Stiftung, Mitglied verschiedener europäischer Akademien. Zu seinen Forschungsschwerpunkten gehören die Geschichte des Alten Reiches, der Internationalen Beziehungen in der Vormoderne, die europabezogene Grundlagenforschung und die Wissenschaftsgeschichte.

Jens Ivo Engels, seit 2008 Professor für Neuere und Neueste Geschichte an der TU Darmstadt, Geschäftsführender Herausgeber der Neuen politischen Literatur. Zu seinen Forschungsschwerpunkten gehören die Geschichte der politischen Korruption, Umweltgeschichte, Geschichte von Infrastrukturen, Geschichte der Monarchie.

Andreas Göller ist Archivar und Historiker und seit 2006 an der Universitäts- und Landesbibliothek Darmstadt beschäftigt.

Karl Härter, Forschungsgruppenleiter am Max-Planck-Institut für europäische Rechtsgeschichte, Frankfurt/M. und apl. Professor für Neuere und Neueste Geschichte an der Technischen Universität Darmstadt. Zu seinen Forschungsschwerpunkten gehören die frühneuzeitliche Policey- und Kriminalitätsgeschichte und die Rechts- und Verfassungsgeschichte des Alten Reiches.

Kristof Lukitsch beendete im März 2014 das B.A.-Studium Geschichte der Moderne an der Technischen Universität Darmstadt. Seither studiert er ebenfalls dort im M.A.-Studiengang Geschichte.

Anja Pinkowsky, M. A., Studium der Neueren und Neuesten an der TU Darmstadt, Erstes Staatsexamen für das Lehramt an Haupt- und Realschulen für die Fächer Geschichte und Deutsch. Von 2011 bis 2014 war sie als Praktikantin / freie Mitarbeiterin bei der Redaktion der Neue politische Literatur beschäftigt. Zu Ihren Forschungsinteressen gehören die Themenbereiche der Erinnerungskulturen und der historisch-politischen Bildung.

Lutz Raphael, seit 1996 Professor für Neuere und Neueste Geschichte an der Universität Trier. Zu seinen Forschungsschwerpunkten gehören die Geschichte der modernen Geschichtswissenschaft und die Geschichte Europas im 20. Jahrhundert.

Claus Scharf, 1965 bis 2003 Wissenschaftlicher Mitarbeiter des Instituts für Europäische Geschichte Mainz. Hauptforschungsgebiet: Geschichte Russlands und der russisch-deutschen Beziehungen im Zeitalter von Absolutismus und Aufklärung.

Matthias Schnettger, seit 2006 Professor für Geschichte der Frühen Neuzeit an der Johannes Gutenberg-Universität Mainz. Zu seinen Forschungsschwerpunkten zählen das Alte Reich, insbesondere Reichsitalien, Kleinstaaten sowie Internationale Beziehungen und Transferprozesse im frühneuzeitlichen Europa.

Prof. em. Dr. Winfried Schulze lehrte bis 2008 Neuere Geschichte an der LMU München. Seine Arbeitsschwerpunkte lagen in der frühneuzeitlichen Reichsgeschichte, der frühneuzeitlichen Sozialgeschichte, der Geschichte der Französischen Revolution und der neueren Historiographiegeschichte. Seit 2010 ist er Direktor des Mercator Research Centers Ruhr in Essen.

Zusammenstellung der von v. Aretin betreuten Dissertationen und Habilitationen*

Dissertationen

Cartarius, Ulrich (1978). Linksradikale Klassenkampfparolen: Ausgangspunkt für eine Massenbasis in der deutschen Arbeiterschaft?, Frankfurt / M.: Lang 1980.

Pingel-Rollmann, Heinrich (1983). Widerstand und Verfolgung in Darmstadt und in der Provinz Starkenburg. 1933–1945, Darmstadt: Historische Kommission 1985.

Sarholz, Thomas (1983). Die Auswirkungen der Kontingentierung von Eisen und Stahl auf die Aufrüstung der Wehrmacht von 1936–1939, Darmstadt (Dissertationsdruck) 1983.

Zitelmann, Rainer (1986). Hitler – Selbstverständnis eines Revolutionärs, Hamburg, Stuttgart: Berg / Klett-Cotta [1]1987, [4. erw.] München: Herbig 1998.

Härter, Karl (1991). Reichstag und Revolution 1789–1806. Die Auseinandersetzung des Immerwährenden Reichstags zu Regensburg mit den Auswirkungen der Französischen Revolution auf das Alte Reich, Göttingen: Vandenhoeck & Ruprecht 1992.

Blachetta-Madajczyk, Petra (1991). Klassenkampf oder Nation? Deutsche Sozialdemokratie in Polen 1918–1939, Düsseldorf: Droste 1997.

Buddruss, Eckhard (1992). Die französische Deutschlandpolitik 1756–1789, Mainz: von Zabern 1995.

Pilling, Iris (1994). Denken und Handeln als Jüdin. Hannah Arendts politische Theorie bis 1948, Frankfurt / M.: Lang 1996.

Beck, Gottfried (1994). Die Bistumspresse in Hessen und der Nationalsozialismus 1930–1941, Paderborn: Schöningh 1996.

---

* Da vor 1988 die Dekanatsakten nur lückenhaft überliefert sind, können die beiden Listen nicht mit Sicherheit als vollständig gelten. Angegeben sind die Titel der Druckfassungen.

Germann[-Ziegler], Uta (1997). Die Entschädigungsverhandlungen Hessen-Darmstadts in den Jahren 1798–1815. Diplomatie im Zeichen des revolutionären Umbruchs, Darmstadt: Historische Kommission 1998.

Habilitationen

Vogt, Martin (1980) kumulativ [Editionen und Aufsätze zur Weimarer Republik].

Gessner, Dieter (1985). Die Anfänge der Industrialisierung am Mittelrhein und Untermain 1780–1866, Frankfurt: Kramer 1996.

Hertner, Peter (1986). Il capitale tedesco in Italia dall'Unità alla prima guerra mondiale. Banche miste e sviluppo economico italiano, Bologna: Il Mulino 1984.

Cattaruzza, Marina (1986). Arbeiter und Unternehmer auf den Werften des Kaiserreichs, Stuttgart: Steiner 1988.

Härter, Karl (2002). Policey und Strafjustiz in Kurmainz. Gesetzgebung, Normdurchsetzung und Sozialkontrolle im frühneuzeitlichen Territorialstaat, 2. Teile, Frankfurt/M.: Klostermann 2005.